东京大学安田讲堂，1968—1969
以命相搏的青春

[日]岛泰三————著
董炳月————译

Simplified Chinese Copyright © 2024 by SDX Joint Publishing Company.
All Rights Reserved.
本作品中文简体版权由生活·读书·新知三联书店所有。
未经许可，不得翻印。

YASUDA KODO
BY Taizo SHIMA
Copyright © 2005 Taizo SHIMA
Original Japanese edition published by CHUOKORON-SHINSHA, INC.
All rights reserved.
Chinese (in Simplified character only) translation copyright © 2024 by SDX Joint Publishing Company Ltd.
Chinese (in Simplified character only) translation rights arranged with CHUOKORON-SHINSHA, INC. through Bardon-Chinese Media Agency, Taipei.

图书在版编目（CIP）数据

以命相搏的青春：东京大学安田讲堂：1968—1969/（日）岛泰三著；董炳月译. —北京：生活·读书·新知三联书店，2024.10
（"世界"丛书）
ISBN 978-7-108-07835-3

Ⅰ.①以…　Ⅱ.①岛…②董…　Ⅲ.①学生运动－历史－日本－1968-1969　Ⅳ.① D433.139

中国国家版本馆 CIP 数据核字 (2024) 第 082625 号

责任编辑	张亚囡
装帧设计	张　红　薛　宇
责任印制	李思佳
出版发行	生活·讀書·新知 三联书店
	（北京市东城区美术馆东街 22 号 100010）
网　　址	www.sdxjpc.com
经　　销	新华书店
印　　刷	河北松源印刷有限公司
版　　次	2024 年 10 月北京第 1 版
	2024 年 10 月北京第 1 次印刷
开　　本	635 毫米 × 965 毫米 1/16 印张 19.5
字　　数	252 千字
印　　数	0,001－5,000 册
定　　价	59.00 元

（印装查询：01064002715；邮购查询：01084010542）

Contents

目 录

译者说明·1

前　言·3

第一章　开　端·001
　　核动力航母"企业号"·001
　　在佐世保·005
　　"春节攻势"·010
　　处　分·012
　　青年医师·014
　　阻止毕业典礼与入学典礼·019
　　越战的后方基地日本·021

第二章　通向未来的大学之路·028
　　日本大学的黑暗·028
　　日大学生，站起来！·031
　　第一次占据安田讲堂·036
　　布　告·038
　　抗议调动机动队进入校园·040

　　　　校长会见 · 044

　　　　占据安田讲堂 · 047

　　　　"东大全共斗"成立 · 052

第三章　在街垒中 · 054

　　　　街垒中的节日 · 055

　　　　两极分化的大学教育 · 060

　　　　《八一〇布告》 · 063

　　　　罢课行动被瓦解 · 066

　　　　"拂晓部队"登场 · 068

　　　　"永久夺回"日本大学的街垒 · 071

第四章　一个历史顶点 · 074

　　　　日本大学在两国讲堂集会 · 074

　　　　东京大学的全校无限期罢课 · 078

　　　　在东大附属医院的斗争 · 080

　　　　"民青中央委员会宣告破产！" · 082

　　　　"10·21国际反战日"行动被视为骚乱罪 · 084

　　　　大河内校长辞职 · 085

　　　　责任感 · 089

　　　　席卷日本大学的暴力之风 · 092

第五章　日大、东大两校全共斗会师 · 096

　　　　加藤代理校长的伎俩 · 098

混　乱·102

综合图书馆前的恶斗·104

"滚回去！滚回去！"·108

一切留待11月22日·111

日本大学全共斗在东京大学登场·114

"日大父兄会"的屈服·118

第六章　前　夜·121

东大所有学部的学生大会·122

教养学部的骚乱·123

终止罢课——法学部、经济学部及教养学部教养学科·124

跨年度罢课——教育、农、工、药、文、理各学部·126

强行召开"医学部学生大会"·128

理学部2号楼事件拾遗·131

1968年年末，东大的学生在想什么？·133

决战前夜的风景·135

决战的准备·137

在决战前夜·139

第七章　安田讲堂前哨战·142

前哨战·142

"你们，不过是政府的走狗！"·147

生死搏斗·150

　　　　　"终于成了流浪精英" · 153
　　　　　四位自由意志者 · 158
　　　　　多种多样的原因 · 163

第八章　安田讲堂攻防战 · 170
　　　　　硝化甘油？· 170
　　　　　1月18日 · 172
　　　　　陈列馆 · 178
　　　　　街头斗争 · 185
　　　　　在安田讲堂里 · 186
　　　　　1月19日 · 192
　　　　　"奋勇前进！我们的战友啊！" · 199

第九章　安田讲堂事件的收场 · 207
　　　　　暴行的实态 · 207
　　　　　第八本馆与入学考试终止 · 209
　　　　　逮捕、拘留、起诉 · 213
　　　　　投入审判斗争 · 218

第十章　1969年与当下 · 220
　　　　　历史评价 · 221
　　　　　日本的教育存在着根本性错误 · 222
　　　　　《十项确认书》的闹剧 · 226
　　　　　尚未算总账！· 228

  美国为何在越战中失败？·231
  美军必败·236
  胡志明伯伯如果还在·238
  关于对东大斗争的评价·239
  提出一个"假设"·244
  看到晴空的那个瞬间·248

结　语·250

引用资料说明·257
补充资料1　1968—1969年年表·260
补充资料2　1968年度东大本科生、研究生、教官人数表·280

附　录　1969：安田讲堂的陷落·282
译后记　一段日本史，一种日本人·291

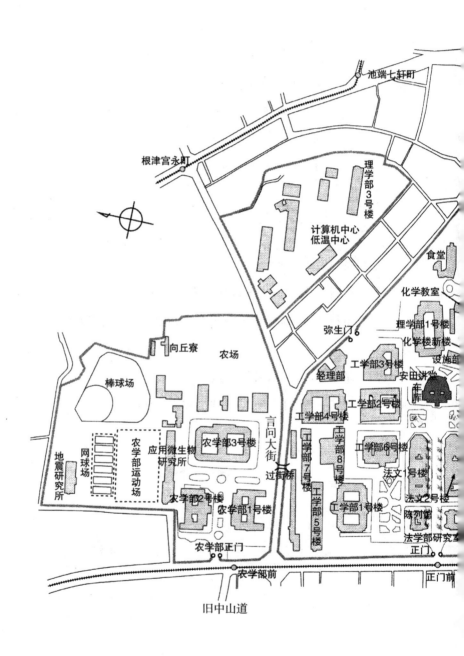

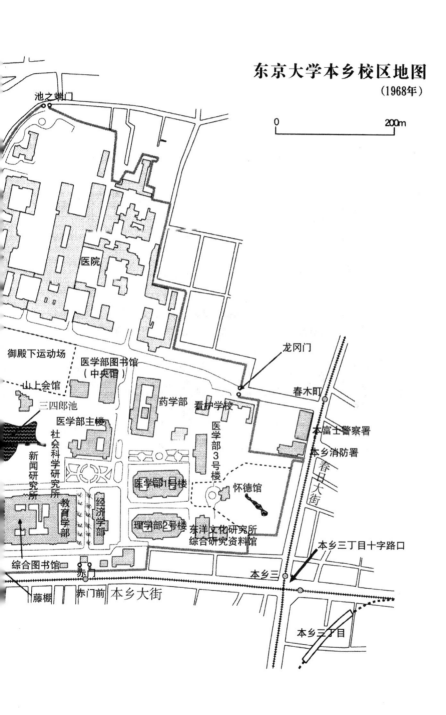

安田讲堂剖面图

安田讲堂立面图

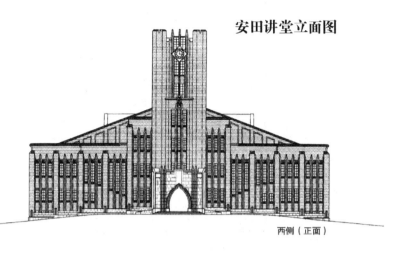

西侧（正面）

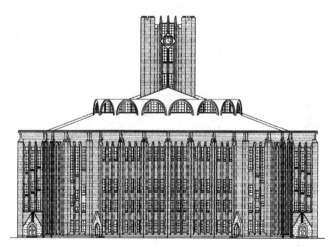

东侧（背面）

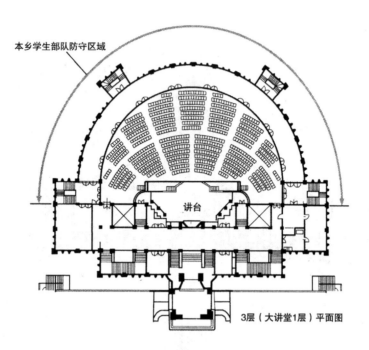

3层（大讲堂1层）平面图

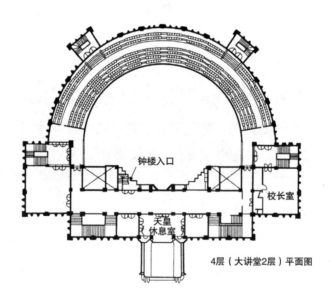

4层（大讲堂2层）平面图

安田讲堂平面图

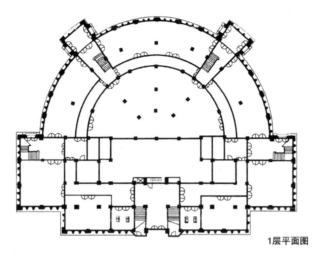

1层平面图

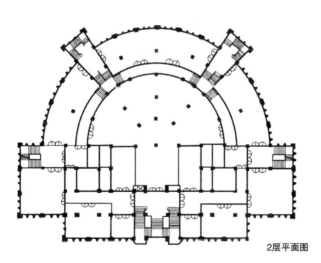

2层平面图

译者说明

一、本书的翻译底本为中央公论新社（东京）2005年11月出版的『安田講堂　1968-1969』。

二、为版权所限，原著中的新闻图片全部省略。

三、原书注释采用了文中注与尾注相结合的形式。文中注使用的是文献缩写，尾注则置于各节之后。为便于读者阅读，中译本统一为页下注。原注中的某些注释过长，影响阅读并且影响排版，译者根据其内容，或调整到正文中，或改为"附注"置于各节之后。对于某些出处相同的烦琐注释进行了合并。

四、译者的注释皆标明"译者注"。译者在原注后面做的补注，在括号中用"译者说明"的形式进行。

前　言

发生在1969年（昭和四十四年）1月18、19两日的东京大学安田讲堂事件，曾经展示了壮观的场面——盘旋在钟楼上的直升机喷洒催泪液，地上警车的高压水龙喷出水柱，因此，这次事件至今仍广为人知。但是，身处安田讲堂内的那些青年人的所作所为、所思所感，却被忘却了。最终走到那一步的青年们的斗争究竟是怎么回事？——这一问题，即使在当时被新闻媒体炒作到了甚至令人厌烦的程度，但也几乎没有被作为历史事件来论述。

有人这样说："其主要原因在于：东大全共斗在'攻城'即将开始之际的紧要关头从安田讲堂逃脱，少有向后世讲述事实的当事人作为证人，对遭受挫折的东大斗争进行总结。"* 这样，东大全共斗的"卑怯者"形象便被描绘出来。

然而，这并非事实。

当时，坚守在东京大学校园内的东大本科生、研究生、青年医生有

---

* 佐佐淳行：《东京大学陷落——安田讲堂攻防战72小时》，文艺春秋，1993年。（译者说明："全共斗"是"全校共斗会议"的简称。1968—1969年日本的大学斗争期间各校成立的学生组织。）

很多,仅仅在安田讲堂里面,就超过了70人。他们全部被逮捕,受到审判并被判有罪。那些人当中,有的人(包括我)在监狱里服刑数年。这本书,就是从安田讲堂内部审视那次事件的人提供的历史证言。

这些青年人,到现在为止,36年间一直保持沉默。持续沉默的原因有多种,但是,沉默并非因为怯懦。即使是现在,很多相关人士对于我出版这本书依然怀有疑虑,对于当时与该事件直接、间接相关的青年们来说,就该事件展开叙述是被作为一种禁忌的。那里存在着沉重的意含,存在着巨大的压抑。在这遭受如此巨大压抑的事件之中,隐藏着人性的深层本质。不过,我并不认为自己适宜于承担阐明这一历史事件的工作。

但是,我最终意识到:作为当年做好了最坏的思想准备留在安田讲堂里的人,将事实公之于众,难道不是一种义务吗?然而,在1969年至今36年已经过去的现在,当年处于同一战线的战友没有留下任何证言而自我了断的事件屡次发生。因此我决定撰写本书,记录应当被讲出来、传下去的史实。

那次事件,对于我们来说,曾经是以命相搏的斗争。

安田讲堂攻防战本身,不过是此前一年开始的东大斗争的最终结果。如果没有导致那种结果的一系列事件的发生,不足700人的青年们不会以8500人的警视厅人员为对手,投身于必然失败、没有逃路的绝望的斗争。

手里的武器仅有石块、棍棒、燃烧瓶,一杆枪都没有,无论如何也无法进行现代战争,谁都不知道混战将导致怎样的结果。偶然的状况下,自己被杀死或者杀死对方,都是十分可能的。就像前一年警察解除日本大学街垒封锁的时候发生的惨剧,如果扔出的石头砸死了警察,自己也会被追究杀人罪。不做好类似的思想准备,是不可能坚守在安田讲堂内的。

就这样，唯有考虑了全部可能性、下定了"即便如此也不当逃兵"这种决心的青年们，留在了安田讲堂。当时我横下一条心："无论事态发展到何种程度，都承担这场斗争的结果！"

催泪弹横飞，燃烧瓶起火，从天空到地面，瓦斯液与水龙的水雾几乎淹没了安田讲堂。但是，那种华丽壮观的攻守作战只不过是外在的风景。那风景内部，是做好了那种思想准备、下定了战斗决心的青年学生。

不仅如此。1968年，在日本大学——这所每个方面都与东京大学形成对比的大学——的校园中，也发生了青年学生的抗议。1968年11月22日，相互之间未曾有过关系的两所大学的青年学生们，还有在那一年投身校园斗争与反战斗争的无数青年们，在安田讲堂前会师。安田讲堂正门前的那座街垒，警察机动队发动数次猛攻也未能突破，那座街垒就是日本大学全共斗的青年们建造的。

这样，在那一年投身斗争的青年们，在安田讲堂中实质上构成了一个整体。这在日本青年运动史上，是空前的事件。那么，这种事件为何会发生？

［附注］正文中引用的以下各种资料，分别使用简称表示：

《斗争资料》："1968·1969记录会"编《东大斗争资料集》（全23卷），1992年。

《弘报》：东京大学弘报委员会编《东大问题资料2 东京大学弘报委员会〈资料〉1968.10—1969.3》，东京大学出版会，1969年。

《砦》：东大斗争全学共斗会议编《记录东大斗争 在堡垒中开创我们的世界》，亚纪书房，1969年。

《街垒》：日本大学全学共斗会议编《青春寄托于街垒——日本大学斗争实录》，北明书房，1969年。责任编辑：田村正敏。

《叛逆的街垒》：日本大学文理学部斗争委员会书记局编《叛逆的街垒——日大斗争之记录》，三一书房，1969年出版，1991年再版。

《朝日》：《朝日新闻》缩印本，1968年1月（No.559）—1969年1月（No.571）。

《狱中书简集》："狱中书简集"编委会编《东大斗争狱中书简集》创刊号至第25期，1969年。

第一章

开　端

2005年1月，我走上能够看到西贡河的酒店楼顶平台，旱季干爽的晨风清新宜人。在越南战争结束30年之后，终于，我站在了越南的土地上。当时，我心中暗想：越南以超级大国美利坚合众国为对手，取得了最后胜利，通过观察这个国家的风土与民众，也许能够回头重新审视至今依然被美国侵蚀到心灵的日本。我想，胡志明曾经穿行其中的那种风土民情，我大概也能切身感受到一些。胡志明常说，"没有比独立与自由更为尊贵之物"，而独立与自由恰恰是日本不幸丢失的。

核动力航母"企业号"

在1968年1月的西贡*，旱季清爽的风大概也曾经这样吹着。但是，在那时的西贡，应当有一个身影行走在黑暗中。那身影挨家挨户、一条街一条街地投送信件。被投送的，是用红色的斜体字书写的越南民主共

---

* 西贡：即今胡志明市，1975年4月改用今名。——译者注

和国主席胡志明的《新年致辞》。胡志明被越南人称作"胡伯伯",他和他平易简洁的诗歌都得到人们的喜爱。但是,这一年的诗歌与往常相比,内容有所不同。

> 今年的春天已经远去
> 那个春天,将转变为多么伟大的历史?
> 我们的祖国,期待着令人欣喜的捷报——急风暴雨的胜利
> 从南到北,竞相对美国侵略主义者开战吧!
> 突击!让那完美无缺的胜利来到我们手中!*

"胡伯伯"所谓的"春天",即农历正月的"Tết",** 1968 年戊申年正月初一为西历"1 月 30 日"。《新年致辞》是发动总攻的命令。

不过,美国人谁都不相信这份情报。前一年的 11 月 21 日,在华盛顿的国家新闻俱乐部,美军驻南越最高司令官威斯特摩兰声称"现在已经能够看到越南战争的终点",对战争前景表示乐观。正是因为有这种预测,日本首相佐藤荣作才罔顾造成一名学生死亡的流血抗议行动,在抗议行动正在进行的 1967 年 10 月 8 日前往越南,11 月 12 日访问美国,企图确保日本在越南的战后胜利者权益。

"胡伯伯"的春节颂诗被无视,日美政府在梦想着"美国的胜利日"。此时,美国海军第七舰队的核动力航母"企业号"即将驶入佐世保***港口的消息发布了。这是美国的自信、从容与日本的后方基地化的一次大展示,是对日美两国战时体制的确认。

---

* 小仓贞男:《记录:越南战争全史》,岩波书店,1992 年。
** Tết,越南语,新年,春节。原文写作日语片假名"テト"。——译者注
*** 日本九州岛西侧的港口城市。——译者注

核动力航母"企业号"决定进入佐世保港口的消息是冲击性的。该航母是美国在越南战争中单方面滥用暴力的中枢，这是众所周知的。如果是手持刀枪进行面对面的生死之战，那是战争，可以理解。——无论正义在哪一方，人类历史就是那种东西。但是，在20世纪的越南，与发生在21世纪阿富汗、伊拉克的情形相同，美国人极为卑怯。他们在越南人鞭长莫及的海面上，借助核动力航母，进行单方面的、随心所欲的轰炸、炮击，为了进行"枯叶作战"*而播洒除草剂。那与其说是战争，不如说是单方面实施的屠杀、暴行。

而且，那艘航母的名字就是"企业号"！美利坚合众国的海军在"太平洋战争"开始之际即拥有的7艘航母之中，只有"企业号"仅仅受到轻微损伤，成为美方在中途岛海战中取得决胜的主角，在"二战"结束之前成为进攻日本的先锋。

不仅如此。"企业号"这个日本的"宿敌"，是作为巨大的核动力航母获得重生的。它用8座压水反应堆作为动力，搭载70至100架战斗机，吨位达75700吨。日本曾经是美国原子弹袭击的牺牲品，这一事实是亚洲甚至阿拉伯民众都知道的。巨型航母"企业号"是以那种核为驱动力的，完全能够发动核攻击，这也是世人皆知的事实。

"企业号"核动力航母展示着多重意义上的威慑力，驶向佐世保。"日本人"在战栗。日本的"知识人"另当别论，如果是"日本人"，就会战栗。而且，他们做出了反应。青年们下定了即使武装起来进行反战斗争也要抵抗的决心。尽管他们在媒体的宣传中成了"暴力学生"，成了"狗屎堆"，但是，他们理所当然地做出了反应。

"明天，去佐世保！"1968年1月14日，组织者在电话那端说。当

---

* 即"落叶计划"，亦称"牧场工行动"。即美军为了应对北越军队的丛林作战，用落叶剂、除草剂破坏丛林环境的作战行动。——译者注

时，我与被称作"三派全学联"*的三派中的一派有联系。

"没有钱。"

"正在阿佐谷车站 kampa。所以，去那里与他们会合，筹点钱。"

原来有这种方法！记得我当时有一种奇妙的恍然大悟之感。来到黄昏中的国铁（现在的 JR，即日本铁路公司）阿佐谷车站，看到数名熟悉的学生正在那里"kampa"，"kampa"即募捐。他们要一起去佐世保。

在那里募捐的学生当中，有一位武藏野美术大学的女生，稳重可靠，所以由她担任会计。

"不过，钱还是不够啊。""那怎么办？""如果检票员来了，就说'票在一个人手里，拿票的人上厕所了'。""检票口怎么办？""门司车站应当还有成员坐这趟车。会给我们拿来博多站的进站票。"

原来有严密的组织体系！我再一次感到佩服。

15日，中核派的成员上了同一辆开往博多的列车。他们在离开法政大学、前往饭田桥（位于千代田区）的途中，有131人被捕（即饭田桥事件）。

大概是在门司车站，有人买来了报纸。那份报纸上，刊载着九州辖区警察负责人的声明，言辞激烈——"请三派全学联的暴力学生们活着渡过关门海峡！"。

"不愧是九州的警察！毕竟不一样。不过，说什么'请活着渡过关门海峡！'可要……"大家面面相觑。

16日早晨6时45分，在博多站的检票口，警察机动队队员排成了一堵墙。忽然间，大家停下了脚步。

---

* "三派全学联"是1966年以三个群体为基础组成的学生组织。三个群体，即革命共产主义者同盟中核派（简称"中核派"），社会主义学生同盟（简称"社学同"或"同盟"），以及社会主义青年同盟解放派（简称"社青同解放派"）。"全学联"乃1948年成立的"全日本学生自治会总联合"的简称，成员为拥有各大学、各学部学生自治会正式代表权的人。不过，日本共产党、日本民主青年同盟（民青）与革命共产主义者同盟革命马克思主义派（革马派），各自声称自己是"全学联"的正统。

"我带路！快跟上！"我一边说一边挤到了最前面。因为只有我一人了解博多这座城市，胸中的勇气也在发挥作用。我们看到本应严守检票口的机动队队员之间有个小小的缝隙，就从缝隙间快速走了出去。在我们走过去的瞬间，机动队负责人厉声大叫：

"怎么搞的？守住检票口！"

但是，那时候我们已经来到机动队队列的背后。接着，快步逃到火车铁轨附近。我们并没有非逃不可的理由，但警察是想干什么随时都可以干的。回头望去，中央检票口发生了骚动。是机动队在镇压中核派。这就是"博多车站事件"，警察过度执法的样本。

在佐世保

1月17日，从九州大学出发的三派全学联队伍，在博多车站登上开往佐世保的火车，赤手空拳。鹿儿岛干线的鸟栖车站，也是开往佐世保的长崎干线的起点。那个车站的站台上，一群学生在搬运成捆的角木。在从鸟栖车站开出的列车上，青年们都领到了角木。他们手持角木是要去哪里？

"从佐世保车站到美军基地，有直接相连的专用铁路线。顺着这条线，直接冲进基地！"指挥人员大声喊道。

既然是通往美军基地的专用铁路线，那么两边应当是用铁丝网之类的东西拦起来的。如果从那里往里冲，大概没有逃路。青年们突然想到这一点。而且，因为前方是美军基地，所以稍有疏忽就会被枪杀。但是，既然已经走到这一步，已经不能说"不"，也不能无功而返。无论如何，干了再说！青年们下定了决心，列车一到佐世保车站，他们便跳下火车，沿着专用铁路线向前奔跑。

铁路线的尽头是平濑桥。桥上，警察机动队用水龙装甲车（警备车）做了堡垒，青年们一靠近，装甲车立刻进行猛烈的水龙攻击，机动队还不停地向青年们发射催泪弹。

前一年的 10 月 8 日，在东京通往羽田机场的桥上，青年们爬上装甲车，第一次攻破警察机动队的人墙，也是在那时第一次遭到催泪弹袭击。当时打过来的催泪弹只有两发，青年们在催泪弹的爆炸声与浓烈气味中惊慌失措，四散奔逃。但是，在随后 11 月 12 日的第二次羽田斗争中，青年们取得了冲破机动队警戒线的战绩，并且习惯了四处乱飞的催泪弹。1968 年 1 月 17 日这一天，青年们面对从天而降的催泪弹，不仅没有逃跑，甚至有人奋勇地捡起未及爆炸的催泪弹扔还警察机动队。

但是，警察向青年们连续发射催泪弹，猛烈到了让人无法站立的程度，水龙攻击也不是仅仅加大水枪的压力，而是喷射了特殊的瓦斯液。瓦斯液沾到身上，皮肤会立刻肿起来。四周弥漫着催泪瓦斯的刺鼻气味，甚至已经让人无法呼吸。一片混乱之中，机动队攻打过来。学生队伍在催泪弹与水龙的攻击中原本已经岌岌可危，此时更是一触即溃。接下来的已经不是战斗，而是警察机动队单方面展示实力。驱赶，殴打，逮捕——滥施暴力。

不过，此时机动队的镇压超过了限度。他们追打学生一直追到市民医院前面，在医院前面依然发射催泪弹，当着市民和新闻记者的面，把跌倒在沟里的多名学生拖到一起，用警棍乱打。这场惨剧因电视与报纸的报道而广为人知。当时，《朝日新闻》上晚报"素粒子"专栏的相关报道是这样的："太残酷了！肆意殴打丧失抵抗能力者。警棍应当不同于'凶器'木棍！（电视上所见）。"[*] 当天，警察本部部长北折举行记者见面会，发言题为"过度执法，对不起！"。那是一场甚至连警察当局自身

---

[*]《朝日》No.559，第 471 页。

都承认的暴行。

不过,更大的伤害并非由警棍造成,而是由催泪瓦斯液造成的。一同前往佐世保的 A(东京大学理学部学生),从脊背到大腿,大面积灼伤、红肿,不得不立刻住院治疗,甚至有生命危险。

关于当天日本警察机动队使用的瓦斯液的来源,有人认为是美军在越南战场上使用的那种毒瓦斯。这成为后来国会辩论的问题。福冈县选举的社会党所属众议院议员楢崎弥之助指出:"是自卫队把毒瓦斯交给警察,进行效果试验的吗?自卫队也参加警戒、镇压了吧。"*

"警察在佐世保使用的催泪液,是在苯氯乙酮里掺了四氯化钛和非离子型表面活性剂,然后用水稀释而成的。[中略]据说,美国陆军也曾名之曰'CN',在越南战争中使用。关于其毒性,据楢崎说,每立方米[中略]投放 0.3 毫克可使人泪流不止,若再增加浓度,可使人出现头疼、眩晕、恶心等症状,增加到每立方米 0.5 毫克,便达到人体承受极限,人会倒地,会出现中毒症状、呼吸麻痹。这种情况下,15 分钟人即死亡。"**

日本政府,为了镇压那些游行示威的青年同胞,居然使用了这种剧毒的瓦斯液!

这些青年身上沾满催泪瓦斯,从佐世保登上列车,列车乘务员对他们说"您辛苦了!"。在从博多车站开往九州大学的有轨电车上,有人给他们让座。这些一直被称作"暴力学生"的青年人,没有想到自己会得到普通民众的善待与好感。

青年们在佐世保的这场斗争中有了某种收获。那就是"历史就是这样运转的"这种信念。不,那是青年式的贸然判断造成的错误认识,更

---

* 自卫队是日本的军队,与警察不同。这里是问日本的军队是否也参与了对学生的镇压。——译者注
** 《朝日》No.560,第 759 页。

正确的说法也许是"历史也会这样运转"。

1月19日,"企业号"航母按照预定计划,由"特拉克斯顿号"核动力驱逐舰引导,威风凛凛地驶入佐世保港。确信自己将在越南战争中获胜的美国,和追随美国的日本,在共同炫耀日美同盟的强大实力。但是,理所当然地,世界的政治强权也开始了逆向运动。1月21日,美军B52战略轰炸机带着4颗氢弹在格陵兰岛的海面坠落,两天后的23日,"企业号"航母紧急出动——不是前往越南海湾,而是前往日本海。这是因为,朝鲜(朝鲜民主主义人民共和国)在那一天扣押了美国的情报搜集船"普韦布洛号"。

中国与朝鲜对日趋强化的日美同盟的军事力量抱有危机感,也在做进攻的准备。这就是"普韦布洛号"事件。尚处于"文化大革命"高潮中的中华人民共和国政府1月28日发表了支持扣押"普韦布洛号"的声明;同一天,苏联报纸《真理报》发布消息称将召开世界共产党、劳动党会议,同时谴责日本追随美国的政策。而且,"〔2月〕9日的莫斯科广播,〔中略〕在华沙条约组织成员国的宣言中,一再表明已经做好了准备,如果北越政府提出请求将派遣义勇军"。*

日本政府面对这些国家的攻势,肯定在瑟瑟发抖。在来自共产国家圈的特工潜入日本"搞破坏"的时候,有能力阻止吗?进而,在这种破坏工作与被称作"暴力学生"的三派全学联结合起来的时候,有没有镇压的手段?——日本政府大概是出于上述考虑,才开始对身为同胞的青年学生游行示威队伍使用毒瓦斯的。这种镇压行动背后存在着对于日本发生内战的设想。

不过,日本政府或者日本高级官僚集团怀有这种对于内战的恐怖,是因为他们没有理解什么是"日本人"。几乎所有的日本人,都是爱国

---

* 《朝日》No.561,第267页。

心的载体，都怀着为了保卫日本而舍弃生命的决心。居住在被海洋与山峦阻隔的日本列岛上的人们，家族的扩展与故乡的风土直接相关。在那里，家族之爱与乡土之爱融合起来，产生了强烈的同胞意识。因此，对于日本人来说，民族情感与对日本的忠诚成为天然的感情。作为这种天然感情的民族主义，转化成对攻入"敌人"美军基地的"暴力学生"的广泛认同。无论是在佐世保还是在博多，人们都在传颂青年学生的功绩。针对"二战"之后美国对日本的统治，青年们进行了英勇的反击。日本人在那个反击的瞬间醒悟到了什么。

　　猪木正道：佐世保的那次事件发生的时候，收到了似为右翼老人的来信。信中写道："本来认为日本人因为战败而成了没有血性的软蛋，但是，看到闯入美军基地的学生们的身姿，我知道'日本人'还没有死。"而且，在发挥、展示主权与独立的精神这一点上，也许同样有功绩。*

1月末，在东京大学校园附近的本乡三丁目，我被右翼人士喊住了。那是基础教育课程同一班级的男同学。"想问一声。你也去佐世保了吧？""没有必要回答你！""不是那个意思。只是想道个歉，表达一下敬意。""不记得你对我做过失礼的事情。""'企业号'开进佐世保港口的时候，说实话，我们也是反对的。我认为三派全学联干得好！只是想表达一下那种心情。""所以，右翼不行啊！"二人进行了这种简短对话。现在想来，我当时说话也许应当客气一些。

---

* 三岛由纪夫：《为了年青的武士》，文艺春秋，1996年。日本教文社，1969年初版。

"春节攻势"

1月30日，胡志明宣告的"春节"开始了。那是冲击性的总攻，即"春节攻势"。

北越正规军与南越民族解放阵线，同时对包括首都西贡在内的40座城市的许多重要目标发动了攻击。其中包括：西贡的美国大使馆、总统府（独立宫殿）、新山一空军基地（西贡国际机场），南越政府国军综合参谋本部、国军司令部、海军司令部、西贡国营广播电台、政府军第三军团司令部（负责保卫西贡周围地区），边和空军基地，隆平美军基地，旧邑政府军弹药库基地，湄公河三角洲九省的全部省城，中部地区的重要军事据点与省会城市广治、顺化、岘港、绥和、芽庄、藩郎、昆嵩、波来古、邦美蜀、归仁等等。*

在这场"春节攻势"中，影响最大的是南越民族解放阵线"C10"的20名特攻队员对西贡美国大使馆的进攻。他们占领使馆长达6小时。

"解放阵线的战斗人员身穿黑色T恤衫，左腕缠着红色毛巾。那是'C10'的标记。黑色西裤上有笔直的折痕。头发剪得整整齐齐。穿着新衣，理了发，那是做好了牺牲准备的出击。"**

在解放阵线的坚定决心面前，美国连本国在南越的中枢、堡垒化的大使馆都未能守住。但是，"春节攻势"的最终结果却非北越正规军与南越民族解放阵线取得了胜利。军事方面，美国稳住阵脚之后，开始了不惜代价的反击。中部古城顺化的激战持续到2月24日，北越军队与解放阵线最终离开了顺化。

---

* 此处越南地名翻译均采用1968年当时的地名，少数或与今名略有不同。——译者注

** 小仓贞男：《记录：越南战争全史》，岩波书店，1992年。

据胡安丰（生于 1924 年，越南人民军历史研究所所长，中将）*所言，在那苦难的年头，曾有人面对美军强大的军事压力，怀疑自己能否获胜，感到茫然，"胡伯伯"这样对他们说：

> 美国强大。军队拥有先进的武器，士兵的训练很充分。美国的 GI 们能够获得胜利。如果美国是针对外国的侵略进行防卫作战，他们一定会战斗到底的。但是，在他们针对外国进行侵略战争的时候，会怎样呢？GI 如果知道自己是在进行侵略战争，就会输。特别是在他们以越南人民为敌的情况下，会失败的。我们必须下定十分坚强的决心去战斗，否则，我们就会失去国家，有可能再次成为奴隶。这就是我们必须竭尽全力去战斗的理由所在。**

这段话不长，但其中包含着针对"人为何为独立而战"这一问题的答案，表达了"人以什么为精神寄托而生存下去"这种十分深刻的含义。而且，在那个时代，世界上有许多青年响应了他这种召唤。那就是当年在世界各地同时爆发的学生运动，就是反对越战的运动。

在 1968 年 1 月的佐世保斗争中作为世界史的一部分而发生的学生运动，进入了历史性的高涨期。

1 月 19 日，东京医科齿科大学掀起了"反对医师登记制度"的运动，全校开始无限期罢课。东京大学医学部的学生也从 29 日开始无限期罢课。

2 月初，我被喊到医学部主楼。在理学部人类学班，三年级学生的解剖学、组织学等课程是与医学部学生一起在医学部上，为期半年的解

---

* 这里的人名"胡安丰"是音译。日语原文写作ホアン・フゥン。——译者注
** 小仓贞男：《记录：越南战争全史》，岩波书店，1992 年。（译者说明：GI 当为 general infantry 的缩写，泛指美国陆军、美国军人。）

剖学实习已经结束。当时，人类学班限定招收四名学生，但我那个年级只有两名学生，而且一名入学半年之后放弃人类学专业转往农学部，所以，当时只有我一人在上医学部的共同教学课。

解剖学专业的教授问我："医学部开始罢课了，你怎么办？你是理学部的，所以，没有必要和医学部的学生一起行动。当然，即使只有你一名学生，我们也给你上课。"

"那么，我也罢课吧。"

我当即回答。教授听了我的话，也没有再说什么。理学部开始罢课是在 8 个月之后的 10 月，所以，此时医学部之外的学生随同医学部采取罢课行动的只有我一人。不过，理学部的课堂上我也只是偶尔露一下面，本来就是学习不认真的学生。

处　分

3 月 11 日，东大医学部图书馆与主楼之间那条通往御殿下运动场的路边，清冷的天空下，洁白的辛夷花和往年一样盛开。

那是春天的信息。3 月末，一排染井吉野樱花*把医院前的花园装点得春光明媚；4 月初，赤门旁边的八重樱沉甸甸地垂下缀满花蕾的树枝，安田讲堂前的樟树长出新芽、散发着清香；接着登场的是杜鹃花和 5 月的花丛，用鲜艳的色彩将整个本乡校区装点得五彩缤纷……这一年，医学部主楼前的公告牌前挤满了人。还有什么人有心去观赏辛夷花呢？

那块公告牌上，张贴着处分布告——

---

* 染井吉野是樱花树中有代表性的树种。——译者注

布 告

关于昭和四十三年二月十九日至二十日发生在附属医院内的事件，经过慎重调查，最后决定给予部分学生［中略］以惩戒处分。

给予处分是为了促使其自重，今后杜绝类似行为。

东京大学医学部长 丰川行平

昭和四十三年三月十一日

布告上写着受处分的学生的名字。其中，医学部的学生有 12 名。N 君（1964 年入学）、M 君（同前）、K 君（1965 年入学）、M 君（1967 年入学）4 人被开除学籍，M 君（1966 年入学）、M 君（同前）2 人是停课处分，包括粒良邦彦（1967 年入学）在内的 6 人是警告处分。东大附属医院有 5 名。一名研修生退学，两名研修生停课，一名研修生取消研修资格，一名研修生被记过。全校受处分者共 17 人。研修生受到退学处分或者被取消研修资格，意味着被赶出医院（医疗界）。

在东京大学，那是前所未有的大规模处分，而且其中包括开除、取消研修资格在内的意味着毁掉医师前途的严重处分。这样严重的处分决定，如果没发生重大事件是不会做出的。此事的起因，是被诵称为"春见事件"的一个小事件。

事件始于学生们向附属医院院长上田英雄提出的见面要求。*

"上田教授用身体撞开要求对话的学生，沿着医院的拱廊，逃到了内科大楼的入口处。上田医局的数名职员，突然冲进学生当中，试图用暴力驱赶学生。尤其是职员春见，肘击学生面部，扭住学生的衣领拖拽，

---

* 上田英雄教授"是平时负责为佐藤首相做健康诊断的主治医师式的人物"（《周刊文春》1968 年 9 月 30 日，第 29 页）。而且，1967 年佐藤首相访问南越的时候，上田内科医局的讲师陪同前往。平泽正夫、斋藤克己：《东大骚乱的罪魁祸首乃"隐形堡垒"中的三个恶人？》，《宝石》1968 年 9 月号，第 74-81 页。（译者说明：在日本，大型医院或大学附属医院的门诊部叫作"医局"，在医局研修实习的青年医生叫作"医局员"。）

摔坏学生的眼镜。其暴力行为,严重到了上田院长也出面制止的程度。"*

这场冲突发生之后,上田教授对学生说到他的办公室见面,离开现场,径自逃走。学生和医学研修生们等了一会儿,知道自己被骗了,便连夜追究上田医局员春见的暴力责任,要求其写检讨书。这就是"春见事件"。学生们被扣上破坏医院安静秩序的罪名,遭受处分,施暴的医局员春见反而没有被追究责任。

话说回来,学生们为何要求见医院院长?院长为何谎说到办公室见面之后逃走?理解这些问题,有必要首先掌握医学部教育的实际情形。

青年医师

医学教育的学制为 6 年,但是,并不是说毕业生们只要通过国家考试就能获得行医执照,作为医生行医以维持生活。从医学部毕业者,为了参加国家考试,其义务是首先作为实习医生在医局(大学附属医院的或指定民营医院的)工作至少一年。**"实习医生"是一种既非医师又非学生的不上不下的身份,也被称作"无薪医局员",他们被迫承担工作,却不能正式地领工资。是一种奇怪的身份。

这种身份也被称作"研修生"。名义上,他们作为医生尚未成为独立人才,所以有必要在医院进行实地研修。但是,实际上,他们并没有按照系统教学计划进行正式研修,而是被用作夜晚或休息日的急诊值班医生,在医院打下手。这当然容易出问题。因为,这是以"研修"为名的低薪工作,并且是在本应休息的时间里工作,谁都不愿意。

---

* 《砦》,第 29 页。

** 原著此处表述有误(第 18 页)。现据著者的书面解释翻译。——译者注就是说，所谓"实习医生制度"，是将那些大龄青年医师随便使用、随便丢弃的体制，是医院利用旧师徒制度的惯例进行营利主义式经营的支柱。*

1965年3月，医学部的那些打算将来做医生的青年学生，试图改变实习医生制度等医疗界的旧体制，发起运动，组织了"医学部毕业生联合会"。当年即将毕业的医学部学生要求"彻底废除实习医生制度"，而校方则断然拒绝学生的要求，称"如果不提交实习医生申请书，即禁止参加国家考试"。校方态度如此强硬，学生的斗争归于失败。而且，同年8月，"医学部毕业生联合会"本身也解体了。

不过，青年医师们开始了反击。翌年即1966年4月，"青年医师联合会入职者会议"由东京大学等8所大学的学生组建，展开了抵制国家考试的斗争。1967年3月，全日本87.4%的青年医师抵制国家考试制度，拒绝应试。**因为涉及当医生的行医执照问题，所以这种抵制是一场壮烈的斗争。

经过这场斗争，刚从学校毕业的医师们，在每个毕业年度都组建"青年医师联合会"（简称"青医联"），从1967年4月开始，医局研修是按照"青医联"自主制订的教学研修计划进行的。

东京大学医学部与东大附属医院，以及政府的厚生省***方面，对开始挑战当局的权威、脱离政府统制的青年医师们的动向，产生了危机感。为了管理这些青年医师，他们在1967年向国会提交了《医师法局部修正案》。"修正案"将有两年以上研修学历的医生作为"登记医师"，即

---

* 医局和无薪医局员的问题，并非仅仅是青年医师的问题。当时，上田内科医局是一个包括1名副教授、3名讲师、超过70名无薪医局员的大组织，其中甚至有51岁的高龄无薪医局员。平泽正夫、斋藤克己:《东大骚乱的罪魁祸首乃"隐形堡垒"中的三个恶人?》,《宝石》1968年9月号，第74-81页。

**《砦》，第13页。

*** 日本政府负责医疗卫生与民政工作的政府机构，相当于中国民政部与卫健委相加。——译者注

只有那些完成了官方规定研修年限的医师，才被当局（厚生省，或者作为其代理人的东大附属医院）认定为"登记医师"。这种制度是歧视性的——歧视那些仅仅通过国家考试而未曾参加研修的医师。

这种"医师登记制度"仅仅是强化了管理体制，而没有解决当时实习医生制度造成的任何问题。医学部的学生们对此表示反对，向医学部长和附属医院院长提交了请愿书。

请愿书

［前略］我们作为"医师登记制度"推行后的首届学生，反复就该制度进行讨论，多次表达了反对意见。

"医师登记制度"，对国立大学的每一家附属医院，做出了平均26人这种极端的人数限制，*对于进入在医师不足的情况下追求营利的市内大型医院的年轻医师来说，这简直就是驱赶与围堵。

进而，尽管毕业之后立即获得行医执照是可能的，但不允许被国立医院正式雇用，获得保险医生的资格也不可能，**与从前的医师相比，这显然是将我们置于下层医师的位置。与此同时，实质上也是在号称教学医院的市内大型医院强制性地推行研修。

而且，凭每月1万至2万5000日元的医疗辅助谢礼，我们每个人的生活都无法维持。

现行医疗政策并未从根本上解决目前的多种医疗矛盾，而是悍然牺牲医务工作者与国民的权益。我们，为了守护、建立我们自身的，进而也是将来那些医师的研修与生活，表示坚决反对。基于这种立

---

* 即推行研修体制的大学附属医院的研修人数限定在仅仅26个名额。

** "保险医生"当指行医过程中能够使用公共医疗保险金的医生。——译者注

场,我们同样反对医师登记制度,并且下定决心,不惜抵制国家考试。

[中略]

再次恳切要求在 1 月 24 日的教授会上重新讨论相关问题,表明态度,并接受我们的陈情书。

我们计划在 25 日的 M4 班会上由全体同学一起商讨今后的工作安排。所以,恳请在 24 日的教授会后给予回答。

谨呈:医学部长丰川先生

附属医院院长上田先生

医学科四年级班会(43 青医联筹备会)

昭和四十三年一月二十日[*]

就像从这些文字中能够看到的,他们是一群认真、礼貌的青年,精练地归纳出了争论的要点。

请愿书中出现的市内大型医院指民营大型医院,其实际运营状况每一位患者都了解。它们为治疗众多的患者已经是竭尽全力,完全没有可能建立起按照教学计划完成研修任务的体制。能够进行正规研修的仅有大学的医院,但其限制接收研修生的名额,而限制的理由,又完全是为了增加医疗的营利而使青年医师做出更大的牺牲。而且,在分化、排斥青年医师的医疗界,医务工作者和患者都被抛进了十分恶劣的环境。

1 月 27 日的全体学生大会,决定东京大学医学部医学科[**]开始无限期罢课。五个年级(医学部一至四年级的学生与毕业生组成的 "42 青医联")全部参加了此次会议,投票结果是 229 票赞成、28 票反对、28 票保留意见、1 票弃权。绝大多数的医学部学生和研修生,下定了与"医

---

[*]《砦》,第 21-23 页。(译者说明:昭和四十三年即 1968 年。)

[**]东京大学医学部由医学科与保健学科组成。在 1968 年 12 月这个时间点上,医学科学生数为 473 名。保健学科是培养护士的专业,仅有女生 37 名。

师登记制度"对抗的决心。即使诉诸无限期罢课，即使自己不能参加当年春天的国家考试、以整个人生为赌注，也在所不惜。

斗争的全部权力交给了由各年级的30名执行委员组成的"全校斗争委员会"（全学斗）。学生们1月29日开始无限期罢课，同时，200人组成的纠察队阻止了四年级学生（M4）的毕业考试。与学生的罢课斗争相呼应，2月5日，41青医联（昭和四十一年毕业的青年医师）开始罢工，医疗界的统治者们越发感到恐惧。

日本医疗的未来，取决于医学生们的这场斗争。但是，当时的日本社会并未理解这一点。因此，才会出现今天这种医疗与医疗管理体系非常混乱的状况（见本节附注）。

对于事关医学部学生人生道路的这种要求，医学部的回答就是3月11日的处分公告。这引发了医院内部的纠纷，而且，被处分者之中，还包括纠纷发生之日明明不在东京的粒良邦彦。医学部当局的意图一目了然。与其说他们在做出处分决定之前没有进行必要的事实核查与意见听取，不如说他们根本就没有核查的想法。不过，说起胡作非为来，比医学部有过之而无不及的，是东京大学的全权代表大河内一男校长。

[附注] 2005年6月3日，各家报纸的晚报都发表了"研修医生乃在职人员"得到认定的报道。那是对最高法院判决结果的报道。诉讼原告方以"被安排劳动而工资未达最低工资标准"为由，要求关西医科大学向26岁即过劳死的研修医生支付约59万日元的劳动报酬。就是说，在1968年之后长达37年的时间里，青年医师们是被用"未达最低工资标准的报酬"驱使劳动的，甚至有人死于过劳，而且他们还不被看作正式在职人员。

报纸报道了过劳死研修医师的日常工作状态：

"平日，从早上7点半到晚上10点前后，承担抽血、输液等工作，此外，还要协助诊断，周末也经常随指导医生上班。医院每月以奖学金的名义支付6万日元。"（2005年6月3日《朝日新闻》晚报）就是说，如果使用"研修"的名义，每天仅支付2000日元即可雇用青年医师。这是日本青年医师身处的状况。这并非陈旧的往事，而是在便利店打工的时薪已达900日元的21世纪初叶的今天的故事。

阻止毕业典礼与入学典礼

2月19日的"春见事件"刚一发生，在医学部教授的全体会议上，制定处分方案的工作就全部交给了医学部长。在3月5日的全校各学部长的会议上，有人指出这份处分方案存在着没有向学生做调查的问题，会议要求医学部重新考虑处分决定。但是，在3月11日的东大评议会（由各学部评议员组成的最高评议表决机构）的会议上，医学部原封不动地提交了处分方案。大河内校长作为会议议长，将处分方案作为议案提交会议，评议会表决通过。

青年们得到消息，群情激愤。3月12日，他们在东大评议会召开的时候蜂拥至会场，要求撤销处分决定，并在当日占据医学部图书馆作为斗争据点，设置了街垒。

对此，东京大学学生自治会中央常务委员会在3月18日制作的传单上，全文刊登了东大当局谴责医学部学生行动的"告示"，并警告说："吸引、调动全校的舆论力量，进而，无谓地招致警察机动队进入校园，这种挑衅行为，将使整体斗争陷入非常困难的局面。"日本共产党是该"中央常务委员会"的后盾。

26日，支持医学部学生罢课斗争的学生成立了"支援医学部斗争全东大共斗联络会"，决定阻止3月28日的毕业典礼。当然，我也参加了该会。说到对医学部罢课斗争的支持，我虽是理学部的学生，但也曾作为赞同者一同罢课，所以有参加阻止毕业典礼斗争的资格。

从 3 月 27 日下午 3 点开始，到举行毕业典礼的 28 日早晨，同学们一直在安田讲堂前静坐。因此，到了举行毕业典礼那天的上午 8 点 50 分，学校当局宣布中止毕业典礼。

到了 4 月 12 日的入学典礼，学校当局接受毕业典礼失败的教训，对各学部教授会成员和职员进行总动员，布置了纠察队。在"共斗联络会"的约百名青年（包括医学部学生、医学研修生和其他学部的学生）聚集在正门入口处的时候，校方用汽车从安田讲堂后门把校长送进去，举行了入学典礼。他们事先制定了"委曲求全"的备用方案。

入学典礼当天，作为医学部医学科一年级学生（M1）入学的学生在班会上做出决议，向医学部教授会提交了请愿书，而教授会的回答却是"并未承认班会之类的组织"。同学们一怒之下，从 4 月 15 日开始罢课。

同日，曾经在 1965 年要求"彻底废除实习医生制度"而展开斗争却被瓦解的"40 青医联"宣称行使罢课权，到 1968 年为止 4 个学年的"青医联"，再加上医学部医学科 4 个年级的学生，总共 8 个学年的学生开始罢课。

经过毕业典礼、入学典礼的两次斗争，东京大学那些观念相同、立志推动改革的学生组建了"支援联络会议"。但是，其行动远远没有影响到全校的学生自治会。这里，存在着日本共产党系统的自治会中央委员会和"七者协"* 对医学部斗争的敌视投下的阴影。

他们说阻止毕业典礼的斗争"会招致警察机动队进驻，所以反对"。列举的反对理由完全是违背常识的。

---

* "七者协"即"七者联络协议会"的简称。1965 年"好仁会"（东大附属医院内部类似于生协的组织）罢课之际成立的东大校内各组织的联合体。由七个组织构成，包括学生自治会中央委员会、东大研究生协议会（简称"东研协"）、东大职员工会、东大生协理事会、东大生协工会、好仁会工会、东大寮联。当时东大有驹场寮、三鹰寮、白金寮、向丘寮、追分寮、丰岛寮、田无寮这七处寮，但田无寮未参加东大寮联。（译者说明：本注中的"生协"全称为"生活协同组合"，是日本大学内部的学生消费合作社。"寮"即学生宿舍。）

5月10日,政府在参议院本部会议上通过了将医师登记制度实质化的《医师法局部修正案》,表明了彻底打垮青年医师们发起的这场运动的决心。

安田讲堂前的那两棵老樟树上的嫩芽已经长成翠绿的树叶,装点了校园数日的杜鹃花也凋谢了。此时,东京大学校园在"五月节"的热烈气氛中沸腾着,但这与持续进行罢课的医学部没有关系。

东大医学部史无前例的长期斗争,而且是4个学年的青年医师都参与的斗争,在坚韧地持续着。不过,只要学校当局持续正襟危坐、不理不睬,留给学生一方的就只有日渐衰落的结局。

"此时,面对校方狡猾的'烘干'战术与'分化'策略,医学部内部开始出现某种程度的分裂迹象。"[*]

这样一来,在指导医学部斗争的学生领袖当中,占据安田讲堂一事便被提上议事日程。这是因为,为了打破这场斗争面临的困局,只有采取能够打击东大当局的实际斗争手段。

越战的后方基地日本

不过,面临困局、没有出路的感觉只是存在于东京大学内部。校园外面,当时日本青年运动的势头很猛。这一年2月,发生在千叶县成田市三里塚、一直持续到21世纪的反对建设新东京国际机场的斗争开始了。三里塚的农民们并非受到什么人的唆使才发起这场运动的。在建于松林中的房子的廊檐下,老人端出零食和茶水,对前来支援农民斗争的青年学生说:"我是从满洲搬回来的。"

---

[*]《砦》,第53-54页。

"被'满蒙开拓团'这个美名鼓动，为了国家而离开家乡去了满洲，结果弄得一无所有，搬了回来。被扔在这一带，当时这里一片荒野，只有松树林。经过我们的开荒劳动，终于能种点儿庄稼了，现在又要我们'离开'！"

在那里，青年们与历史相遇了。居住在那里的农民们，一生中两次遭遇日本政府的舍弃政策，因此下定决心不再退却。与青年们在佐世保斗争中认识的市民相比，这些农民更有战斗力。

2月26日，发生了三里塚·芝山联合反对新东京国际机场同盟委员会委员长户村一作遭受警察暴力袭击的事件，次日的《朝日新闻》早报刊登了警察施暴的照片，题目是"未及逃脱遭警官围殴的户村委员长（26日下午4时15分摄于成田市政府大楼前）"。照片上，右手拿着安全帽、趴在地上的老人，正在遭受多达6名警察机动队队员的围殴。近处的警察举起的警棍正要击打老人头部的那个瞬间，被镜头捕捉到了。

青年们下定了投身到这场斗争中去的决心。就我个人而言，从中学一年级夏天以来每天都写的日记，只有在那几天停写了。也许何时会被逮捕，住所会被搜查。所以我不想留下任何在被捕、被搜查的时候会成为证据的东西。或多或少，当时的青年们在投身斗争的时候下定了那种决心。下那种决心是要豁出性命的，因此，有人对此做出了反应。

以作家三岛由纪夫为中心的一伙人，拟定了按血手印的倡议书。

> 2月26日，银座八丁目某大楼某房间里的《论争专刊》编辑部中，弥漫着异样的气氛。处于旋涡中心的，有三岛由纪夫。[中略]
>
> 万代、中辻、持丸等人回应道："我们来做阻止左翼革命的先遣兵、敢死队！"于是有人提议起草行动方案，大家按血手印。*

---

* 猪濑直树：《角色——三岛由纪夫传》，文艺春秋，1995年。

3月18日，美军野战医院从埼玉县的朝霞迁移到东京都北区的王子地区。青年们身处东京都内，也切身感受到了越南战争的硝烟与血腥气。斗争以连环攻击的形式持续不停地展开，前来支援的民众挤满了人行道。21日，青年们向东京都议会提交了反对医院搬迁的决议。青年们被警察机动队队员追赶，逃入挤满人行道的人群，受到掩护免遭逮捕，这种场景在多处出现。

1968年的世界在沸腾。来自这沸腾的世界史现场的冲击波，传达到学生的皮肤上，带来活生生的感觉，而且传达到了学生们的内心深处。从沸腾世界的深处不停地发出沉重的声音、贯穿了学生们的内心并且使学生热血沸腾、跃跃欲试的，就是越南战争。

越南南方民族解放阵线，继"Tết攻势"之后，又在越南全境范围内相继发动了2月18日的第二轮攻势和3月4日的第三轮攻势。1月中旬之后，北越军队包围了非武装地区南部、靠近老挝边境的溪山基地。美国海军部队与南越政府突击部队的6000人固守在那个基地里。

针对解放阵线在越南全境发动的这场攻势，美军进行了猛烈反击。"把越南炸回石器时代"（美国空军总参谋长柯蒂斯·李梅之语）*这句话，就是他们的口号。从1月21日至3月31日的70天时间，仅仅是溪山基地周围，美军就出动飞机共3万架次，投下了14万吨（一说9.7万吨）炸弹。这超过了整个"二战"期间美军投到日本全国的炸弹总量（16万至17万吨）的80%。

4月5日，北越军队终止了长达76天的对溪山基地的包围，撤退了。撤退的原因实际是约翰逊在3月31日宣布停止轰炸北越，他们在给美

---

* 柯蒂斯·李梅在东京奥运会召开、日本举国沸腾的1964年被授予"勋一等旭日大绶章"。恰恰是此人，策划了1945年3月10日针对东京平民区非军事人员，包括老人、女性、儿童的大空袭，是造成据说死者超10万的空前惨剧的B29轰炸机投掷燃烧弹袭击的责任人。授予其勋章时的日本政府，首相为佐藤荣作。就是佐藤荣作，在1968年初美国"企业号"航母入港时声称应"消除核过敏症"，并亲临一线指挥镇压大学学生运动的斗争。

方面子。6月27日,美国海军部队也从溪山基地撤离。即使是进行了那样猛烈的轰炸,美军还是未能守住溪山基地。

此间,在南越,美军实施了"pacification program"(平定计划),就是逐村进行扫荡,对解放阵线一方的据点采取"挤虱子"行动。全村人都被屠杀的"美莱村事件"就是这个平定计划导致的必然结果(见本节附注)。

美军在"Tét攻势"之后,开始了不惜代价的猛烈反攻。日本为其调配武器弹药等军需物资,是其最大的后方基地。

5月18日,国铁劳动工会(即现在JR的前身国有铁路的劳动工会,简称"国劳")的吴市分会发表报告说,美军使用国有铁路,从广岛县江田岛的秋月军火库向全日本25处美军基地运送弹药,截止到5月的9个月时间里,运送的弹药量多达4000吨。当年,江田岛曾经是日本帝国海军的核心基地。

6月12日,驻日美军发布通告,称从神奈川县的川崎港向东京都内的横田、立川基地运送的航空燃料将由80车皮增至120车皮,运输量增加了约50%。

青年工人与学生们的目光,投向了从新宿经过的美军燃料、军火运输列车。国劳的东京地方本部,开始采取"守法斗争"的方式消极怠工,抵制美军军需物资通过铁路进行运输。

6月26日,"总评"(即"日本劳动工会总评议会",劳动工会的全国性组织,1989年解散)与"国劳"组织了两万人规模的抗议示威,参加示威的"三派全学联"从站台跳到铁轨上,从晚上7点到11点,阻止了全部列车的通行。

同日,九州大学法学部长井上正治就9月2日坠落在九大校园里的美军战斗机移交问题发表谈话说,与政府和美方反复协商的结果是,"日美政府都给予了这样没有诚意的回答[所谓'慎重'使用板付基地之类],

既然如此,关于飞机移交问题,即不可能得到学生的理解。因此,作为九州大学校方而言,不能在交还飞机方面给予配合……作为九州大学,现在认为,有必要提出废弃《安保条约》的要求"。*

这样,美国在作为其越南战争后方基地的日本,开始面临民众的反抗。

而且,反抗的并非只有日本。反对越战的斗争在世界各地展开。仅仅是在3月,欧洲各地就多次发生不同规模的游行示威。3月3日伦敦3000人,4日布鲁塞尔2万人,17日伦敦1万多人、纽伦堡3000人,23日,纽约"欢迎春天到来与反战示威集会"3000人,巴黎5000人以上,西柏林800人,岁马1000人。在3月17日伦敦的集会上,8000人前往美国大使馆示威,与警察部队发生流血冲突,百余人负伤,被捕者多达300人。

欧洲青年们的行动是有组织的,而且是大规模的。因此,官方对他们的反制也有决战的性质。4月11日,联邦德国学生运动领袖鲁迪·杜契克遭枪击身负重伤;在法国,"五月风暴"遭戴高乐镇压。由于得到戴高乐总统实际赋予"非常大权"的军队被部署到巴黎周边地区,这场使全世界的学生热血沸腾的"五月风暴",因此被迫转向承认6月末的总选举而流于瓦解,并在随后的选举中被总统派的压倒性胜利所终结。

美国国内的动荡也是深层次的。2月29日国防部长麦克纳马拉辞职,3月22日美军驻南越最高司令官威斯特摩兰被更换,继而,3月31日,约翰逊总统宣布单方面停止对北越的轰炸,他本人不参加下一届总统选举。但是,就在同一天,美国决定向越南增派陆军1.3万人。种种事件,充分呈现了看不清战争前景的美国统治阶层的迷乱。统治阶层的迷乱,导致这个国家出现激烈的暴力行为。

---

*《朝日》No.564,第785页。

4月4日，用平静而又深沉的声音演说——与其说是演说不如说是歌唱——的马丁·路德·金牧师，在美国田纳西州孟菲斯汽车旅馆的阳台上被暗杀了。这位1964年诺贝尔和平奖获得者、39岁的美国黑人运动稳健派指导者被枪杀，而凶犯逃走。消息传出，美国全境发生了黑人暴动。

马丁·路德·金牧师遭暗杀整整两个月之后，6月5日，美联邦参议员罗伯特·F.肯尼迪在洛杉矶的酒店遭到暗杀（次日死亡）。事件发生在他作为民主党的总统候选人在加利福尼亚州参加初选刚刚获胜的时候。

美国政府，尽管扩大了征兵范围（2月23日动员了4万人的预备役部队）、推行举国动员体制（终止或暂停了根据工种或产业制定的征兵延期规定或延期措施等），但逃跑者与拒绝参战者还是不停地出现。

对于当时的日本青年来说，美国逃兵是切身可感的存在，甚至有人把美国逃兵藏匿在自己租住的房子里。不仅是美国兵，韩国军队中也有逃跑者，甚至发生了在美军中服役的日本人被送到越南战场的激战地区、趁来日本休假的时候逃跑的事件。*

［附注］ 美莱村大屠杀　1968年3月16日，美国陆军某师第11旅的巴克（Barker）机动部队，在实施"search and destroy作战"（搜杀作战）行动的时候，在广义省（西贡以北600公里）屠杀了美莱村的504名无辜村民。被杀者中，有女性182名（其中17名孕妇），儿童173名（其中出生不满5个月的婴儿56名），

---

* 美国法律这样规定：停留半年以上的外国人适用《选择征兵法》，如果本人同意，即可应征入伍。日本广岛县的广瀨彻雄先生1966年5月到美国，翌年5月做征兵登记，9月入伍，1968年4月被派往越南战场。他说，征兵登记的时候，没有被告知有选择的自由。被派到越南战场之后，多日连续作战。那是激战地区，4月底上阵的70人中有23人战死。他来日本休假的时候，9月16日跑到"越平联"（争取越南和平市民联合会），宣布脱离美军部队。依据《选择征兵法》征用日本人到美军中服役，当时知道的就有8次。

60岁以上的老人60名,24个家庭遭灭门。

这次大屠杀事件发生9天之后,越南南方民族解放阵线发表紧急宣言予以披露、谴责,但是,到翌年11月16日《纽约时报》刊登现场照片、予以证实之前,美军与美国政府说这是凭空捏造的,完全否认。

参与屠杀的威廉·凯利中尉,因虐杀22名徒手平民在1971年3月31日被判无期徒刑。但是,在其后的审判中,刑期一次一次地缩短,1974年9月25日,即缴纳保证金保释出狱。指挥此次作战并下令屠杀的,是凯利中尉的上司麦迪纳大尉(查理连连长),麦迪纳没有被追究任何罪责。

这次美莱村屠杀事件中美军唯一的受伤者是黑人士兵哈伯特·卡塔。卡塔因不愿参与屠杀村民而向自己腿上开枪。(Quang Ngai General Museum, *A look back upon Son My*, 1998.)

第二章

通向未来的大学之路

偶然与偶然相重叠。甚至是能够推动历史前进的诸种偶然,在1968年发生了重叠。此前从未发生过学生运动的日本大学的校园里,斗争开始了。那种轰轰烈烈的斗争,闪电一般照射到当时青年们的内心深处。5月23日,正是东京大学的学生们沉醉于五月节的种种活动的时候,在距离东大本乡校区步行不足30分钟路程的神田三崎町,也就是在日本大学经济学部前面,日大学生勇敢地进行了戏剧性的"200米游行示威"。

就这样,不仅是针对医疗制度与医学教育,而且是针对日本的高等教育体系本身,青年学生们向社会提出了尖锐的问题。不过,对此,社会上的普通人只是习惯性地做表面化的理解。

日本大学的黑暗

20世纪60年代,日本大学当局引以为自豪的是:"在全国的大学中,日本大学是唯一没有发生学生运动的大学。"尽管1962年发生了文理学部数学系事件,* 但是,即使是给日本全国带来冲击的 1960 年的安保斗争,日本大学的学生们也完全没有参与。

日本大学的当权者是古田重二良会长,他有当时的首相佐藤荣作当后台。** 当时的日本大学和那个时代进入高速增长期的日本经济一样,持续快速膨胀。学校财政预算 1959 年为 36.7 亿日元,而 1968 年是 300.5 亿日元,10 年间增加了近 10 倍(见本节附注)。

此时,日本大学已经打下了到 21 世纪初超过东京大学、发展为超级大学的基础。如果有正确的发展规划,大概能够推动日本全国教育体系的改革。然而,这个巨大的教育产业组织,其发展规划中只有营利主义式的扩张,因此,对于青年学生的自主活动实行彻底压制、封杀的方针。而首相佐藤荣作的偏袒,则是日本政府给予这种营利主义扩张的保障。

这种体制的特征,体现在学生管理方面。本来,大学总部的学生部之下设有学监与学生指导委员,但是,在此之上,大学总部直辖的体育会和各学部的体育会运动部,都充当管理学生的急先锋,盯着每个学生的一举一动。这是一种特殊的暴力统治体制。***

为了维持这种极端的学生管理制度,校方不允许学生发出反对的声音。在对大多数人员进行暴力管制的日本大学校园里,深层的、本质性的腐败在蔓延。恰如 21 世纪初叶的日本社会。

1968 年 1 月 26 日,理工学部教授小野竹之助帮助考生走后门入学、

---

* 事件是指日大制定长期规划,扩大招生数量而不扩大教师队伍,福富节男、木下素夫、银林浩、仓田令二郎等教师因批判这种规划,被学校当局强迫辞职。

** "日本会" 联系人会聘请佐藤荣作担任总裁,这是网罗了当时日本政界、财界重要人物的组织,也被称作 "总调和联合会",会长为古田重二良。根据日本大学全共斗汇总的资料,在 "日本会" 联系人会的名单上,许多重要人物的名字赫然在目。有岸信介、大平正芳、三木武夫、田中角荣、福田赳夫、中曾根康弘等前任首相或后来担任首相者,有松下幸之助、小佐野贤治、堤清二等大实业家,还有作家山冈庄八。(据《叛逆的街垒》资料)

***《叛逆的街垒》,第 10-12 页。

第二章　通向未来的大学之路　　029

收取钱款一事败露，酿成事件，继而，3月22日，东京国税局进入日大财务部查账。紧接着，26日，日大经济学部会计科科长富泽广"人间蒸发"。*

3月28日，日大理工学部会计科征收主任渡边春子"自杀"。**在日本，每当发生涉及巨额资金的事件，都会发生正当其时的"人间蒸发"或"自杀"事件。在日本大学也是如此。"用途不明资金"问题的两个关键人物都"消失了"。

4月15日，东京国税局公布了五年间日本大学"用途不明资金"的总额，高达20亿日元。所谓"用途不明资金"，即有收入来源却不知道被用在了何处的款项。发生这种问题，大学作为法治国家的一个机构，是完全失职的，会计责任人则是罪犯。问题严重！

[附注] 2002年度的日本大学，除了没设小学部，开设了从幼儿园到研究生院的全部教学课程，学童、学生、研究生总人数突破10万（100101名）。教职员总数为7126人，大学里的教授、副教授总数为2246名。2004年度的财政预算超过3000亿日元——1968年之后的36年间，增加了10倍。

在1968年那个时间点上，"日大全共斗"经常自称"代表日本大学的10万名学生"，那是因为超过规定招生人数数倍的学生被塞进了校园。在1969年的大学招生考试说明书中，日本大学一部（昼间部）招收的学生数总计仅7865人（《日本大学法学部——入学考试问题之研究》，关东出版社，1969年）。尤为奇怪的是，法学部所谓的"约1200人"之类的招生人数，本身就不确切。

---

* 一年七个月之后的1969年11月17日，在事件的热度完全冷却下来之后，富泽被逮捕、免职。

** 渡边春子被认定是在自己家里自缢身亡，她留在餐厅里的遗书上写着"我是清白的"。据《周刊朝日》1968年5月3日号，第24页。

日大学生，站起来！

日本大学学生们的自由活动遭到了彻底压制。但是，"用途不明资金"问题与学生们的日常生活直接相关，而且非常严重，已经到了应当有人站出来的时候。学生们有生以来第一次制作了传单：

勿待明日！

在5月14日的学科讨论会上，社会学科的同学们对日本大学当局学生缺位的行政管理体制表达了强烈的愤怒，团结一致，坚定了抗议的意志！

最重要的是，我们在贫困生活中缴纳的大量学费，是怎样使用的？至今真相不明，也没有出面说明的机构。［中略］

如果全校学生统一起来、团结起来，即使是在审查体制之下，也能够改变这种反动制度，建设真正的民主校园。［中略］

建立学生的自治权！

反对审查制度！

夺取信息交流与表达的自由！

社会学科学生会
三十四亿日元特别委员会委员长*

5月21日，日本大学经济学部的300名学生就"用途不明资金"问题召开会议，进行讨论。经济学部四年级学生秋田明大，向大家描述了一个非常简单的事实：

---

*《叛逆的街垒》，第20-21页。

"说起来只是'30亿日元'几个字。但分配到10万名日本大学学生的头上,就是每人3万日元。"

学生们一片哗然,是必然的。日大的学生大部分出生于穷苦家庭,3万日元是多大分量,一听就明白。在那个时代,国立大学食堂里的一份咖喱饭仅50日元。在建筑工地打工,昼夜工作24小时,能领到1000日元就是高工资。

日本大学经济学部学生的运动日渐扩大。5月22日,450名学生在学生科办公室前举行抗议集会。次日即23日,同学们在经济学部的地下会堂举行抗议集会,法学部的50名学生也参加进来。与此相对,大学当局拉下会堂的卷帘门,将学生驱赶出去。日本大学没有大的校园,办公楼、教学楼等校舍都是临街而建的。学生们被从地下会堂驱赶出来之后,挤在大街上举行抗议示威,走到了200米外的水道桥车站。虽然仅仅是200米的游行示威,但是,对于日本大学的学生们来说,这是他们第一次用示威行动向社会表明自己的意愿。

针对学生的抗议示威,日大当局的反应敏锐而又快速。示威游行的次日即5月24日,体育会成员等右翼分子出现在800名学生聚集的经济学部抗议集会现场!

看到体育会人员展示暴力阵容的那一瞬间,学生们感到了畏惧。然而,就在那时候,秋田明大彻底扭转了局面。他飞身跳到桌子上,忽然大喊:"Sprechchor!反对日大当局的暴行!"* 他这样向发生动摇的学生群体中注入活力,领导大家不停地喊口号。**

---

* Sprechchor(日语中写作シュプレヒコール)一语来源于德语 sprechen(说话)与 Chor(合唱)的组合。意思大概可以说是"齐声呐喊!"学生用语当中,多有"Arbeit"(打工)等德语词汇,这也是其中之一。集会或游行示威时,领队的会喊"齐声呐喊:反对越南战争!",于是大家随着齐声高喊"反对越南战争!"。中岛美雪在《世情》一曲中唱的"秀普莱嘿考尔之波,从身边涌向远方",唱的就是这种场景。(译者说明:歌词中"秀普莱嘿考尔"为Sprechchor的音译。)

** 仓田令二郎:《秋田明大的思想》,载秋田明大《狱中记——在异常的日常化之中》,全共社,1969年,第261-281页。

语言确实是有力量的。学生们遭到冲过来的体育会系统学生的殴打，鲜血淋漓，但没有退却，而是与对方搏斗。不向暴力屈服的学生终于出现了！大学当局面对这种状况感到吃惊，关上学校的大门，将学生驱赶出去。

　　被驱赶到校外的经济学部学生，与法学部的2000名学生会合，众人一起游行示威，一直走到锦华公园（猿乐町一丁目）。他们互相交流当天的戏剧性体验。因为，那是他们与貌似无敌的日本大学暴力机构正面对决、值得纪念的日子。而且，他们也谈到秋田明大是一位怎样了不起的男子汉。

　　"那是下定了必死的决心并肩战斗共渡危难的真正的心连心、肩并肩的起点。此时，同学们第一次意识到自己是日本大学的学生。那是一种超越生死的感动。"*

　　这样，日本大学的学生们，即使仅仅是提出自己的正当要求，也要从一开始就与大学当局的暴力机构进行正面对决，也要豁出性命。这种大学，除了日本大学，世界其他地方不会有第二所。

　　5月27日下午2点过后，在经济学部大楼前的路上，"日本大学全校誓师大会"召开了。从文理学部出发的1500人的游行队伍，途中经过理工学部时，有200人加入进来。在经济学部大楼前，经济、法律、艺术、商学、农学、牙医等学部的数千名学生会合在一起。当时参加集会的学生总数，有人说是5000人，也有人说是1万人，总之，熙熙攘攘的学生挤满了大街的主路与人行道。

　　在这条道路上，"日本大学全校共斗会议"（简称"日大全共斗"）宣布成立，经济学部的秋田明大被推选为议长。大家对学校当局的四条要求得到了组织认可，分别是：一、全体理事辞职；二、财务全面公开；

＊《叛逆的街垒》，第30页。

三、承认集会的自由；四、撤销不当处分。

日本大学的学生们知道这是豁出性命的斗争，为此做好了思想准备，因为学校当局的打击姿态从一开始就是强硬的。

5月31日是日大全共斗预定在文理学部召开誓师大会的日子。但是，学校当局关闭了学校正门，体育会系统的学生布置了纠察队。午后1点左右，右翼的"学生会议"用汽车冲撞开始在正门前静坐的文理学部学生，体育会系统的学生拿着牛奶瓶、角木（建筑工地用的那种），冲进学生队伍中殴打。这次袭击导致学生方面的30余人受伤，伤者中3人因伤及内脏、肾出血，被急救车送往医院。

日大全共斗忍受着这场袭击，召开了7000至8000人的会议，6月4日又召开8000至1万人参加的集会，向校方提出了集体交涉要求。随后他们做好了6月11日在日本大学总部前集会的准备。

针对上述动向，"日本大学学生会议"经学校当局授意，散发传单，恐吓学生：

"我们日本大学学生会议，将在6月11日总部前的集会上，用实力粉碎共斗会议的指挥体系！我们下定了决心！将为守护可爱母校80年的历史传统战斗到底！"

这份宣言并非仅仅是威胁。11日当天，原定计划是从11点半开始各学部的学生召开誓师大会，下午2点半在经济学部前面召开1万人参加的总誓师大会，但是，学生科员工和暴力团伙事先进入经济学部主楼，在学生们开始集会之前降下卷帘门。学生们冲到大楼入口处，空手支撑卷帘门，用旗杆顶住，企图进入大楼。就在这时候，楼里的暴力团伙从里向外发动了袭击。*

因为这场袭击，学生们被打得鲜血淋漓。日大全共斗一度前往大学

---

* 《叛逆的街垒》，第68页。

总部游行示威，返回之后，让头戴安全帽的学生走在前面，再次前往经济学部大楼。在这些学生上方，有人从四楼往下扔凳子、桌子、酒瓶、溜冰鞋、铅球等，甚至扔10公斤重的垃圾箱，三楼、二楼有人往下泼灭火剂、催泪瓦斯液，导致两名学生身负重伤。尽管如此，同学们并不畏惧，越过路障冲进经济学部主楼，用日本刀、铁链、滑雪杖、高尔夫球杆、木刀、铁管，与学生科员工和暴力团伙展开搏斗。*

因为武器劣于对手，学生们多人受伤，最后被赶出主楼。但是，他们并未撤退，而是包围了经济学部主楼。因此，下午4点前后，大学总部请求警方出动机动队。

聚集在一起的学生看到警察机动队到来，很多人鼓掌欢迎。还有的学生投诉说："警察叔叔！那家伙拿着日本刀哪！"但是，机动队队员对主楼内的暴力团伙视而不见，却袭击仅仅是想游行示威的学生，逮捕了5人。学生们被机动队队员追打，逃离经济学部，占领法学部3号楼，筑起了街垒。这样做是为了从暴力团伙与机动队两方面的打击中保护自己。这就是日本大学街垒斗争的起点。

> 这一天，含轻伤者在内，受害学生实际超过200名。其中住院者40余名，治愈需两周者60余名。
> 关于这次事件，负责学生工作的理事铃木胜，在回答记者提问的时候说体育会学生的心情反映出本校的精神。**

次日，日大全共斗断然占据了经济学部主楼。在法学部楼前聚集的

---

* 《叛逆的街垒》，第69-70页。

** 《叛逆的街垒》，第70页。《朝日新闻》刊登了铃木胜的发言。"事实是，抵制以共斗会议为中心的反代代木系的暴力主义学生，保卫大学，这种愿望在体育会等处是强烈的。这种学生的心情，反映出本校的精神。"《朝日》No.564，第327页。

第二章　通向未来的大学之路

2000人，前往经济学部举行了游行示威。这一天，学生们的心中燃烧着针对前一天日大当局、右翼分子、机动队的暴力行为的复仇之火。"'老子豁出命来也要去！'这样下定了决心，没有安全帽的学生，头上顶着金属水桶，大家列队冲进主楼。"*

日大全共斗夺回了经济学部的这座主楼，并设置街垒进行封锁。

在街垒周围，体育会与暴力团伙不停地发动恐怖袭击，但日本大学的学生们并不畏惧，各学部相继开始罢课。各个不同的学部，如果处于同一个校区，那另当别论，但是，日本大学的校舍是分散在东京都的千代田区、丰岛区、世田谷区、练马区、板桥区，以及千叶县的习志野市、福岛县的郡山市、静冈县的三岛市等地。分散在各处的不同校区一同开始罢课，可见日本大学的学生具有惊人的能量。

6月24日，日本大学除了医学部之外的各学部均开始罢课。

同一时期，东京大学医学部的斗争也迎来转机。

第一次占据安田讲堂

在安保斗争纪念日即6月15日这一天，东大医学部全校斗争委员会（简称"全斗委"）断然封锁了安田讲堂。他们试图通过这种行动，寻找打破陷入僵局的医学部斗争的突破口。东大当局立刻申请警方出动，17日凌晨4时35分，警察机动队进入东京大学本乡校区。面对行使警力的警察，30名占据讲堂的医学部学生走出讲堂，举行了示威游行。

"警察机动队进了校园！"——得到消息，为参加运动借宿在附近追分寮里的青年们，立刻奔向本乡校区本部。从农学部的院墙翻进校园，

---

*《叛逆的街垒》，第71页。

经过架在言问大街上的过街桥,过了工学部的几座楼,他们看到了机动队。银杏大道两侧矗立着法学部·文学部的老楼,机动队在银杏大道那一端。藏青色的暴力群体,铝合金盾牌闪着幽暗的光,恶魔的队列一般,慢慢地蠕动着……

1200人的警察机动队在安田讲堂前面银杏树下的路上行进,那阵容给了东京大学的青年学生们鲜明而又强烈的刺激。机动队的恐怖程度,大概只有直接与其对峙的人才能感受到。机动队与在街头警务室门前悠闲踱步的"警察叔叔"完全不同。藏青色的警察制服,藏青色的头盔,泛着暗光的铝制大盾牌,橡木警棍,加了钢板、用于踢踹的马靴——所有这些装备都展示着令弱者窒息的暴力。人们即使是只被那种暴力威胁、攻击过一次,在很长一段时间里也会做噩梦,梦见那种恐怖的暴力。

"最后还是用暴力来解决啊!"对于在东京大学各学部、研究生院各专业、附属医院各科学习特定专业的青年学生来说,在自己的校园里意外地领悟到这一点,是巨大的冲击。经历过与机动队混战、在地狱入口处走过一遭的青年们,被这个事实尖锐地刺痛了。在那一刻,"学术领域当为不可侵犯之空间"这种内心深处的基本信念彻底破灭了。

隔着建筑物和树木,学生们一边察看机动队的动向,一边走向安田讲堂。机动队撤离之后留下的,仅仅是几块被毁坏的胶合板标语牌,几堆用于设置街垒的桌椅。但是,当时在场的青年人当中,有的人即使面对着国家权力的暴力机器也并不畏惧。

在那个早晨,不知为何我也下定了决心:"再次占据安田讲堂的时候,绝对不能仅仅看到机动队展示暴力就落荒而逃!"那种心境现在依然记得,但是,那并非情绪激昂之后下定的决心,亦非发现了某种道德真理之后的亢奋,而是那样决定之后,获得了恍然大悟的心境。也许,多名东京大学的青年,在那个早晨,无论是怒火冲天还是报以冷笑,都是那样下定了决心。

空中，安田讲堂高高耸立，似乎在展示威压之力，但是，青年们并不当回事。这或许是因为，他们完全是为时代而战。

布　告

在调动机动队进入东大校园的 6 月 17 日上午 9 点半，大河内校长就迅速地举行记者会，而且及时地在当天张贴了《关于机动队进入校园的布告》。当天下午 3 点，他又声称血压降低（非血压升高），住院去了。《布告》曰：

> 6 月 15 日拂晓，多名好像是来自其他学校的武装大学生，与本校医学部的部分学生会合，组成 80 余人的集团，突然砸坏安田讲堂的正门，闯入讲堂，非法占领讲堂，放置障碍物堵住入口，挥舞角木打伤前来阻止占据的本校职员，损坏讲堂内事务部各办公室的设施、物品，多种暴行有违学生身份。他们随后持续占据安田讲堂。［中略］
> 　　根本上，在大学校园里，无论是什么事情，都不能企图使用武力来解决问题。这是原则。［中略］
> 　　面对这种暴行，校方不得不采取紧急措施，请求警察力量进入校园。之所以这样做，是诚心希望大学恢复正常的秩序与功能。

当时，面对校长的这份《布告》，同学们怒不可遏。即使是在事件过去 30 多年的现在，我依然能完全理解同学们为何愤怒。

校长《布告》的特征，是不负责任地罗列空洞的词语。说是"根本上……这是原则"，如同校长自己所言，那不过是"原则"（场面话）。处分的本质是"力量"，校长能够处分学生，而学生不能处分校长，这完全是"力量的差异"。

大河内校长是"东大型知识人"的典型代表。他们意识不到自己沿着权力阶梯爬升的过程中,血脉偾张、如痴如醉,是为了获得包含着"耍手腕能力"之上的暴力的那种"力",并且是为了行使那种"力"。因此,即使毁掉副教授、助教、研究生、本科生、职员等下属、晚辈,即使无视他人的人格,也要滥用权力,而他们本人,已经对此没有感觉。这就是他们的品性。东京大学的这种"权力学者"的非人的品格类型,在继校长《布告》之后发表的医学部长的《告示》(6月28日)中,也清晰地呈现出来。

"关于这一点[指粒良邦彦对于谴责处分中事实认定错误的申诉],为了查明事实真相尽了最大努力,但是,大家得出的结论是,在目前的情况下,进行更深入的调查是困难的。因此,这种情况下就采取优先相信当事人的良心的立场,将该处分决定还原到处理之前的状态。"

语言是有生命的。他说的不是"相信当事人的良心……",而是"这种情况下就采取优先相信当事人的良心……",这种微妙的差异大家明白吗?

医学部长的这份声明的微妙之处在于:"调查来调查去、啰里啰唆的很讨厌,所以这种情况下改掉原来的……"而并非表达"经过多方面的考虑之后,做出……"这种判断。这份文件表达的是学部长迫于当时的状况急于摆脱困扰的心境。学部长不过是说:绝对不做"撤销处分"的事,没有必要反省,也没有必要去听学生的抗议之声,只是给他们"还原"。

处分是等于杀人的权力之"暴力"——对此,这些"东大型知识人"并不能理解,但是,他们作为当权者,对于威胁其权力的行动却能准确理解。医学部长在6月25日写给医学部学生的信中,明言"医学部全斗委的活动是源于'策划暴力革命的部分学生领袖'的统治",*对尚未

---

*《砦》,第80页。

考虑发动暴力革命的学生进行威胁。这是当权者的反应，其反应本身是真实的。青年医师联合会的行动之中，包含着从根本上改变医疗领域进而改变日本社会的要素。当权者一方已经敏锐地将他们的运动理解为"暴力革命"，而青年中的许多人声称"绝对没有那种事"，还慌慌张张地进行了自我限制。这实在是可惜的事情。

抗议调动机动队进入校园

6月17日上午，得到警察机动队进校的消息赶来的本科生与研究生们，自然地开始在安田讲堂前面集会。聚集者越来越多，集会转换为抗议大会，参会者超过300人。研究生们甚至在当天成立了"全校斗争联合会"（简称"全斗联"），推选理学部研究生院的山本义隆做代表。山本是一位瘦高的青年，非常不善言辞，演说时甚至让听众感到着急，但能够让人感受到一种难以言喻的人情味。

山本义隆参与占据安田讲堂的行动，事出有因。事情要追溯到6年前。

1962年12月25日，中央委员会议长和东大医学部自治会委员长，作为大学管理法斗争的责任人受到处分。同学们为要求公开最终做出处分决定的责任人的名字，到安田讲堂去见校长茅诚司。此即后来所谓的"茅校长羁押事件"。当时山本义隆是理学部三年级的学生，关于与茅校长见面一事，他写道：

> 那天晚上，在校长办公室，对于我们的追问，茅校长不做任何回答。长久的沉默之中，他只说了几句话。露骨地进行挑衅，说什么"就像大家看到的，我身体很好，所以，能坚持24小时左右"。愚弄学生，

说什么"今天是圣诞节,大家唱个圣诞歌怎样"。在我的记忆中,他没有道歉。*

包括山本义隆在内的学生们,从茅校长的这种沉默之中,从其对青年们的愚弄之中,看穿了东京大学以及日本高级官员的品性。那种品性,显示了存在于日本人本性中的某种重大缺陷。**

6月17日这一天,校园整日处于躁动状态,各学部自动停课。中午过后,学生们举行了3000人规模的集会与游行示威,到了晚上8点也未散去。次日,各学部召开学生大会,相继决定罢课,以各学部为单位的游行队伍不停地出现在校园里。晚上11点过后,工学部表决通过了罢课决议,同时,踢开日本共产党系统的指导者,在新任自治会委员长石井重信的指挥下举行了深夜示威游行。在经济学部与文学部的学生大会上,大家认为"不得不占据安田讲堂",并表决通过了追究学校当局责任的提议。

6月20日,法学部之外的九个学部全天罢课,全校的总誓师大会有7000人参加。这一天,反应最为激烈的,也许是教养学部***的同学们。

在6月10日举行的教养学部自治会正副委员长选举大会上,"福隆

---

* 山本义隆:《知识性的叛乱——东京大学解体之前》,前卫社,1969年。

** 关于"沉默"或者与之相反的"词语",山本七平说过一段精彩的话。山本在第二次世界大战中参军入伍,被送往菲律宾,经历过生与死的考验,年龄上相当于这个时代的青年学生的父辈,他对于日本帝国陆军的参谋们,对于战后工人运动、学生运动的领导们,怀着同样的厌恶之情。他说:"我认为,无论陆军海军,所有日本军人的最大特征,而且是很少被人指出的特征,就是'夺取词语'。在日本军队对同胞犯下的罪恶之中,最大的罪恶就是这个,而且这是诸恶之源。"参阅山本七平:《一名下级军官所见之帝国陆军》,文艺春秋,1987年(初版本为朝日新闻社在1976年出版的)。关于该问题这里不做解说,仅抄录山本原话。

*** 东大本科生的前两年不分专业,都进入教养学部进行基础的通识学习,后两年才进入各学部学习专业课。东大教养学部所在的驹场校区位于东京都世田谷区,与专业学部的本乡校区(位于文京区)有半城之隔。——译者注

特"*的今村俊一获得 1925 票,击败日本共产党系统的候选人(1843 票)和革马派、解放派等组织的三名候选人(共 958 票),当选委员长。**本来,日本共产党系统的学生组织一直掌控着东京大学学生自治会,现在,面对这场失败胆战心惊。教养学部是由东京大学约一半的学生构成的庞大组织,在新生入学后会集了一年级、二年级的全部学生,而且,这些学生均未经历过学生运动,容易被各种组织吸纳。所以,对于日本共产党系统的学生来说,在教养学部的自治会委员长选举中落败,涉及责任问题。

关于当时的情况,宫崎学在声明是记录别人的转述的前提下,做了如下描述:

> 在(6月16日)深夜举行的那次(日本共产党的)基层委员会会议上,机动队进校的消息传来的那一刻,确定了行动方向,那就是,利用此事发动自己掌握主动权的罢课,渡过委员长选举失败的难关。
>
> [中略]
>
> 执行这种策略,在次日早晨的驹场校区,日本共产党的全校罢课倡议传遍了校园。这样,东京大学的日本共产党,通过把握驹场主导权,一鼓作气行动起来。***

在这里"行动"是可以的。然而,7000 名学生参加集会,是出乎意料的大阵势。在驹场 1 号主楼的后面,通往驹场寮的银杏大道上,新任委员长今村站着演讲,谴责校方调动警察机动队进校园。后来他说当

---

* 结构改革派被称作"福隆特"(front)。是日本共产党中的结构改革派指导下的学生组织。日本共产党称该组织为"分裂主义者",该组织与所谓"三派全学联""革马派"都划清了界限,是偏于稳健派的学生团体。

** 大野明男:《报道——东京大学十一月二十二日》,《现代之眼》1969 年 1 月号,第 140-151 页。

*** 宫崎学:《突破者——贯穿战后史背面的 50 年》上卷,幻冬社,1998 年。南风社,1996 年初版。

时的体验是冲击性的。

"民青的各位在驹场寮前面的丁字路口集会,背后立着巨大的标语牌,很多学生聚集到那里。我们周围没有那么多学生,但学生们在不停地聚集过来。不停地聚集。可谓'人潮涌动',名副其实地'涌动'过来。最后,大概聚集了1600人吧。那种体验,是第一次。"

6月20日,教养学部的学生举行投票,以3270票赞成、1301票反对、46票保留意见的投票结果,通过了罢课决定。学生们首先在驹场校区正门布置了千人规模的纠察队,集会之后徒步横贯东京市区,前往本乡校区,聚集到安田讲堂前面。在安田讲堂前,东京大学的青年们举行了空前的大规模抗议集会,据说与会者达到7000人。那是1952年泡泡劳事件[*]以来人数最多的一次集会。

本乡校区仅有高年级的各专业学部,学生们对于久违的罢课感到困惑,所以,纠察队与前来上课的学生之间,与来教研室正常上班的教授之间,都发生了争论,而且多处发生小冲突。"让我进去!""不准通过!"等等。

本来,本乡校区是闲静的学者的世界。

"今天早上,坐电车来学校,看到正门前竖着'罢课'的大标语牌,我真是大吃一惊!心里想:本乡校区也弄成了这局面?"铃木尚教授在人类学教研室的师生会议上这样说。教研室的各位听了他的话,只能表示理解。"不愧是尚教授啊!"在同一次会议上,副教授渡边仁被学生和研究生逼问:"关于东大斗争,您怎么看?"仁先生平静地回答说:"我想,老师与学生的关系,就像是父母与子女的关系。"青年们绝望了,说:"阶级斗争等,对仁先生,讲了也是白讲!"那是意味深长的对话。当时青

---

[*] "泡泡劳事件",指1952年2月20日东京大学学生剧团"泡泡劳"举办"小林多喜二节"时与便衣警察发生冲突的事件。"泡泡劳"为意大利语popolo(亦为世界语)的音译,popolo意思是民众、居民、种族。——译者注

年人的真实想法，完全不可能被理解。

当天，全校集会的代表团提出了"与校长团体交涉"的要求，但是，次日学校当局的回答却是"拒绝"。这样一来，学生们只好展开行动。

6月26日，文学部学生大会决定无限期罢课。同日，医学部长丰川行平举行记者会，蛮横地说"不会撤销处分。没有兴趣与其他学部的学生见面"。* 次日即27日，经济学部研究生院与新闻研究所的研修生自治会，都开始了无限期罢课。

这场抗议风暴横扫东京大学，大河内校长做出了与学生见面的决定。

校长会见

6月28日大河内校长在安田讲堂会见了学生，而恰恰是这次会见，成了点燃东大全校火药库的导火索。从"封锁学校本部执行委员会"（"本部"即安田讲堂）在当天成立这件事，也能明白是会见激怒了学生。为何会造成这种局面？

"校长会见"是怎样开始的？相关情形有多种不同说法。

有新闻报道说："2时55分，骚动终于平息下来，校长坐到桌前。因为情绪激动而面部充血、红光满面。然而，'表明我的信念……'这句话刚一出口，就被怪叫声、怒吼声淹没了。'没想接受团体交涉啊？'"**

---

* 医学部当局在6月散发了长达19页的小册子《关于医学部的异常事态》，强调处分决定的正当性，对于粒良邦彦不在现场的证明问题也做了如下归纳："关于高桥、原田两位的调查报告，即粒良邦彦不在现场的证明材料，医学部分别做了详细审查，希望尽早得出结论，为此付出了努力。但是，因前述困难，尚未得出最终结论。现在这个时间点上，没有得到能够推翻医学部证据的反证材料。尽管如此，我们想说明的是，关于该问题，医学部并不逃避责任。"好像是存在着即使是高桥、原田两位讲师的调查报告，即使是当事人的证词也无法动摇的"医学部证据"。东大毕业生中的暴发户们，寡廉鲜耻到了如此地步。

** 《朝日》No.564，第867页。

也有明显为校长抬轿子的报道:"2 时 50 分,大河内校长由法学部教授福田欢一等人陪同,出现在会场。在响彻会场的掌声中,校长会见开始了。"* 还有人回忆说"首先谈了请求机动队进校时的情况",** 或者"歇斯底里喊叫的校长,开口就说'有学生把我做心电图的线给拔下来了。心电图的线哪!'"*** 等等。种种说法各不相同。

校长的发言不时被学生们的喝倒彩声、怒吼声打断,但是,并非学生不让校长讲话。有 3000 个座位的安田讲堂坐得满满的,还有 3000 多名学生进不了讲堂,聚集在讲堂前。他们是想听校长讲话的。

> 今村君 [教养学部自治会委员长、会见当日议长团成员之一] 站起来,代表大家说:"我们这么多人围在这里,并不是要开批判会。"
> 此语一扫会场的险峻气氛,赢得满场掌声。今村接着说:
> "来交涉,是为了解决问题而进行对话。是要求校长和评议会承担责任,撤销不当处分。我们是基于自己逻辑的正当性与道义性,来到对话现场的。"
> 掌声雷动。校长开口:"好像有点啰唆。今天到这里来……"发言因喊叫、喝倒彩被中断。****

> 校长在 10 分钟的时间里大概 20 次要求学生"肃静"。[中略] 4 时 07 分,校长说:"如果说这种会面没有意义,那我就回去了。"瞬间,全场无声。校长医师团的一名成员拿着话筒说:"校长现在有危险。"对此,回答还是"赞——成——""让青医联看看"。还有含义不明

---

* 东京大学新闻研究所、东大纷争文书研究会合编《东京大学新闻》1968 年 7 月 1 日,1969 年。
** 唐木田健一:《1968 年发生了什么?——东大斗争个人史》,批评社,2004 年。
*** 山本义隆:《知识性的叛乱——东京大学解体之前》,前卫社,1969 年。
**** 东京大学新闻研究所、东大纷争文书研究会合编《东京大学新闻》1968 年 7 月 1 日,1969 年。

的鼓掌。校长摇摇晃晃地站起来，由三四个人扶着，离开了讲堂。*

但是，"回答还是'赞——成——'"这种记述是可疑的。当时学生们不用"赞成"这个词。如果赞成就说"没有意见"。关于此次校长会见结束时的情形，前引《东京大学新闻》是这样记述的："校长说：'如果是那种含义的对话，我就退场了。'学生叫骂：'是的。''无聊。''想请大家听我说，才来的。如果大家……'一片骚然，所以，议长团的一位成员把话题转向提问。"

那时候，人类学科的研究生与本科生们聚集在安田讲堂听众席的后排，饶有兴味地观察大河内校长，想看看这是怎样一个人，但结果是和我们一样感到沮丧。直接说来，就是不再对校长抱什么指望。

"只会炫耀自己病情的人，请你回去吧。够了！"——就是这种心情。

下午4时13分，校长在喝倒彩声与怒吼声中离开讲堂，而且，一去不复返。会见半途而废。

"全斗联"在校长会见次日散发的传单具有划时代的意义。传单开头是这样说的："各位同学，听到校长的讲话了吗？了解那位不负责任而且愚弄学生的校长的想法了吗？〔中略〕校长单方面地表明自己的看法，此外什么都不做。〔中略〕拒绝了同学们团体交涉的要求，而且不说明任何拒绝的根据。一味地坚持错误，说什么'通过与学生对话而做决定的事，不会做'。"**

"全斗联"用住到安田讲堂里举行无限期抗议集会的方式，巧妙地开始了对安田讲堂的占据。

6月29日，各学部召开学生大会，工、法、教育三个学部决定罢

---

* 《朝日》No.564，第867页。

** 《砦》，第85-86页。

课一天,农学部与理学部的部分学生逃课。经济学部与教养学部的代议员大会提出了无限期罢课的方案,但被否决。

7月1日,药学部以76票赞成、31票反对确认了无限期罢课权。次日,在经济学部与理学部的学生大会上,无限期罢课的提案被否决。日本共产党系统的那些学生,是将无期限罢课作为"极左战术"给予否定的。这样一来,学生们如何为自己的方针提供依据,就成了问题。

占据安田讲堂

7月1日晚上,学生们围绕再次占据安田讲堂的决定展开了激烈讨论。我清楚地记得当时参加讨论的青年们的语调。我的意见是,对于那些目睹了大河内校长的敷衍塞责却依然畏缩后退的东大学生,还是不要抱什么指望。当然也有稳健的意见——

"还是应当等待教养学部的无期限罢课决议,等待安田讲堂封锁决议。7月3日工学部要开学生大会,至少应当等他们做出决议之后,再开始行动吧。"

"要是等什么大会决议,拖延到暑假开始,斗争有可能自然而然不了了之。即使是为了决定学生大会的方向,也应当封锁安田讲堂。"

"哎呀,反过来说,等到学生大会拿出否定封锁的决议的时候,封锁安田讲堂的行动本身,就会失去正当性。"

"这种战术是否具有正当性,并不取决于学生大会的决议。用封锁战术与大学当局正面对决,确保我方的斗争据点,是很重要的。还有,现在面对的,可是东京大学的学生噢!这帮以自我为中心、不懂协作的家伙,能够自己制定破釜沉舟的方针吗?别人做的事情,这里不行,那里不行,只会空发议论而已。工学部的学生大会,如果反对封锁安田讲堂，只能顺其自然，说服他们就行了。现在这个时候不采取行动，就失去机会了。"

实际上，当晚的会议并没有东大学生之外的人参加。理学部、教育学部的"诸位同学"实在是太像"东大学生"，谨小慎微，只想走平安路线。与这种学生相处一年半，有的人已经厌烦了。

工学部的石井重信（栃木县人）是否参加了这次会议，我已经记不清楚，但他用简洁的言辞赞同占据安田讲堂："应当干！"

7月2日晚上8点过后，250名学生开始封锁安田讲堂。他们用胶合板、桌椅之类堵住了讲堂的每个出口，并且竖起了上书"封闭中"三个大字的牌子。因为有那个"为了抗议集会而无限期借住"的理由，所以这次封锁行动比较简单。学生们同样对住在里面的约50名职员发出通知："请收拾行李，搬出去！"但并未造成混乱。

但是，从次日早晨开始，日本共产党系统的学生、职员们，聚集到安田讲堂周围，齐声抗议占据讲堂，而且试图以此吸引普通学生，扩大抗议队伍。与占据行为自身相比，占据方的人员是问题的核心，所以，他们当中有人站到了抗议者的面前，因为他们意识到："仅仅是固守在街垒里面是不行的。"

那时候，有多少学生站出来，在安田讲堂前面与逼近的日本共产党（简称"日共"）系统学生及其他学生团体对峙？总之是少数。

"可以允许这种横暴的行为吗？"日共系统的学生在喊。"你们连学生大会决议的认可都没有获得！这是对民主主义的挑战！"数十人这样喊，转瞬之间他们周围就聚集了数百人。他们唾沫乱飞，对站在安田讲堂街垒前的学生们说三道四，指手画脚。

即使被多数人包围，即使被多数人责问，我们占据方的极少数学生也处变不惊，反问"那又如何？"。

"学生大会的决议，现在拿出来也可以。说到'横暴'，更为横暴的是学校当局吧！你们弄错了抗议对象！"

"同学们！托洛茨基分子的本性暴露出来了！他们完全无视学生大会决议这种民主程序，使用暴力占据了安田讲堂！"*

"是的。确实如此！"我们说，"是暴力！这就是暴力。那又怎么了？医学部对学生的处分，难道不是暴力？……没问别人，就问你哪！别往旁边看！问你哪！你在理学部的学生大会上，不是说医学部的处分是错误的吗？那种处分不是暴力？调动警察机动队进校园不是暴力？大河内不仅使用暴力，而且肆意妄为！他不是说了吗？与学生对话、商谈之后再做决定的事，绝对不做。说得满不在乎。你怎么了？你做了什么？说给我听听！"

这样说着，我觉得自己亢奋、混乱起来。但是，对于这种东大学生特别不满。这帮家伙，唯一擅长的就是远远地躲在安全的地方，像狗一样发出吠声。在此意义上，他们与大河内校长完全相同。与这伙人无法进行真正的对话。如果说使用暴力，那就让他们见识一下真正的暴力。如果动手打，随时奉陪。即使遭围殴倒地，也要顺手干掉他一个。归根结底，即使是正义，如果没有暴力作为支撑也是无力的。你们！想说什么就干脆说出来！我想听的，只是你们愿意用性命捍卫的主张。此外都是屁话。

渐渐聚拢过来的本科生、研究生、助教当中，有人站出来附和我们，喊道："我们可不是贩卖代代木的那一套啊！"** "怎样与错误处分斗争？斗给我们看看！"局面变成了一半对一半。这样一来，日本共产党系统的各类人物的态度都软化了，无法对街垒动手，垂头丧气地离去了。

7月3日，工学部学生大会做出决议，支持"封锁安田讲堂钟楼"。

---

* 所谓"托洛茨基分子"，意指列夫·托洛茨基革命主张的信奉者。托洛茨基为1917年俄国十月革命的领袖之一。各大报社与NHK（日本放送协会）等媒体将举行反战游行、掀起校园斗争的反叛青年阵营称为"三派全学联""暴力学生"等等。日本共产党在同样的含义上使用"托洛茨基分子"一词，即指反对日本共产党的极左冒险主义者。

** 代代木为日本共产党总部所在地。（译者说明：代代木位于东京都涩谷区。）

同一天，教养学部代议员大会表决通过无限期罢课方案，7月5日教养学部全校区再举行投票，结果是3632票赞成、904票反对、333票保留意见，决定进行无限期罢课。经过驹场校区的这次投票，教养学部自治会委员长今村俊一也认可了封锁安田讲堂的行动。

> 在决定驹场斗争方针的代议员大会召开之前的阶段，我们批判了7月3日的封锁本部行动，即认为那是无视乃至放弃了驹场群众斗争的战术形式。那个问题的提出，是基于这样的原则——为了使斗争获得胜利，怎样的方针是正确的？在驹场，在今天已经制定了无限期罢课方针的情况下，必须承认的是，封锁本部行动所具有的意义已经明显改变。显而易见，东大当局企图用沉默来抹杀我们的一切要求，对于这种当局，我们必须用无限期罢课行动，进而将封锁本部作为更为激烈的战术行动，与其对决。我们驹场的斗争，也在这里进行确认！*

话说得复杂，拐了几个弯，但意思就是"不惮于改正错误"。吉村、高桥两位以个人名义散发的传单，典型地呈现了当时驹场的氛围——

> 占据本部是正当的。站起来！投身建立自治权的斗争！
>
> "大学权力"是什么？那就是支撑大学"制度"自身的强权！[中略]其本身就是暴力。[中略]于是，从6月17日到现在，"大学自治"一直遭到"防卫"。
>
> 我们至少拥有要求展示正确战略的权利。那就是全校无限期罢课，就是再次占据学校本部！**

---

* 《砦》，第99页。

** 《斗争资料》第3卷。

也是在7月3日这一天，法学部开始了48小时罢课，声称"反对封锁安田讲堂，要求进行大众团体交涉"。同学们当场领教了大河内校长的敷衍态度和拙劣说明，从而明确了自己的内心想法。

"工学部学生大会做出了'绝对支持封锁'的决议。此外，班级、课余小组等也有'支持封锁'的声明相继发表。当然，整体看来，校内坚决反对、严厉批判再次封锁安田讲堂的声音很大。但是，'再封锁乃迫不得已'这种认识在校园里占主流，这甚至让封锁派的学生也略感意外。在第一次占据安田讲堂的时候，这种情形的出现是无法想象的。"*

7月4日，约50名教授结队来到安田讲堂前面，声称"反对封锁"。不过，他们这样做是为了向文部省证明自己"说服过"学生，学生不在现场，是形式主义行为。所以，喊了几句，就说"行了，这样就可以了。"相拥着离去了。他们没有被学生殴打，已经算是捡了便宜。

安田讲堂周围，"帐篷村"出现了。平时做事有始无终、虎头蛇尾的东大学生，在讲堂前的广场上支起帐篷，展示了虽然没有直接参与占据讲堂但支持占据的姿态。他们在不涉及政治的意义上自称"非政治"。都市工学科硕士一年级和理学部研究生院的研究生同道们，一起发出呼吁："请参加帐篷村！非政治学生们！站起来！"并且求助："缺少帐篷。哪位有帐篷，可以借用一下吗？"作为被统称为"三派"的"暴力学生"们，"非政治"是让人惊讶的，"哪位……可以……吗"这种礼貌的请求则更让人惊讶。原来，这种表达方式也是颇有讲究的。

无论是"三派"，还是四派，还是"非政治学生"，归根结底并无大的差异——此时如果有这种豁达的心境，那么行动的前景或许略有不同。不过，他们毕竟年轻。比起实现共同的目标，他们更先考虑的是突显相互之间的差异。

---

*《朝日》No.565，第297页。

但是，对于新运动群体的理想形态的探索在进行。超越青年们的情绪层面、寻求大团结大联合的新运动群体，其形态展现出来了。那就是"全共斗运动"。

"东大全共斗"成立

7月5日，"东大斗争全校共斗会议"（统称"东大全共斗"）成立了。这比日大全共斗的成立晚了一个月零九天。日本大学是在马路上，东京大学是在安田讲堂，建立了从前的学生运动中闻所未闻的组织。东大全共斗是各学部代表、各党派代表汇聚的团体。对各种党派争议不休的主张进行归纳这种功能，由稍微年长的研究生们的组织"全校斗争联合会"（全斗联）承担。理学部研究生院的山本义隆被推选出来担任议长的角色，其存在感后来日益提高。

7月15日，在召开于安田讲堂的代表大会上，东大全共斗提出七条要求，具体内容如下：

一、撤销医学部的错误处分；
二、就调动警察机动队进校园一事做自我批评，收回当时发表的声明；
三、公开承认"青医联"，承认其为当局的协约团体；
四、撤销文学部的错误处分；*
五、拒绝为一切搜查行动提供协助（做证人、提供证据等）；
六、不得对1月29日之后涉及全校事态的任何人、任何事进行

---

* 指1967年12月以"不守学生的本分、有悖师生关系的行为"为由给文学部学生的无限期停课处分。

处分；

七、以上内容在大众团体交涉的现场用书面形式做保证，责任人承担责任，辞职。

至于这些要求是否能够为大学当局所接受，对于青年学生们来说已经不成为问题。大河内校长所代表的，是东大教授们的本来面目。导致青年们对于东大不再抱什么希望的，正是这些教授的言论与行动。目的地在何处，最终目标是怎样的，如果不断然前行、走到终点，此时是看不到的。

第三章

在街垒中

> 活着，活着，活着
> 活在名曰"街垒"的子宫里
> 活着……［中略］
> 此时此刻，正活在青春之中
>
> ——摘自《叛逆的街垒》目录页背面

占据安田讲堂是东大学生街垒斗争的起点。也许可以说，东京大学的街垒斗争，是在观察日大斗争的过程中进入实质性阶段的。在此之前，安田讲堂的街垒仅仅是应景式地堵着大门的桌凳、柜子之类。对于习惯于这种景象的人们来说，日本大学街垒的坚固程度令人吃惊。不过，即使街垒的坚固程度存在差异，单纯的罢课与实施街垒封锁毕竟完全不同。恰如法国古老街头的街垒象征着巴黎五月风暴，在日本，青年们设置街垒封锁大学的建筑物，是向学校当权者展示自己开始萌动的权力意识。

在这些街垒中，青年们用自己的实际行动，努力建设为青年学生服务的教育体制。唯有在街垒之中，才存在着"未来的大学"。

"唯有在街垒中建设的自由的大学，才是日本大学的全体学生以命相搏、努力追求的'真正的大学'。"*

街垒中的节日

与各大学的街垒相比，东京大学也许是由于校舍占地面积大，街垒是分散于各处的。本来，在斗争的前一天或者斗争当天，无论是哪个学校，教室里、走廊上都躺满了学生，学校简直就像是难民营。某种意义上，那些学生也确实是难民。

在日本大学，街垒建设与住进学校是坚持斗争的必要条件。东京大学的情况是，占据安田讲堂的行动在工学部、文学部、药学部等学部及教养学部的学生大会（代议员大会）上也得到了认可，青年们在完全合法的前提下持续进行斗争。不过，在日本大学，虽说各学部都有相关决定，但斗争完全是由每个青年个人的决心推动的。那是甚至让人感到恐怖的达于极限的斗争。作为"场所"为那种斗争提供保证的，就是用街垒守护的建筑物中的活动空间。

日本大学出现了多种类型的街垒。各学部分散在各地，相距甚远，因此，各校区的学生是按照自己的想法建造街垒，作为自己的斗争阵地。当时，事态已经严重到了没有街垒的守护就无法继续斗争的程度。这是因为，学校当局及其"私家兵"体育会系统的学生、右翼"日大学生会议"频繁而又执着地发动袭击，给学生们的斗争造成威胁。**但是，日本大学的青年学生精神抖擞、斗志昂扬。

---

* 《叛逆的街垒》编后记。

** 《叛逆的街垒》，第 75、77、91 页。

纪实作家柳田邦夫，记录了青年学生们对各学部的多种街垒的描述：

"从经济学部开始看？""什么意思？据说日本大学的街垒是象征性的……"

"文理学部的怎么样？""那帮家伙，也就是用桌子、椅子把老旧校舍掩埋起来。"

"理工学部呢？""嗯。目前看来也就是经不起攻击的梯子型。"

"法学部呢？""那里？那可是蜂巢城堡型！"

"生产工学部怎么样？习志野校区的生产工学部。""焊接型街垒的典型代表。连混凝土都用上了。"

"郡山呢？"［郡山为工学部所在地］"毫无疑问。那是少林寺拳法型的。"

"艺斗委的街垒，就是现代造型艺术型的吧。三岛的呢？"［三岛为日大的短期大学学部所在地］"三岛的街垒，就算是自立型的吧。"

"农兽医学部的呢？怎么样？""田园牧歌型的吧。确实是。"

"医学部、齿学部的呢？""那里，有医院。所以，警察机动队也不好进去。"

"商学部的怎样？""那稍微有点弱吧。"[*]

那么，东京大学的街垒状态如何？11月来到东大的日大全共斗成员，看到东大街垒的状况，批评说"太简陋了！"。纯朴的日大全共斗成员亲自动手，对安田讲堂正门外的街垒进行了完美的加固、整修。

日本大学的街垒，由于多次受到右翼分子和体育会的袭击，所以学生不停地进行加固。大楼出入口被用竖着的广告牌围起来，担任日常警

---

[*] 柳田邦夫：《街垒中的祭奠》，《青春寄托于街垒——日本大学斗争实录》，北明书房，1969年，第189-227页。

戒的学生超过三人。除了认识的学生,他们对要进入大楼的人进行严格的检查。

出入口处,桌子一直堆到天花板,桌子之间留了弯弯曲曲的通道。后来(1969年1月),到访日大理工学部1号楼的日大父兄会的代表,记录了自己在完工后的街垒中的切身体验:

"通往二楼的楼梯上交叉堆积的整段粗大的圆木,构成了超出预想的大型屏障。通道被完全堵死,看那情形连一只猫都钻不过去。在楼下喊了一声,有人从二楼放下绳梯,让我们从绳梯爬上去。绳梯是上下垂直的,难爬,学生从下面托着屁股往上推,才终于上了二楼。二楼脏乱不堪,连下脚处都没有,让人吃惊。走廊里,拳头大的石头和啤酒瓶等物堆积如山。那是他们的武器。"[*]

上了二楼,能够看到,日大的各教研室、教室都被竖着的三合板分隔为不同区块,各区块分别由全共斗的各小组使用。

"救对"是"救援对策本部"的简称。该组织负责照顾负伤者、救助被捕者。无论在哪一所大学,这种工作都是由女学生担任的,所以,"救对"是男生向往的组织。不过,东京大学本来女生就少,因此"救对"当然是由男生,尤其是医学部的青年学生组成的。从东京大学前往其他大学取经、参观的学生,看到那些大学的校园被女学生们装点得色彩斑斓,弥漫着青春气息,感到惊奇,感觉仿佛是进入了另一个世界。明治大学的街垒还设置了"传达室",坐在"传达室"里的是女生。[**]

在日本大学,学生一旦走出街垒,就面临遭受右翼分子和体育会袭击的危险,所以,他们成立了一起动手做简单饭菜的"炊事班",还为女生准备了专用房间。但是,东京大学没有此类组织或设施。在安田讲

---

[*] 中塚贵志:《日本大学的恶者群像》,创林社,1984年。

[**] 《街垒》,第62页。

堂里做饭是十分例外的情形。

无论是在日本大学的街垒中,还是在东京大学的街垒中,都堆积着传单、用于印刷的钢板、木料、石块,以及安全帽。*日大的同学们是把被子或床单直接铺在地板上睡觉。东大的情况不同,学生们轮流回到学生寮或租住的房子,在自己的床上睡觉。但是,1968年11月之后,东大学生也和日大学生一样,街垒内的空间成为日常住所。在街垒中睡觉的时候连鞋都不脱,和衣躺倒就睡。几个小时之后体力恢复,立刻开始工作。

在全共斗的会议上,青年学生展开彻底的讨论。会议是在街垒之中进行的,所以,在时间上是彻夜持续,最后甚至是拼体力。青年们的讨论完全是在相同的立场上进行的。不用说,在东大,寥若晨星的女生的意见也完全是基于同样的立场。而且,几乎是在任何情况下,她们的意见都更为激烈。

在日本大学的街垒中,经常有学生吹小号、弹吉他,或者是唱民歌。但是,在这方面,东大的安田讲堂相对安静。讲堂的大会场上有一架大型三角钢琴,偶尔有学生来弹奏,偶尔也开音乐会。当然,并非一直有歌声、音乐声。

在日本大学,还有女生养猫。宠物猫是学生们的吉祥物,所以同学们随意地用自己喜欢的外国政治家的名字给猫们命名。安田讲堂里没有宠物。也曾听说有猫,但实际情况不明。也曾有女性送花进来吗?大概有过。但是,毕竟,学生们许久未能连续睡眠5小时了,睡得很死。那

---

* "传单"一词在《广辞苑》(新村出编,岩波书店出版)中被解释为"bill"的讹音,曰:"为了宣传广告而在显眼处张贴或向行人散发的纸片,广告单。"这种解释是将"传单"作为英语语源词。但是,学生用语中的绝大部分是来自德语、法语,而且,从英语的"毕鲁"(bill)发音讹音而成"毕拉"(传单)是困难的。同样"毕拉"(传单)一词,在德语中是Bilanz(毕兰茨),在法语中是bilan(毕兰)。就是说,应当认为,日本的学生们是从这两个词中截取了"毕兰",用以表达"传单"的意思。请读者朋友不要误会!我绝不是要否定《广辞苑》的权威性。完全没有那个意思。(译者说明:这里的"传单",日语写作"ピラ",读音"毕拉",所以著者有上述说明。)

种生活状态下，也许是眼睛充血，未能看到花。

无论是在日大的街垒中还是在东大的安田讲堂中，都没有酒或麻将之类。在斗争开始之前，曾经泡在麻将店的青年们彻底转变了。街垒宛如禅堂。

凌晨3点已过，数学科斗争委员会的房间里，6个人还在刻钢板。*刻的是他们"自主讲座"的日程安排。同一学科有百余名学生，要邮寄到每个人家里。"马列主义与现代"（周二），"劳工运动史"（周三），"文化论"（周四），等等。还有数学科独自的课程"集合论""勒贝格积分"。任课教师是他们选的。**

一位同学一边往信封上贴邮票，一边嘟哝："我已经想逃出去了。"但没有一个人说"荒谬"。***

"我也想去旅行。""想看电影。""消耗很大。想彻底放松，休息一下。"**** 各种声音相继传出。其中还有已经找到工作的四年级学生。*****

---

* "钢板"又称"誊写板"，是一种简易印刷工具。所谓"刻"，就是指制作将要印刷的内容，用钢锉刀在铺在钢板上的蜡纸上写字。被锉刀笔刻去蜡的地方，油墨渗到下面的纸上成为字。需要将蜡纸铺在钢板上用力刻，不用锉刀笔的话，蜡纸就无法印成完整的字。这种工作与其说是"写字"，不如说是"刻字"，"刻"是一种十分恰当、十分传神的表述。

** "我们，现在正在全力以赴编写文理学部数学课自主讲座使用的教科书。"引自仓田令二郎：《占据的思想——日大斗争的场合》，《思想的科学》1968年11月号，第18-21页。

*** 所谓"荒谬"，本是"没有意义"的意思。但是，当时青年们约定俗成的表达方式是赞成说"无异议"，反对说"荒谬"。

**** "消耗"是当时几乎所有的学生经常使用的词语之一。"我消耗了""那家伙，不是在消耗吗？""消耗！消耗！"等用法。语感上大概与"疲劳"一词最接近。或者说，表达的是一种竭尽全力坚持下来但已经到了筋疲力尽的状态。总而言之，恰恰是因为年轻，一直向前冲，所以消耗也快。

***** 《朝日》No.570，第606页。

两极分化的大学教育

"如果从我本人的事情开始谈起,那么,说起来感到羞愧,我本人参加斗争,未曾想过是为了劳工,为了革命。坦率地说,那完全是为了自己,是为了自己才坚持斗争的。但是,作为行动的结果,从斗争中发现了某些隐隐约约的普遍性,这也是事实。不过,毕竟,那只是在追求自我的过程之中内在自我的外在的、横向的拓展。"*

希望读者将日本大学学生的这种体验与东大学生的体验进行比较。例如,与下面引录的东大越战反战会议**的英文倡议书(在 1968 年 8 月 13 日的反战反安保集会上发表)做比较:

"封锁总部[即占领安田讲堂]的行动,是我们力量——那种不能被禁闭在'被统治'这一桎梏之内的力量——的象征,是我们本人将自我作为自己的自我进行恢复的工作形态。"***

东大与日大两所大学的办学理念、社会定位均不同,两校的学生也是来自完全不同的社会阶层,但是,在斗争中,两校的学生却表达了相似得令人惊讶的思考。

东京大学当权者曾经长期拒绝警察进入校园,那是作为同属国家权力的同类机构、试图守护权力领域的官僚们的独特的自卫行动,只不过装模作样地将那种行动称为"大学自治"。在官僚制度当中,只有维持上下级感觉才是最大的规则。不过,东京大学作为培养将成为资本主义国家日本支柱的高级官员的大学,笼罩在往昔"帝国大学"的巨大光

---

* 秋田明大:《狱中记——在异常的日常化之中》,全共社,1969 年。

** "越战反战会议",是 1967 年之后,顺应越南反战运动的潮流,以东京大学理学部研究生院的研究生为中心成立的团体。

*** 《砦》,第 142 页。

环中，因此，校长的权威超出了官僚机构的那种上下级关系，其顶端位置得到认可。尽管那不过仅仅是被称作"大学自治"，但是，东大学生中有很多蠢货醉心于进入权力阶层，因此，便做出仿佛真有什么"大学自治"的样子。在当时NHK的"出场嘉宾报酬等级表"中，东大教授与国家机关的厅局级官员同一级别，校长与首相同一级别。[*]

但是，日本大学不同。日本大学是在明治二十三年（1890年）由司法部拨付5万日元、租借皇典讲究所（即后来的国学院大学）的房子，作为日本法律学校创设的（1903年改名日本大学）。因此，该校的任务是配合明治帝国宪法的颁布（1889年），将宪法体系下日益完备的法律条文传达到官僚体系的基层。这所日本法律学校办学宗旨的第一条，是有关"校外生"的规定：

"第一条 身处偏远之地，或者为职业、工作所限无法到校上课，仅仅依靠教材、讲稿履修本校课程者，为校外生。"

这所法律学校的运作，如同在按月缴纳学费方面对警察、士兵、法院书记员、地方政府雇员采取优待措施这一事实表明的，是以招收一边工作一边读书的公务员为前提的。因此，入学学生人数多于教室里的座位数，被认为是理所当然的。更何况当时是婴儿潮的时代。[**]学校的实际教学情形混乱得令人发指。

"事实上，入学人数是虚报的。录取名单公布的时候，我数了录取人数。可是，唉！入学之后一看，实际录取的人数大概是规定人数的5倍。"

"我们学科正式录取了16名。可是，现在有80名左右。"[***]

由于是这种掺水稀释式的招生方式，所以自然会发生学生即使去学

---

[*] 小中阳太郎：《加藤代理校长的悲剧性误判》，《宝石》1969年3月号，第70-77页。

[**] "婴儿潮的时代"指日本在"二战"结束之后婴儿大量出生的时代。战后初期出生的婴儿，在1968年前后大量升入大学。——译者注

[***]《街垒》，第46-47页。

校上课也进不了教室的状况。学生对于这种状态感到绝望，因此打工赚钱，交了学费之后就泡在麻将馆里。

即使是在 6 月 29 日开始全校街垒封锁斗争的东洋大学，实际状况也与日本大学相同。当时东洋大学全共斗的学生领袖之一竹林正纯（东洋大学国文专业，长野县人）说：

> 当时，日本大学被称作"本儿大"，*另有被称作"日东驹专"的，四所同一档次的大学。**最初参加游行示威的时候，还被机动队奚落："三流大学。是在模仿东大吧。"
>
> 我们起来斗争，是因为大学当局不把学生当人对待。即使是 4 月新学年开始的时候去学校，因为学生太多，很多人也进不了学校啊。学生对学校不再抱什么指望，开始打工，到校的学生减少，学生数量这才减少到教室里能坐下的程度。大学当权者没有思考"何谓教育"的问题，而是"只要按时缴纳学费，就让毕业"——就是这种态度。

在东京大学，确实没有教室里座位不够的问题。但是，入学之后最初两年的通识课程是批量生产式教育，教师在大教室里用扩音器授课，学生看不清老师的脸，裹挟在不认识的人潮中，生活在教室、生协、食堂三点一线上。

"这就是最高学府？"从地方来到东京的学生们，对这种简陋的学习条件感到吃惊。他们到读完高中为止，一直有自己的课桌、椅子，但是，在最高学府里，甚至连让学生自立的"场"都不具备。打发青年学生的

---

* "本儿大"日文原文写作"ぽん大"，取校名"日本大学"的中间二字，有调侃、贬低之意。——译者注

** 此外，这里的"日东驹专"为日本大学、东洋大学、驹泽大学、专修大学等四所大学的合称。该四校在东京属于二三流大学。——译者注

这种下贱手段，在课堂上也是这样公开使用。

实际上，就其性质而言，该"教养课程"（教养学部的通识课程）的设置本身就是奇怪的。本质上，它是将战前"第一高等学校→帝国大学"这种体系中的"一高"，保留在新制大学中，是机会主义的做法。就是说，将学生们从叛逆期后期到青春期这段重要的成长时期，放置在谁都无法定位、谁都不认为重要的"教养课程"之中，两年间施以放羊式的、模棱两可的教育。

这种"教养课程"，是彻底的徒劳，彻底的浪费，对于培养专业能力而言，完全是垃圾式的知识。

要言之，1968年的大学斗争，包含着日本大学与东京大学的两种极端的问题，扩大为全国规模的运动。

《八一〇布告》

1968年8月，东大全共斗的青年们建立了"住宿体制"，与周围的帐篷村一起，维持暑假中的"砦"。每周二为"行动日"，举办讲演会、爵士音乐会等，此日安田讲堂会向普通学生和民众开放。

校长领导下的东大当权者，试图捞回6月的失分，8月10日发布了公告。这一行为之中隐藏着一种得过且过的小算盘——时值假期，学生们无法立刻做出反应，因此，只要能将成为斗争焦点的处分问题解决掉，那么，随着9月新学期的开始，心神未定的学生们大概就能逐渐地理解、接受。

《八一〇布告》开头说："发生在校园里的纷争未能解决，暑假就开始了，实在令人遗憾。对于校内校外各方，我们痛感责任重大。"并宣告："在此，制定了下面的最终解决方针。"

所谓"对于校内校外"之类,意思就是:政府责备说"连警察机动队都已经调入校园,问题本应已经解决,但是……东京大学究竟是怎么回事"。所以,"校方本来觉得没有责任,然而,现在大概不能觉得自己没有责任了"。

因此,即使是对于粒良邦彦之外的受处分者,暂且还是撤销处分,用这种形式消除学生的不满情绪吧。于是,《布告》说:

"评议会期待那种审查是公正的,因此,在该委员会[为了对处分进行重新审查而成立的委员会]拿出结论、评议会认可其结论之前,将对前述11名学生的处分恢复到《布告》生效之前的状态。"

接下来,是对于将问题更加复杂化的"调动机动队"的辩解。

大概是校方觉得"在6月17日的《布告》中将责任推给其他大学的学生稍有不妥",曰:"这样一来,也就等于作为学校当局放弃了管理责任",因此当然被政府批评。这样,就将责任推给了东京大学的学生。

"大概,大学从其自治理念出发,应当尽力避免请求使用警力,这是不言而喻的。"——这样再次重复场面话,连自己都不相信的场面话。这是大学官僚们面对纷争事态所想出的像煞有介事的辩解之词。

"校方竭力贯彻避免调动警力进校园的方针,因此,希望各位同学自身也怀着坚定的决心与勇气,致力于抑制校内暴力行为。这一点是最为必要的。"

这样将责任全部转嫁给学生之后,其他事情就简单了。于是便泰然自若地摆出"教育家"面孔:

"尤其是在医学部,虽然是在假期,也已经做好了授课、尽早进行毕业考试的准备。因此,希望同学们立刻与医学部教授会就研修等问题进行商讨,挽回罢课在学习方面造成的损失。"

医学部的无限期罢课为何会发生?关于该问题,大河内校长仅有完全表面化的认识。"如果是处分问题,给他们撤销就行了吧。然后抓紧回到课堂。"他仅有这种看法，没有触及指向日本医疗问题本质的青年医师们抗议的含义，也没有触及完全违背青年学生人格的大学教育问题。不，不是"没有触及"，而是"不会触及"。因为，他对那些问题根本不感兴趣，当然也不会有责任感。

在发布这份《布告》的当天，大河内校长举行记者会，宣称"只要身体条件允许，我会继续工作"，完全没有考虑过辞职之类的问题。*校长本人的言行充分表明，所谓"对于校内校外各方，我们痛感责任重大"仅仅是修饰性的表述。**

学生们即刻做出了反应。"在受七号台风的影响、雨下个不停的校园里"，"安田讲堂里的扩音器传出了拒绝接受校方处理方案的声音"。***讲堂前的帐篷村里出现了一个巨大的广告牌，上面只有"拒绝"两个大字。

那天，雨不停地下。我们来到通往东大附属医院的龙冈门门前的时候，又刮起了大风。龙冈门也被称作"铁门"，那两扇坚固的大门和往常一样敞开着，暴雨打着旋儿在敞开的大门口上下飞溅。

两位同行的女学生没有带伞，虽然贴着墙根走、用屋檐挡雨，但还是淋成了落汤鸡。我们把目光投向龙冈门内的东大校园的时候，下定了决心，在暴风雨中迈开了脚步。那是一种奋发昂扬的感觉。不过，毕竟是很久以前的故事。一起行走的是哪些女同学？究竟是为何从那条路上走？这些都已全然忘却。作为遥远的记忆，只有那场暴风雨中的特殊景象历历在目。

---

*《朝日》No.566，第 295 页。

** 这份《布告》附了一份题为《写在〈布告〉发布之际》的文件，文件署名仅有"大河内一男"这个名字，舍去了"校长"的官衔。结语如下："我，对于我在任期间发生的这种异常事态，感到负有很大责任。目前，尽管健康出了问题，但是，在看到问题的解决出现转机之前，一段时间之内，还想留在这个职位上，关注事态的进展。"这位最高负责人，居然说想"关注事态的进展"，在 37 年已经过去的今天，我依然在竭力控制自己骂人的冲动。

***《朝日》No.566，第 310 页。

罢课行动被瓦解

医学部执行《八一〇布告》，更换了学部长和附属医院院长。新任医学部长小林向全学部同学邮寄《声明书》，呼吁展开对话、结束罢课，并且随即制定了平息事态的方案。例如，关于临床研修的最终方案规定："在附属医院设立由主任教授、指导医生、研修医生各15人组成的协商机构，投票结果的有效数为获得四分之三以上的赞成票，以决定对等立场的研修方法"，等等。

8月22日下午4点，医学部的118名学生贴出了结束罢课的宣言，接受学部的这个方案。看看发表结束罢课宣言的时间就能明白，此时，包括医学部共斗会议成员在内的东大全共斗人员，到驹场校区参加"全校誓师大会"去了，不在本乡校区。医学部当局似乎是预料到并且在等待这次罢课的失败，8月24日发出了9月举行特殊毕业考试的通知。应试者为医学部四年级（M4）的109名学生（另外11人在这一年春季已经考完）。

罢课行动的瓦解与接踵而至的毕业考试计划的公布，作为压制医学部学生斗争的手法，过于明目张胆。4天之后的8月28日，又有9名学生发表了罢课终结声明。

8月28日下午2点过后，正在安田讲堂举行"总誓师大会"的东大全共斗，得到了医学部新任学部长小林正在举行记者招待会的消息。医学部的学生赶到会场，要求进行团体交涉，却遭到小林学部长的拒绝，于是他们终于下定决心，从傍晚5点开始封锁医学部主楼。

这里说"终于下定决心"，是有特殊背景的。医学部主楼是一座特殊的建筑，曾经是某种"圣地"。其地下室有遗体存放室，一楼有解剖室，中间为大阶梯教室。这座建筑是医学部的"正殿"。

进了东大赤门，右侧是经济学部的建筑，左侧是教育学部的建筑。两个学部之间的银杏大道尽头，圆形的前院后面就是医学部主楼。那是一座地下一层、地上三层、外墙贴着红色马赛克的建筑，十分醒目。前院绿色的草坪周围种着杜鹃花，草坪里有四棵修剪成圆形的石斑木，前后左右对称。

东大附属医院的占地面积接近东大本乡校区的一半，而且，赤门以南的大部分区域都被医学部及其附属建筑所占。就像校园内正对着正门的是安田讲堂，正对着赤门的则是医学部主楼。主楼位置象征着医学部在东京大学的地位。

封锁医学部主楼，对于任何人来说都是冲击性的事件。新任医学部长小林在当天晚上7点过后表示接受学生的对话要求，原因即在于此。对话持续到深夜12点10分，结果依然是对立。所以，次日，文部大臣滩尾弘吉介入了此事。

滩尾说："众多持有武器的学生围攻医学部长，这种行为可以被称为暴行、胁迫！"

恰在此时，一个不可思议的事件发生了。8月30日，出现在医学部图书馆的一名《读卖新闻》记者遭到殴打，因为此事，医学部全共斗的学生当天就被起诉，9月1日警方签发了逮捕证。尽管逮捕证的签发过于神速，但东大当局立刻予以认可。

因为该事件被起诉的三吉让，后来在以个人名义散发的传单中，这样讲述当时的情形：

"他（《读卖新闻》记者）举起一只手挥了挥，说'回头见'，微笑着独自乘电梯回去了。衬衫、西裤整整齐齐。"*

暑假结束之后，东京大学的青年们开始反击。

---

*《写在"读卖事件"公审之际》，见《斗争资料》第7卷。

9月3日，东大全共斗在驹场校区召开全校总誓师大会，有1000多名学生参加。9月7日教养学部代议员大会召开之日，6000名学生到校参会。在教养学部，原则上是每十名学生中有一名被推选为代议员，全部代议员852人之中，有432人会集到八百号大教室。在这里，包括停止罢课在内的全部议案都被否决。因此，无限期罢课继续进行。

恰恰是在这个时候，日本共产党系统的部队在东京大学校园里堂皇登场了。

"拂晓部队"登场

9月2日，日本共产党机关报《赤旗》刊载了《东大学生细胞声明》[*]的提要，说：

> 诸位同学中也有人认为社学同等组织的"占据""确有一定程度的效果"，但是，迫使顽固的东大当局不得不做出让步的基本力量，是万名东大学生团结一致的罢课。而且，今后，为了实现东京大学的民主化，最为重要的是，即使学生内部存在意见分歧，也要紧密团结，共同斗争。一切妨碍团结的行动，都应当无条件地终止。

为了读懂《赤旗》传达的日本共产党方针的实质，有必要继续阅读《赤旗》。因为，继续阅读，才能明白"学生细胞"阐述的"团结"和"应当无条件地终止"等方面的内容。

9月6日的《赤旗》指出："斗争，现在处于十字路口。那就是，是

---

[*] "学生细胞"一词中的"细胞"，是指称日共组织中最小单位的用语。生物是以细胞为最小存在单位的，所以，日本共产党大概是被作为一个生命体来认识的。

否能够加强全校的统一与团结，反对托洛茨基分子的'封锁医院'行动，向着东京大学民主化改革的目标前进。"就是说，所谓"团结"，就是反对被他们称作"托洛茨基分子"的东大医学部青年学生。

早于《赤旗》将日本共产党的这一方针更准确地传达出来的，是8月3日《朝日新闻》的晚报以"代代木系制定反对方针"（即针对全共斗）为题进行的报道。报道说："9月的新学期开始之后，（东大学生自治会中央委员会）因为坚持自己的各项要求而举行全校罢课。［中略］今后，我们将与教授们站在一起，反对他们的'暴行'。因此不惜进行暴力斗争。"*

所谓"应当终止"就是"用暴力使其终止"。遵照日本共产党的这一方针，以暴力为专业的秘密部队被组建起来。该部队的指挥人员后来这样描述该组织："负责人与职权范围都不明确，本质上，更像是一种非公开的秘密组织。简单说来，就是一种不想被社会了解的秘密组织。该组织在日共内部曾经被称作'都学联行动队'，不知从何时开始，被党内党外人士称作'拂晓部队'。"**实际上，这支部队更名为"黑暗部队"更名副其实。

9月7日，日本共产党指示"拂晓部队"进入东京大学。其理由是"反对全共斗封锁医院"，但是，恰在那时，来自日本全国的医科大学学生正在安田讲堂里召开"医学联合大会"。时间上的这种巧合并非偶然。日本共产党是企图利用"拂晓部队"，夺回在医学联已经失去、在东京大学即将失去的领导权。

那天晚上，全共斗的学生来到医院前，抗议聚集在那里的"拂晓部队"，宫崎学本人用内嵌金属条的木刀殴打抗议学生，将学生的脑袋打

---

*《朝日》No.566，第862页。

**宫崎学：《突破者——贯穿战后史背面的50年》上卷，幻冬社，1998年。南风社，1996年初版。

破。就像暴力团用日本刀袭击日本大学的学生一样，东大学生斗争中的暴力之锁，在那一刻被日本共产党打开了。

从那之后，"拂晓部队"在东大本乡校区内扎下根来。以宫崎学为负责人的早稻田大学的约150人，与从全国各大学选拔出来的在少林拳法、剑道、空手道、柔道等项目获得过段位的高手们，住进了日本共产党系统的学生掌握着自治会权力的教育学部——就位置而言，即进了东大赤门的左侧，容纳了社会科学研究所、新闻研究所以及综合图书馆的本乡校区最大建筑物的一角。宫崎学写道："日本共产党在东大正门外的某旅馆中设立了指挥部，进行现场指挥。"这大概是真实的。

有东京大学学生记得那天"拂晓部队"的阵容。那天晚上好像下着雨。

"7日这一天的晚上，我从教室里看到，他们在御殿下运动场上进行非常正规、秩序井然的战斗训练。"*

驻扎在赤门附近的日共系统的部队，像是笼罩东京大学的乌云。在此前东京大学学生的斗争中，为了实现无限期罢课，各学部彻夜进行激烈的讨论，那是某种青春热情的证明。而与此相反，"拂晓部队"所展示的暴力的背后，是赤裸裸的党派利益冲突，给人的感觉是暴力之路通向黑暗世界。

夜晚开始行动的暴力部队阴森恐怖的阵容，也成为促使东大许多青年学生脱离日共系统的原因。东大医学部青年学生随后的行动就是明证。在这同一天，即9月7日，东大医学部的青年学生封锁附属医院院长办公室，用实际行动抵制了日共"拂晓部队"的胁迫。

"拂晓部队"的统领者本人也十分清楚上述情况。他说："优等生们

---

* 唐木田健一：《1968年发生了什么？——东大斗争个人史》，批评社，2004年。（译者说明：御殿下运动场是东京大学本乡校区的主操场。）

患了严重的'暴力过敏症',东大学生对我们的抵制更是异常激烈。"*

东大全共斗的运动呼应、配合了医学部的斗争,使斗争全面扩大,成果就是 10 月的全校无限期罢课。

"永久夺回"日本大学的街垒

从街垒中看到了"真正的大学"的日本大学学生,在不知不觉之中,承担起了伟大斗争的使命。那是一场革命**——有人从这种视角来把握日大斗争。

> 这里,借用曾在 1961 年因与批量生产式教育尖锐对立而被解职的原日本大学数学科讲师仓田令二郎先生(后任九州大学副教授)的表述:
>
> 日本大学,并非由其后进性赋予特征,而恰恰是由最为现代、最为资本主义式的"佐藤自民党大学"本身赋予其特征。从形式上看是落后、封建的黑暗政治,而实质上正是发挥着为最先进的资本主义、帝国主义服务的功能。因此,全体学生展开斗争、对这一切明确说"不",并不是为了要求学校实现与早大、庆大比肩的现代化,而是为

---

* 宫崎学:《突破者——贯穿战后史背面的 50 年》上卷,幻冬社,1998 年。

** 何谓"革命"?就像日语中的其他多种概念一样,"革命"是英语 revolution 的中国汉字标记,经过了复杂的处理被在日语中使用。因此,英语的"回转""天体的公转"这种与事实紧密相关的含义丢失,而留下了中国语中的"革天命"这种中国人独有的历史观。如果把"革命"这个含义很不稳定的词在日语中调整为有意义的词,即改换成"大和词",哪个词才恰当呢?应当是"修正世道"吧。就是使被歪曲的世道回到正道。日大青年学生的斗争,就是修正扭曲的大学经营,在东大,斗争就是修正扭曲的处分。至于采用怎样的修正方法,他们展示了无数的实例。那些实例,也就是回答"日本的高等教育应当怎样"这一问题的构思与规划。但恰恰是因为如此,他们遭遇了企图维持扭曲世道的当权者的彻底镇压。

了动摇现代日本资本主义的一根巨大支柱——对于日本统治阶层来说，能说日本大学的重要性不及八幡炼钢厂吗？就是说，那是一场革命的开端。*

日本大学全共斗克服了暑假中孤独斗争的困难，8月25日在法学部1号楼召开全校誓师大会，千人参加，会后在神田一带举行了游行示威，有多达8人被拘捕。不过，同一天，商学部的街垒遭学校当局强拆，9月校方又以街垒违法为由，向警方申请"排除占有临时处分"。这种方针就是借助警力强制铲除全共斗。但是，古田会长低估了日大全共斗学生们的斗志。

对于当时的日大学生来说，"街垒乃真实的大学"一语，是实质性的表述，也是切身感受。他们是豁出性命投身斗争的。据说，后来艺术学部的街垒遭到攻击的时候，他们打开了每一个煤气罐的开关，准备失败的时候点火。在斗争遭到强权打压的时候，有必要做好牺牲的思想准备。但是，古田会长们将问题交给警察，彻底放弃了大学教育者的责任，因此造成了悲剧。

9月4日，警察机动队拆除了日本大学本部、经济学部、法学部的街垒，并将坚守在街垒中的日大全共斗132名学生全部逮捕。一名机动队队员在此次行动中身负重伤，后来不治身亡。从此时开始，日大全共斗的斗争，转换为与国家权力直接对决的壮烈之战，全共斗议长秋田明大作为刑事案被告人被全国实名通缉。

警察机动队强行拆除街垒，反倒引发了更大规模的抗议活动。9月4日参加抗议集会的日大学生达2000人，次日即9月5日为5000人，

---

* 井出孙六：《写给日大公司的破产宣言》，载《青春寄托于街垒——日本大学斗争实录》，北明书房，1969年，第11—44页。（译者说明：这里的"日大公司"是一种讽刺性的说法，就是把日本大学说成自民党的公司。）

6日又是5000人，7日3000人聚集在一起建造街垒，而机动队则拆除，形成拉锯战，学生一方共有164人被捕。

在如此激烈的镇压风暴中，生产工学部开始罢课，郡山市的工学部也将封锁范围扩大到图书馆。而且，9月12日，在千代田区神田计划修建理工学部9号楼的地方，1.2万名学生聚集，齐心协力，最终守住了经济学部和法学部的街垒。日大的青年学生们称此次行动为"永久夺回"。他们彻底守护了自己的斗争根据地。街垒中纸片纷飞，欢声四起。

9月19日，位于板桥区的医学部也终于决定罢课。这样，日本大学的11个学部全部处于罢课状态。21日，被逼无奈的古田会长发表声明，称"在大学的章程修改之后，理事会成员全部辞职"。24日，日大全共斗在法学部1号楼前举行了2000人的集会之后，傍晚7点再次封锁学校总部，27日再次封锁了郡山市的工学部校舍。而且，历史性的日子即将到来。

第四章

一个历史顶点

9月29日传来消息——警视厅第五机动队分队长西条伤重死亡。他是在拆除日大街垒的时候被学生投下的石块砸伤的。后来，西条警部被追授七等勋章。*消息传来，日本大学理事会立刻召开紧急会议，决定次日即30日召开全校大会。这一决定也在当天通知了日大全共斗。

日本大学在两国讲堂集会

日本大学的两万余名学生，在日大全共斗橘黄色旗帜的引导下，从神田三崎町前往日本大学两国讲堂。**到达讲堂之后，最先发言的是哪一位并没有留下记录，但是，其发言是发自日本大学学生心底的呼声：***

---

* "警部"为日本警察的职级之一。——译者注

** "三崎町"与"两国"均为地名。前者在市中心，后者在东京东郊。——译者注

*** 关于这次集会有详细的记录资料，从中可以完整地了解当日的热烈气氛。详见《中央公论》月刊的速记（中央公论编辑部编，1968年）。日大全共斗也有详细记录，参见《街垒》，第83-188页,《叛逆的街垒》，第353-422页。

我们，绝对不会忘记6月11日的流血镇压！（"是的"回应声）而且，更重要的是，直到现在，甚至连9月4日的临时处分执行决定也没有撤销。（多有"无异议"的回应声）最应感到悲哀的是，昨天，第五机动队的警员之中，西条警察死了。令人悲哀的是，机动队队员中，有一位死去了！尽管如此，永田校长却命令学生"去自首！"。（多有"荒谬"的回应声）学校当局，为什么不撤销处分方案？为什么不就自己一手酿成的犯罪问题进行自我批判？校方的临时执法申请书，是9月4日至9月12日500多名同学被错误逮捕的原因，更严重的是，那也是造成艺术学部的同学住进顺天堂医院、被宣告99%会失明这种严重事态的原因。*

日本大学的学生代表，在这次历史性集会的开场发言中，使用"最"这个副词悼念警察机动队队员之死。让我们铭记此事！那些竭力掩盖30亿日元用途不明资金的人，由于用自己的暴力无法解决问题，便利用国家暴力，结果酿成事件，导致学生失明、警察死亡。那是由日本大学当局一手造成的、扩大化的悲惨事件。

下午3点10分，古田会长在文理学部的学生代表发言的时候进入会场。

"古田会长来到了这个会场。（会场骚动）各位同学！请你们坐下。（有几句听不清）坐在台上的同学们，请让开。（'打倒古田'的口号声响起。会场骚动。）"**

两国讲堂在震动。在物理学的意义上也是如此。

"各位同学，请注意！四楼和三楼，光临的同学太多了。听说三楼

---

* 《街垒》，第101-102页。
** 《街垒》，第104页。

有裂缝。建筑质量好像很差,偷工减料的工程啊。(会场骚动)因此,站在三楼的各位,很抱歉,拜托你们到下面来。"*

这种幽默感,这种从容,这种修辞,均表明日本大学的学生在锤炼自己,重塑自我。

长时间的讨论之后,终于,古田会长开始宣读自我批判书,然后签名盖章。自我批判的内容,包括 6 月 11 日的镇压,8 月 4 日的拒绝大众团体交涉,9 月 4 日对暂行处理决定的执行,警察机动队的调动申请,等等。

他说:"而且,对于自己作为教育工作者、作为学者,行为方式上存在的错误,也在进行彻底的自我批判。"来到会场的理事们也分别在这份自我批判书上签名、盖章。

那是日本大学全共斗取得伟大胜利的时刻。不过,此外,还想关注两个事实。一个是与日大附属高中校长的讨论。

藤泽高中的直江校长参加了这次集会。学生们知道他曾在 6 月 11 日进入经济学部的大楼,追问他"在楼里做了什么"。这位校长回避问题。日大学生责问道:"你是教育工作者吗?""我们不是要问那件事。我们起来斗争,并非因为我们是日本大学的学生。而是因为,作为人,不能容忍那种事情,所以站出来的。(会场骚动、掌声)你作为人,怎么看?"

校长说:"作为人,关于高中教育的事情,是首先考虑的。即使是对于从高中进入大学的学生,也有很多考虑。关于 6 月 11 日的事情,并没有太多的了解,所以,无法回答。"**

学生们并非询问"那件事"即校长自我保护的事情,问的是:"应当

---

* 《街垒》,第 116 页。

** 《街垒》,第 125 页。

有作为人的判断吧。"但是，校长回答说"作为人，关于高中教育的事情，是首先考虑的"，即等于说"那是职务使然"。对于这个年龄层的成人来说，"作为人，怎么看"这种表述并不常用。这种表述是在日本大学的斗争中——不，在日本全国的大学斗争中，最为触及核心问题的讨论。

另一事实是此次集会进行中传来的紧急报告所述暴力问题：

> 今天，傍晚5点前后，头戴黑色安全帽的右翼体育系暴力团，50人至100人的团伙，将卡车开到艺术学部正门前，拆毁街垒，而且冲进校园，踢开担任警戒任务的5名学生，甚至在房顶上将其中的两名女生反绑起来，抢走了钱包与贵重物品，甚至掠走放置在各房间的私人物品、贵重物品。7名学生得到消息之后赶来，却被押送到艺术学部附近的柔道部的房间里，甚至出现了遭受集体凌辱的事态。我们立刻组织了行动队，冲到柔道部的那个房间，亲手抢回了7位同学。特此报告。（掌声如雷）*

由此可知有两名女学生遭铁丝捆绑。而且，同一天，生产工学部的街垒也遭破坏。古田体制之中，存在着另一张与当今日本社会相同的、充满暴力的面孔。

从本质上说，青年学生在大学校园里建造街垒，以及此日进行大众团体交涉，是起义，是革命。因此，10月1日日本首相佐藤荣作发表讲话，说"不能承认日本大学的大众团体交涉，必须作为政治问题来对待"，指示对此后的日大斗争实行彻底压制。日本大学当局按照这种来自最高层的指令，废除了《九三〇确认事项》，而且拒绝了原本约定在10月3日举行的大众团体交涉。这样一来，朝着最终的结局，日大全共斗开始

---

*《街垒》，第182-183页。

了极限斗争。

同时，日大全共斗的斗争也与东大斗争的未来密切相关。大学斗争已经不是局限于一所大学之内的问题。无论本人是否愿意，学生们已经身处与日本政府的权力中枢正面对决的位置。

东京大学的全校无限期罢课

"进入9月之后，医学部斗争的性质发生了变化。一方是努力维持医学部旧秩序的教授、副教授，一方是由力主进行根本改革的部分年轻医师、研究者、学生组成的联合队伍，两个阵营对决的态势，日益突显出来。"[*]

对于连媒体都能看出来的医学部斗争的实质性变化，教授会一方的反击也异乎寻常。医学部教授会，商定了由120名教授对600名学生分别做工作、从学生内部进行分化瓦解的策略。结果是，到了9月中旬，原定1968年毕业的那个年级的学生（共90名），约三分之二同意参加国家考试。

9月11日，教养学部的基础科学科（共147人）也开始无限期罢课。16日，因与教养学部长的团体交涉破裂，驹场全共斗组织人员封锁了教养学部的办公室。次日，日本共产党系统的部队一度解除了其封锁，但全共斗方面随即进行了再次封锁。在18日的教养学部代议员大会上，日共系统的议长被罢免，全共斗系统在议长选举中获胜。但是，全部议案又都遭到否决。

无限期罢课的风潮在向东京大学全校扩大。9月19日工学部，27

---

[*]《朝日》No.568，第158页。

日经济学部，28日教育学部，10月2日理学部，3日药学部和农学部，而10月12日是法学部，相继开始无期限罢课。这样，加上已经开始无限期罢课的医学部和文学部，*东京大学的10个学部全部开始了无期限罢课。这与日本大学11个学部的全校罢课相比，晚了约一个月。

此前一直与"斗争"二字无关的东大各学部的学生们，是多次召开学生大会、经过彻夜讨论，才最终做出了无限期罢课的决定。例如，理学部就是如此。

从10月1日傍晚5点开始，赤门深处的理学部2号楼大会堂里，理学部的学生大会在召开。此前一直完全掌握自治会权力的日共系统的学生，此时已经不占绝对多数。他们与支持全共斗的学生势力展开对抗，表决投票打平手的情况多次出现。哪一方的议案会通过表决，是事关东大斗争的命运及运动主导权的斗争。到了深夜，讨论依然在继续。最后，到了次日凌晨4点，终于做出了最后决定。其结果，是东大全共斗主张的无限期罢课方针通过了表决，我被推选为罢课执行委员会委员长。理学部的诸位同学也因为了解其人品，所以推选了一位日本共产党系统的学生做副委员长，以与那种粗暴的极左方针取得平衡。

不过，这场理学部大会的投票结果并无记录。理学部当局对此也似乎并不关心，《弘报》（第18页）也仅有"学生大会持续至2日凌晨"的记录。

创下了学生大会会议时间最长纪录的，是法学部。暑假结束、秋学期开始之后的第五次学生大会，全学部1434名学生中有629人参会，会议从10月11日午后1点开始，深夜零点过后依然拿不出结论。包含完全撤销处分决定在内的六项折中方案，以251票赞成、137票反对、

---

* 文学部根据6月25日学生大会（法定人数为189人，而与会人数约250人）的决议从次日即26日开始无限期罢课，而9月19日再次召开学生大会（374人出席），以220票赞成、138票反对的投票结果决定继续进行无限期罢课。此外，9月25日学生们封锁了文学部办公室。

37票弃权的表决结果通过,此时已经是次日早上6点。那是经过17小时的激烈辩论得到的结果。

道路两边的两排银杏树的叶子已经开始染上金黄色,从法文2号楼31号教室里传出的学生们的呐喊声回响在枝叶间。这样,被称为"东大法学部90年的历史上没有先例"的法学部无限期罢课开始了。

东大全共斗10月7日在驹场召开全校总动员大会,3000人到会,运动迎来高潮。甚至东京大学当局也留下了这样的记录:"现在,采用这种'共斗会议'的方式,议案由学生大会表决通过而组建学部自治会的,除了医学、文学、教养、工学、经济学等学部之外,还有基础科学、教养学科等两个学科。"*

在东大附属医院的斗争

东大医学部与附属医院的青年医生们的斗争,也与全校的无限期罢课斗争相呼应,向封锁对外医局研究大楼(9月22日封锁)、临床医局研究大楼(9月27日封锁)、医学部1号楼与3号楼(10月4日封锁)的方向发展,也就是向占据教授们的"圣地"的方向发展。医学部3号楼的地上建筑共7层,1至3层的使用者为医学部保健学科(有学生37名),因此,虽然属于医学部但并未参与罢课斗争的保健学科,教学工作也完全停止了。

"9月27日凌晨3点,从东大医学部图书馆走出的、由一百数十名头戴各色安全帽的人组成的团体,走向医局、教研室所在的通称为'红砖馆'的建筑物。此前的数小时内,漫长而又艰难的争论在医学部图书

---

*《弘报》,第3页。

馆的三楼持续进行着。"*"各色安全帽"表明各党派参加了行动,但还显示了更为重要的意义,即"医学部基础·医院联合执行委员会"的医局员、青年医师、医学部研究者、医学部学生等与医学相关的各阶层的人们都参加了。因此才会发生"漫长而又艰难的争论"。

研究生院的青年们参与了这场斗争。都市工学专业研究生院在9月21日,基础医学·社会医学青年研究者会(共56人)在10月2日,都开始了无限期罢课。10月8日,精神神经科医局做出了解散医局的决议。这是因为,恰恰是医局制度,才是形成禁锢研究、妨碍医疗、影响人事安排的教授专制体制的根源。就这样,不仅是学生,他们上一代的青年们也将自己的未来押在了这场斗争上。

10月12日,东大医学部与附属医院的青年们成立了"全医学部共斗会议",吸纳年轻医生的组织诞生了。次日,由22个诊疗科的教授、副教授组成的"医学部临床教授会"被迫表明转变态度,承认"青医联"。

然而,政府方面的攻击力度并未减弱。14日,他们选择了凌晨3点15分这个深夜时刻,派数十名警察强行进入医学部图书馆,逮捕"对读卖新闻社记者施暴"的嫌疑人(即医学部的三吉让),并在两天后进行起诉。这是异常迅速的处理速度。

15日,东大全共斗封锁了东京大学附属医院的内科研究大楼(最初引发问题的上田内科医局也在此楼)。17日,基础医学系的年轻研究者(研修生与研究生共54人的组织)也表明了赞同同学们封锁教研室的态度,并且向其他学部的年轻研究者发出了参加封锁斗争的呼吁。

甚至是媒体,也不得不报道这些年轻医生的意见:

"即使是在其他稳健派主导的医局,对于依靠年轻医生的'无偿劳动'来维持的现行体制,批判的声音也在高涨。〔中略〕虽然在被学生追逼

---

* 山本义隆:《知识性的叛乱——东京大学解体之前》,前卫社,1969年。

到研究室的时候,多有人愤怒地发出'不允许蹂躏研究的自由'的声音,但是,教授会的成员们仅仅是没完没了地开会,却拿不出解决方法。我们不再抱什么指望,最终做出决定:将封锁斗争扩展到全校;成立全学部青年研究者会,推动大学改革;等等。"*

18日,东大附属医院神经内科的无薪医生(研修生)开始了拒绝接诊的斗争。医院里共有从教授到助教385名拿工资的医生,但是,维持日常诊疗工作的是两三倍于其人数的无薪医生。就这样,青年医生的斗争进入新阶段。就像从10月展开的医院封锁行动中也能明白的,即使是那样凶暴的"拂晓部队"都未能在医院里站稳脚跟。

"民青中央委员会宣告破产!"

9月30日,东大全共斗散发了传单,题为"民青中央委员会宣告破产!"。

"中央委员会是在10个学部中至少6个学部的30人出席的会议上成立的,但是,现在,医学部自治会、文学部自治会、教养学部自治会、经济学部自治会(在17日的大会上罢免民青执行部之后成立了新执行部)、工学部自治会(在17日的大会上罢免民青执行部之后成立了临时执行部)等五个学部的学生中,80%以上的学生组成了'共斗会议',基于七项要求而进行无限期罢课斗争。因此,今后禁止民青僭用'中央委员会'的名称。'七者协'作为民青私有化团体的组合,也因为中央委员会的解体而不复存在。"

事态严重。东大校内的日本共产党系统的组织,对此做出了激烈

---

*《朝日》No.568,第607页。

反应。

10月3日,东研协(东大研究生协议会)执行委员会散发了题为"什么是东大斗争的胜利?——全校共斗《七项要求》批判"的传单。

"《七项要求》被限定在即使是在现行大学体制内部也能够得到承认的程度。一言以蔽之,即缺乏对'民主化'的展望,也就是回避了与大学当局的最终决战。也就是,尽管主张'战斗性''非和解性',而其中贯穿的思想是彻底的机会主义。"*

日共系统东大研究生组织的这种自命不凡的"革命性",遭到了认真展开讨论的学生们的整体排斥。包括"东研协"在内的"七者协",自从医学部的处分问题发生之后,一直仅仅是青年学生斗争的干扰因素,没有提出任何积极的、建设性的方针。因此,其所谓"全共斗回避与大学当局的决定性对决"的指责未能被同学们接受,是自然而然的。不过,问题不限于此。该东大研究生组织的"过激化",也已经触碰到日本共产党中央的神经。因此,一个月之后,东大校内日共系统的组织忽然改变了方针。

在9月2日这个时间点上,日本全国51所大学都处于学潮的旋涡中。那是一种壮观的混沌:给学潮画句号的行动与新学潮的发生,此起彼伏,波飞浪涌。在东洋大学,9月7日学生开始占领校园,9月30日理事长就辞职了。同一天,京都大学医学部认定87名学生全部毕业,终结了斗争。在东京医科齿科大学,10月4日召开全校大会,中止1月19日以来的罢课斗争,同时解除了5月末以来对外来人员的封锁。相反,10月11日,在神奈川大学,伴随着资金用途不明导致的校长、理事的全体辞职,校园斗争爆发。同日,东京外国语大学开始了无限期罢课。

而且,这一年10月发生了骚乱——使学潮相形见绌的大骚乱。

---

*《砦》,第224-225页。

"10·21国际反战日"行动被视为骚乱罪

10月17日,东京都教育委员长发布通告,禁止高中生参与政治活动。在那个时代,高中生们也已经奋起。对于政府来说,最应防范的,是校园斗争与反战斗争相结合,演变成足以搅动全社会的大规模政治斗争。而实际上,青年学生勇猛突进,斗争正朝着那个方向发展。这一年的10月、11月,大学斗争也与反对越战运动相结合,进入急风暴雨的时期。

在"10·21国际反战日",东大全共斗也召开了3000人(一说为5000人)的誓师大会,举行了声势浩大的校内游行,游行队伍甚至挤满了校园。前一年的本乡校区里,即使在10月8日的羽田斗争中一名学生被当权者杀害的消息传来的时候,也有学生无动于衷,而此时,情况发生了巨大变化。从安田讲堂出发的游行队伍,队头已经到达附属医院,依然看不到队尾。

这一天,日本全国有66所大学停止了教学活动,30万名工人、市民、学生参加集会与游行示威。学生与青年工人在国会、防卫厅、首相官邸等政府中枢机构所在地游行,尤其是以作为美军弹药、燃料运输中枢的新宿车站为中心的游行示威,成为最大的热点。聚集在新宿的市民们加入游行队伍,呐喊、奔走至深夜。其行动被视为"骚乱罪",当日被捕者多达1012人。也有的新闻报道说当天日本全国参加集会行动者共有28.9万人,其中913人被捕,140人负伤。

这一天,在东京繁华区银座,三岛由纪夫与自卫队调查学校情报教育科科长山本舜胜一起,目睹了青年们的"叛乱"。机动队队员头戴深蓝色安全帽,手持铝制大盾牌,全副武装,列队行进,脚步声震耳。学生们挥动角木抵抗警察的大盾牌,石块、燃烧瓶、催泪弹在空中交织。据说，三岛由纪夫在银座四丁目派出所屋顶上观察这场面时，浑身发抖。*未能赶上战争年代的三岛，也许是在那一瞬间萌发了死的念头——唯有这一次，毫无疑问，我必须去死！他的"楯之会"正是在此半个月之前的10月5日成立的。

文部省以全国377所国立、公立、私立大学为对象，以"部分大学已经成为违法行为的据点"为由，严命校方"配合校内搜查"，警方同时对这些学校的校级学生团体进行了全面搜查。东大校园里，占领安田讲堂的青年们也担心、紧张起来——讲堂大概会成为最主要的搜查对象吧？不仅是讲堂，"宿舍也危险"。于是，他们开始整理、转移、烧毁相关资料，彻夜不停。

10月31日，美国总统约翰逊宣布全面停止对北越的轰炸。那是美国人无法用武力统治越南人这一事实被公之于世的时刻。取得这一战果的是越南人自己，但日本青年们觉得这也是世界反战运动的一个胜利，认为由此看到了世界历史与越南战争前景的一线光明。

青年学生们虽然面临被扣上"骚乱罪"的罪名之后警察的疯狂搜查与逮捕，但他们从越南战争中看到了光明，获得了"世界在前进"这种实际感觉。他们认为：在这种大趋势下，东大斗争与日大斗争都是必胜的。

大河内校长辞职

得到11月1日"大河内校长辞职"这一消息的时候，我们身在安田讲堂。若在平时，安田讲堂本应是校长的办公大楼。当时我们所处的

---

* 猪濑直树：《角色——三岛由纪夫传》，文艺春秋，1995年。

位置，是比校长办公室所在的四层还高的五层的文件保管室，即讲堂正面，正门直上方的钟楼下部。钻出窗户，就能到外面的晒台上去。晒台高度与安田讲堂的屋顶相同，视野甚佳。从那里，能够看到讲堂正门外的银杏大道，大道左右两边耸立着法文1号楼和2号楼。近处下方是讲堂前的广场，广场上左右两棵樟树向外伸展着巨大的树冠，茂密的树叶在阳光下闪着油亮亮的光。银杏叶染上金色尚待时日，校园内所有的花都已凋谢。

大河内校长本人当年就读的经济学部，召开教授会讨论了近半个月，甚至会上制定的包括校长辞职在内的解决方案（10月16日），直到做出决定的第二天都没有通知我们。校长震怒，做了最后的抵抗，但是，在10月26日的各学部长会议上，还是决定校长、评议员、各学部长全部辞职，并撤销对医学部学生的处分。

大河内校长辞职之际发表了声明《致诸位同学》，*东大全共斗以封锁工学部1号楼与陈列室（位于工学部事务大楼）作为对声明的回应。因为这是一份拙劣的声明。

校长的这份声明文件张贴在正门，声明的开头就是奇怪的。曰：

"我在至今为止的半年间，为解决纷争进行了各种努力。但是，人各有志，事与愿违，时至今日，平息事态越发困难。"

"至今为止的半年间"这个开头就是奇怪的。医学部开始罢课是在1月，学生受处分是在3月。在11月1日这个时间点上，即使是与大河内校长本人直接相关的处分问题，也已经过去了将近8个月。令人吃惊的是，校长并没有将自己作为终极负责人的处分学生问题看作"纷争"的起点。

所谓"人各有志"是什么意思？是说校长曾经有过怎样的"志"吗？

---

* 《弘报》，第429-433页。

医学部的处分决定上报之后，对程序上的违法视而不见，予以承认；安田讲堂被占据，便慌慌张张地调动警察机动队来镇压。仅此而已。那种行径中包含着什么了不起的"志"吗？

所谓"志"，只有将自己的"义"作为志向，下定为之牺牲生命之决心的人才能够拥有。什么是自己的"义"？可以说，那就是面对祖先不会感到羞耻、传诸子孙同样不感到羞耻的自己的生存方式。难道不是这样吗？如果说校长果真曾经怀有那种"志"，事态大概会朝着另一个方向发展。但是，他所做的，也就是在暑假中张贴一张告示。

"但是，终究还是未能得到各位的认同与支持，学生对教室、教研室、办公室、医院的封锁在扩大化，全校十个学部都已开始罢课，对于东京大学来说，这是陷入了严重的事态。"

就是说，如果不是 10 个学部无一例外地认为大学当局的做法不妥并断然罢课，学生们的诉求就不会进入他的耳朵，他连脑袋都不会转过去。但是，即便如此，也看不到他开始思考"何谓大学教育"这一问题的迹象。

"可是，大学的基本姿态与方针等，未能满足各位怀着诉求的同学的理性与良心，那些同学，如果支持或默认罢课、封锁、占领建筑物等行为，那么我不得不说，对于本校来说，那是最为严重的事态！"

如果有人听到"大学的基本姿态与方针等"一语，会觉得"校长是在思考某种本质性的问题吧"，那是远远没有懂得作为飞黄腾达的东大毕业生的东大校长即日本式高官的思维方式。他们本来就没有什么"基本"。

接着校长上面的言辞，是"采取了下面的措施"——仅两项。其中的一项是因"粒良同学问题"的谢罪。

校长采取的另一个措施，就是撤销对医学部 11 名学生（粒良邦彦除外）的处分。为何撤销？校长列举了三个理由：

一是处分的手续不全。二是处分是在学潮中进行的。接下来是校长所说的第三条理由,即"根本性的理由"。其所谓"根本性的理由"指什么?——我已经说过很多遍了:对"东大校长"的言论不能抱什么指望。

校长说:根本理由即由"医学部教授会实施教育性的处分极其不合适"。这样,校长就免除了他本人的责任。他甚至不明白这一事实:处分布告是以他的名义发布的。之所以不明白,是因为,如果明白了这一问题,那么,他就必须意识到此间的一切问题都是他自身的问题,"极其不合适"的正是他本人。

在声明中,校长坚持认为"是医学部不好,而不是自己不好"。恶劣的是,他将这种辩解展示在面向公众的声明上——所谓"我本人,开口对作为同事的医学部教官进行这种批评,非常痛苦"。*

我将校长的发言概括为简单的一句话,是为了尽量简明易懂地传达其想法,而非有意识地贬损其意图。不过,在人世间,无论是豁达的人,还是对"究竟是怎样的发言"这一问题感兴趣的人,其中大概一定有人怀疑笔者这样零碎地摘引东大校长这种大人物的辞职演说是别有用心的。因此,这里还是完整引录其所谓"第三条理由":"第三,是更为根本性的理由。即,大学的处分,本质上理应从教育的角度进行,然而,在当时做出这种处分决定的医学部,教授会与学生之间的不信任、隔阂十分严重,完全缺乏能够进行正常教育所必需的教师与学生之间的信赖关系。学部长与医院院长,回避与学生、研修生见面,而且,教师缺乏阻止春见事件那种暴力行为的、在现场说服学生的热情与努力。另一方面,学生以不相信教授会为理由,不接受学部长调查事实真相的呼吁。我认为,这些事实表明,医学部教授会是否具有作为教育工作者的资格

---

* 在日本的教育体制中,国立大学的教师被称作"教官"。与私立大学、公立大学的教授身份有异。——译者注

与责任,是个问题。我本人,开口对作为同事的医学部教官进行这种批评,非常痛苦,心里难过。但是,这种状况下的医学部教授会实施教育性的处分极其不合适,因此,我不得不说,这次处分不具有教育式处分的意义。"*所以,我要问:东大校长先生!当初你为何决定进行那种处分,并声称处分"没有错"?(算了,算了。尽管37年已经过去,我依然按捺不住愤怒。)

然而,这位巧妙地推卸责任并因此窃喜的校长,却教训学生。在长期的教学生活中染上的说教病无法痊愈。他说:

"此外,在其后的抗议活动中,基于自治活动的行为、非暴力行为等等,姑且不论,但是,诉诸暴力的行为,无论是为了怎样的目的,在校园中都是绝对不能容忍的。[中略]各位同学自身,或者同学之间,进行这种彻底的反省,对于你们来说虽然并不容易,但还是接受考验吧。"

学校里有这种不负责任的最高领导人,那么受苦的只能是学生一方。正因为如此,才有被判刑之类的事情发生。所以,那确实"虽然并不容易,但还是接受考验吧"。

责任感

关于申请警察机动队进校园,校长居然这样简单地进行了"反省"。那是怎样的"反省"呢?他说:第一,面对学生的冲击,他本人未能充分理解。

"但是,还有一点,那是更重要的,就是,在那种状况下,在下定申请机动队进校园的决心之前,首先,我本人应当呼吁全校的教职员与

---

* 《弘报》,第430页。

学生，汇总全校的意见，通过对占据校舍的学生进行富于诚意的劝说，做出尝试打破那种困局的努力。现在我是这样想的。"

大概会有人在阅读这份声明之后产生"确实如此"的想法。但是，这是事件已经结束、最初的布告已经张贴、暑假也已结束、东大全校开始无限期罢课之后的事。做出"应当尝试做出努力"这种反省，不过是小官僚的事后小聪明。

"如果仅仅是反省，猴子也能做到。"——这是20世纪末的一句名言。校长的那种反省实在是杂乱无章的。而且，反省之后立刻把责任推给学生。曰：

"同时，即使是对于诸位同学，我也希望你们牢记：在各位把'大学自治'一语挂在嘴上、反对警察进入校园的时候，你们也就把自主性地建立大学秩序的重大责任，赋予了你们自身。"

校长的这种言辞完全错误。错误并非源于东拉西扯、强词夺理，而是源于对事实认定的混乱。即使是讲述如此重大的事件，讲述者本人也仅仅是用言辞敷衍局面，而完全没有意识到假若按照其所言而行会出现怎样的结果。

这是怎么回事呢？

对于这段将"自主性地建立大学秩序的重大责任"赋予学生的表述，如果相信并接受的话，那就等于说学生在建立大学秩序方面也有责任，学生和教授一样负有管理责任。如果实质性地执行此语，学生即应参与秩序建立。但那是不可能的。

当然，校长仅仅是说"要确保教授会管理下的学生顺从的秩序"，而实质上，那种状态是不可想象的。但是，如果只说自己做错了事，那不成体统，所以，他添加了"建立大学秩序的重大责任"之类的修饰语，想说"仅仅追究我的责任可不行，学生也有责任"，仅此而已。而且，即使对自己发表的言辞不负责任，这也是一种"已经辞职了，所以，怎么都可以"式的自甘堕落的声明。

最高负责人理直气壮地说自己完全没有责任，最后责怪同事，描画虚幻的未来以促使学生反省，这种姿态甚至使当时的学生感到了某种绝望。事实上，他们正是从爬到东大校长位置的东大毕业生的扭曲的自我意识中，看到了自己将来的面影。

在旧日本帝国陆军的队伍中，司令官甚至在持军官开具的介绍信来访的人（工厂负责人）面前让值班士兵给自己穿裤子，甚至让值班士兵给自己扣裤子的扣子。* 这种人格堕落，并非仅仅存在于从前的军队中。

在东大毕业生或高级公务员中，从到官府任职那一刻起，精英道路就已经为他们铺就，虽无值班士兵但有非精英人员跟在旁边，为他们服务。让别人为自己扣裤扣这种事情，他们习以为常，其结果是导致人格败坏。现实生活中的下等工作，由下级士官来做，非精英人员来做，研修生来做，助手来做，学生来做，觉得"让他们做即可"。

那种人格败坏的结构，就是东京大学的结构。东大的青年学生们从大河内校长的文辞中嗅到的，就是这种腐臭气息。如果部分青年人对东京大学的留恋之情消失了，那就是因为这种腐臭气息。

校长这份推卸责任、支吾搪塞的声明中，不存在任何解决问题的契机。《八一〇布告》篇幅很短，这次校长的声明却很长。之所以长，是因为多有辩解之词。我们未能理解。不过，也有想给予理解的学生。留级、毕业、就职的截止日期即将到来。从大学当权者的立场来说，如果入学考试不能进行，那关涉大学的存在。只有此事，是双方都想设法避免的。当时，理学部数学系的精英分子曾对我们施加压力，说"这样持续下去，将陷入胶着的泥坑"。在教育学部连续鏖战多日的G同学当即回答："现在所有事情都已陷入泥坑了！"

---

* 小松真一：《俘虏日记》，筑摩书房，2004年。初版为私人印刷，1974年。

同一时期，日本大学在另一战线与敌对的右翼体育会发生了正面冲突。

席卷日本大学的暴力之风

进了10月，被日本大学当局动员起来的右翼体育会的学生，从此前的数十人激增至200人。显然，他们的暴力水平提高到了新层次。他们10月8日到位于习志野市津田沼的日大生产工学部放火，10月14日到位于郡山市的工学部扔燃烧瓶攻击街垒，11月4日又对兽医学部发动袭击。

11月8日，由暴力团"关东军"率领的体育会400名成员袭击了日大艺术学部的街垒。一名参加当晚进攻行动的成员，留下了如下证词：

"在江古田［位于东京都练马区］的日本大学柔道部集训所，来自拓殖大学、国士馆大学的人一拨儿一拨儿地会集起来。其中还有人胸前佩戴着绣有'关东军'三字的徽章。总人数大概在400人。深夜，他们唱着《青年日本之歌》出发了。就是那首'汨罗江水，波涛激荡'，三上卓作词、作曲的歌曲。*因为是选择对方人少的时候发动奇袭，所以，袭击之前就胜券在握，出发时的阵容也是威风凛凛。"

总指挥是40多岁的"饭岛某"。此时，街垒里面仅有日大艺术学部斗争委员会（艺斗委）的约40名成员。"关东军"的全部成员都头戴黑色安全帽，戴着口罩，手持日本刀、橡木刀、钉耙子、铁棍、来复枪等，全副武装。根据被"艺斗委"抓获的"关东军"俘虏的供述，他们

---

* 《青年日本之歌》是海军少尉三上卓1930年的作品。以"汨罗江水，波涛激荡"这句歌词开始的这首歌，也是策动了"五一五事件""二二六事件"的青年军官们爱唱的歌曲之一。"汨罗"是公元前4至前3世纪的屈原（楚人）投水而死的湖南省洞庭湖附近一条江的名称。右翼分子也很有学问。

每人领了 4500 至 8000 日元的日薪。注意，那可是奖学金额度每月只有 3000 日元的年代。

进攻一方捣毁重重街垒，将全共斗成员从一楼追到二楼。凌晨 2 点，街垒只剩下通往房顶的最后一层。面对占有压倒性优势的敌手，"艺斗委"方面做好了"死"的准备。

"此时，在艺术学部，屋顶上也放了煤气罐。我们做好了战死的思想准备，如果受到攻击就点火，所以把煤气罐的开关都打开了。不过，所幸，我们胜了。开总结会议的时候，还要忍着煤气味儿。"*

"日大的学生，对于既存价值体系完全不抱幻想。日前袭击艺术学部的右翼分子，挥舞日本刀，甚至准备了来复枪。完全不把人的性命当回事。"**

与准备牺牲生命的全共斗相比，袭击的一方是卑怯的。

"剩下的，就是通往屋顶的一道街垒。在这里，却没劲儿了。"袭击部队的一名成员这样讲述：

> 是艺术学部，所以，那里有钢琴之类的乐器，可以弹一弹消遣。因为，外面有"关东军"守着，可以放心。实际上，他们已经与我们约定，"从外面来的学生，我们打退"。电车也已经收班，学生也不可能来增援，慢慢收拾他们就行了。是一种切断敌人后路的战法。
>
> 天亮时分，往外一看，到处都是安全帽。即便如此，我们一方还是心不在焉，"啊？是增援部队来了吧"。就在这时，"关东军"那伙人开始逃跑，我们受到冲进来的学生部队的夹击，吃了大亏。***

---

* 《街垒》，第 81 页。
** 《中央公论》1969 年 1 月号"座谈会"栏目刊登的秋田明大的发言。
*** 据本书著者介绍，这是他对参与袭击艺术学部街垒的右翼体育会成员的采访。——译者注

接到紧急通报的日大全共斗成员，是乘早晨的第一班电车前往江古田的。为了不让外面的人看到，所有人都横卧在车厢地板上，隐蔽起来。是有军师在指挥的。

体育系统的学生被怒不可遏的全共斗成员抓获了。袭击方的一名成员说：

"一个一个都被铁丝反绑起来，连成一串，被要求逐一进行自我批判。当时我如果不说话就好了。可是，轮到我的时候，我说'夜里前来搅扰，对不起！'，他们说'这小子在愚弄我们！'，当场一顿暴打，把我打昏过去。我恢复意识的时候，已经躺在富士见台医院里了。女护士说'这个学生右眼的纱布陷得深，取不出来'，医生说'这样的话，就要失明了'。我心里想：这下子完蛋了！"所幸，他没有失明，但重伤三个月。

日大全共斗发表了《紧急呼吁》：

"在我们艺术学部，11月8日凌晨，以'关东军'为首的国士馆、拓殖、早稻田、中央、东海、专修等大学的学生，与日大艺术学部的学生会、民主化推进委员会、溜冰部、少林拳法部、柔道部、空手道部等武装右翼学生，前来对罢课进行暴力破坏，但是，艺斗委的进步同学们，以不足50人的部队果敢抗战，与两个半小时后赶来支援的200名全共斗行动队队员一起，彻底粉碎了对方的破坏行动。"

在这次事件中，"艺斗委"一方也有四名重伤人员住院治疗。"艺斗委"击退了在人数方面占压倒性优势的"关东军"，因此威名远扬。甚至有人说，无论是三派全学联，还是日共系统的学生，只要看到黑色的"日大艺斗委"旗帜，就会"退避三舍"。

日大全共斗在打退了职业右翼分子策动的强大攻势之后，在神田三崎町召开了全校抗议集会。

尽管"未及逃脱的学生［右翼］约百名被扭送到校园内"，但日大全共斗在"下午2点过后让他们全部回去了"。* 可见，右翼方面有很多人未及逃脱。

对于这次袭击事件，警视厅应对迅速。袭击发生四天之后的12日，就展开"暴力事件搜捕"行动，调动1500名警察机动队队员，投掷多枚瓦斯催泪弹，攻击艺术学部的街垒，将街垒内的46名（含女生1名）"艺斗委"成员全部逮捕。而且，尽管是没有合法名义的逮捕，46人全部被羁押了25天——25天是检察官能够申请的最长羁押期限。不仅如此，这次被捕的学生的家和宿舍都遭到搜查。"那种阵势，简直就像国家的秘密文件被盗了。"**

但是，绝不屈服的日大全共斗，在同日下午4点，就重建了艺术学部的街垒。

日本大学的青年们是顽强的，绝不向暴力屈服。假如更广大的社会成员能够理解他们的斗争，支援他们，和他们朝着相同的方向前进，完成本应有的现实性解决，实现他们主张的社会正义，那么，日大斗争的结果大概会包含更丰富的内容，日本这个国家自身也会受惠于此。

然而，那种情况没有出现。在这个社会，"大人"们是懦弱的。

---

* 《朝日》No.569，第257、272页。

** 柳田邦夫：《街垒中的祭奠》，载《青春寄托于街垒——日本大学斗争实录》，北明书房，1969年，第189-227页。

第五章

日大、东大两校全共斗会师

始于9月末的日本大学斗争的进程，高潮迭起，令人惊叹。本应由日本大学当局主持召开的两国讲堂全校大会，结果变成了大众团体交涉，以日大当局在本校两万名学生面前完全屈服而告终。然而，在人们刚刚获得胜利感的时候，首相佐藤荣作站了出来，声称日本大学的斗争"并非一所大学的问题，而是政治问题"，剥夺了学生的胜利果实，让本应辞职的古田会长继续占据原位。进而，校方将自己长期操纵的右翼体育会与警察机动队组合起来，开始镇压学生，拆除街垒，逮捕或公开通缉全共斗干部。校方采用仅仅是名义上的"疏散授课"形式，制造仅仅是让学生毕业的体制，并开始准备翌年的入学考试。仅靠日本大学一所学校根本无力做的事情，由首相统领下的政府部门全面参与，就这样开始了对日本大学学生们的"平定作战行动"。

秋田明大议长领导下的日大全共斗，根本没有想象到学生能够抵抗如此严酷的大镇压，但是，学生们展示了令人震撼的坚韧与顽强。全共斗抵抗官府和校方日益露骨的分化瓦解、暴力镇压、抓捕袭击，街垒一旦被拆除学生们便立刻重建，与对手反复争夺。机动队屡次进校，学生还是夺回建筑物，击退人数十倍、装备数十倍于自己的右翼体育会的攻击，死死守住了街垒。

当时的青年学生，都像注视着绝不屈服的越南英雄那样，注视着日大全共斗的斗争。尤其关注以黑色安全帽、黑色旗帜为标志的日大艺斗委。

日本大学的这种强韧斗争与东京大学的全校罢课斗争相结合，大概是以佐藤荣作为首的日本政府一方的噩梦。然而，这种结合实现了！那是一个历史性的时刻。之所以这样说，并不仅仅是因为两所大学的全共斗联合体诞生了，那也是日本的大学斗争进行全国性联合的契机，也是青年学生对警察、右翼体育会、日本共产党等竭力压制学生运动的势力进行全面反攻的烽火。

在1968年10月和11月，被斗争风暴席卷的这些大学，也成为反越战斗争的据点。学生们聚集到各大学校园里，将国会、首相官邸、防卫厅、新宿车站作为攻击目标。在新宿事件中，官方使用"骚乱罪"的罪名，开始了瓦解新左翼各派组织的行动，同时，针对已经成为大规模反战斗争据点的各所大学，也进一步强化了管制。

但是，当时是斗争的时代。青年学生没有屈服于10月的"骚乱罪"定性，11月7日，中核派、社学同等组织的700名青年冲击首相官邸，结果456人被逮捕。

11月20日，在日本商工会议所的会议上，文部大臣滩尾表明了政府的决心：

"根据具体情况，即使一所两所大学倒闭关门也是没有办法的事。如果真的对日本有害，那么，只有用一个'断'字来解决。别无选择。"*

学生运动并非仅仅发生在大学校园里。10月30日，警察厅向国家公安委员会报告称，在日本全国，有352所高中的2720名高中生成了

---

*《朝日》No.569，第648页。

反代代木系的积极分子。*

从政府的立场来看，日本的教育体系正在遭受根本破坏。这种认识确实也有一定的根据！

加藤代理校长的伎俩

在东京大学，大河内校长与各学部长辞职之后，各学部平息斗争事态的主要人物被选为学部长，组建了新的执行委员会。这是一帮强横、不畏惧强硬路线的年轻教授。其领头人，就是法学部长加藤一郎。他11月1日升任法学部长，11月4日即被选为代理校长。** 他行动迅速，就任当天就提议召开"全校大会"。

"计划在11月中旬召开全校大会，就全校的问题，通过与诸位同学讨论，解决纠纷。关于全校大会主席团的组成、会议召开的程序等等，希望诸位同学选出代表，立即与学生委员会进行协商。"

这个议案看上去平平常常，但平淡的言辞之中隐藏着巧妙的意图。这表明他们已经做了十分周全的准备。

这个议案完全不涉及此前学生们提出的要求。就是说，提议者认为，那都是前校长大河内时代的事情，已经随着撤销处分、校长辞职而结束。那么，提议召开全校大会的目的何在？在于解决纷争的"全校问题点"。

---

* 支持代代木系的共870所学校。参见《朝日》No.569，第15页。

** 加藤代理校长生于1922年，因为被征用为学生兵，1943年跳级进入毕业班，但他作为研究生院特别研修生被允许留在东京大学。其父官至北海道拓殖银行副总裁。他从上幼儿园的时候起，就是"成城少爷"，在东大法学部，他是第一位开私家车上下班的人，其夫人，是东条英机内阁"大东亚大臣"青木一男（战后自民党参议院议员）之女（据小中阳太郎：《加藤代理校长的悲剧性误判》，《宝石》1969年3月号，第70-77页）。认为日本是平等社会，那仅仅是表明了对庶民生存现状的认识肤浅。（译者说明："成城少爷"意思就是家庭条件优越的公子哥儿。成城学园位于东京世田谷区，是东京的富人区之一。）

加藤是说：什么是"全校问题点"？作为大学领导者并不明白，但如果说有问题的话，那就不妨"与诸位同学讨论"一下吧。即，他始终持这样一种态度：加藤代理体制中不存在任何问题，学生们如果说"有问题"的话，那不妨听他们说出来。这种态度，也表现在以 11 月中旬为期限这一时间的指定方式上。掌握决定权的是东大当局，而不是学生。

加藤代理校长的背后，有佐藤首相的政府在掌控。加藤一郎也是佐藤荣作的代理人。政府对于日大斗争是采用彻底压制的方针，而对于东大斗争，则建立了打垮部分强硬派学生、对剩余人员采取怀柔政策即可简单应对的处理框架。最后由政府调动警察机动队收拾强硬派的学生，因此，加藤代理校长能够放心地、强势地采取行动。所以，绝不给学生承诺，欺骗即可。终究是东大生，本来就是立志走精英路线的。已经可以看到，有些学生认为自己被骗，因而希望终结斗争。那并非大学当局的责任，弄成同学之间内讧、导致自我毁灭的状态，在外人看来大学当权者是出面救助学生，这是最佳结果。恰好，为日益失势而焦虑的日本共产党开始与全共斗进行正面较量。这可以利用。——就是（估计是）这种构思。

后来，这个议案所呈现的加藤代理校长的手腕，一直被反复使用。这种手腕是各位一定要记住的。如果熟练运用，各位都能当东大校长。

这种手腕的特征是：第一，谈论空洞无物的埋想；第二，不谈现实问题，将现实问题扔给对方（学生）；第三，愿望未能实现，是对方（学生）造成的。这样一来，自己一方（大学当局）则毫发无损。学生们的分裂与应对能力匮乏一旦显现出来（对于收拾局面而言权力是必要的，但学生没有权力），调动强权的处理就是不得已的。十分可喜可贺！可喜可贺！！

这种手段与大日本帝国军队的大本营*文件相通。"二战"末期曾在

---

* 大本营：战时或事变中设置的军队最高统率机构，直属天皇。相关制度 1893 年制定，"二战"后废止。——译者注

菲律宾指挥炮兵观测班的山本七平，讲述了某老年准尉*向他传达通告时的事情：

"[说'简直是大本营的精神错乱']老准尉给我看了大本营的一份通知，问我'知道了吗？'即所谓名曰'就地自我生存通知'的东西，开头说'各部队竭力实现在当地自我生存的目标……'也就是那本《在拉包尔学习》中收录的通知。"**从军经历不长的山本七平，说自己对这份通知进行了简单化的理解。但是，这份通知的含义远非那样简单。

"如果像部队中的长官或老准尉那样，在军队中泡数十年，成为老兵油子，就会有一种与嗅觉类似的感觉能力，能够从我麻木不仁、简单阅读的一份通知中，嗅出相当于死刑宣判的味道。"***

所谓"各部队竭力实现在当地自我生存的目标"，只是一种幻想，即认为在拉包尔"自我生存"已经实现。但是，部队本来就不是能够自我生存的团体。食物等给养自不用说，燃料、弹药、武器等，一切必需品，若离开特殊生产设施和补给手段，都无法获得。而且，在当时的菲律宾，日军能够自我生存的条件并不具备，时间方面也不允许。即使是为了吃一碗饭，从插秧种稻到收割，要花多长时间？因此，谈论"自我生存"之类的理想，在眼下的现实生活中毫无意义。

这样一来，大本营的这份通知在现实世界中的含义就是这样的：

"大日本帝国，今后已经无法为各部队提供补给与救援，所以，只好采取将各部队就地弃置的方针。各部队不能自我生存，是你们自己无能。各部队加油！直到全部灭亡那一天为止！"

加藤代理校长采用的是同样的手法。他的议案，是什么含义呢？

---

* 旧日本陆军中少尉之下的尉官。最低一级的尉官。——译者注

** 山本七平：《我记忆中的日本军队》上，文艺春秋，1983年。文艺春秋，1975年初版。

*** 同上书。

"问题是东大内部存在纷争,所以,为了解决问题,见见学生也可以。但是,选出能够与学校当局会面的代表之类的事情,是学生的问题,所以,如果不在全校范围内解决是不好办的。所以,理想的全校大会无法举行,是对方的责任!"

就这样,自大日本帝国参谋本部以来历史悠久的日本式高官的理想答案被制造出来。即,自己一方没有任何责任。

在新校班子的主导下,各学部的教授们受到当局督促,也开始了对话集会。理学部也举行了相当于"全体交涉"(既非"团体交涉"亦非"会议")的集会。

承担医学部处分部分责任的理学部长和医学部选举的两名评议员,曾被学生要求进行自我批评。11月2日,这些学生闯进了在化学新馆讲堂举行的选举新学部长的临时教授会会场。

就是在那时候。我们面对身边的教授们,平静地表达了各自的要求。教授会回答说商讨我们的要求需要时间,于是同学们退出了讲堂。我被随后走出讲堂的教授喊住了。我当时是感到不快,还是感到吃惊?记不清了。我回过头去问:"什么事?"

"只有你讲的有意思。与别人讲的,稍有不同。"

我问物理系的朋友:"那家伙是谁?"朋友回答说:"是经团联会长的弟弟哟!"(经团联即经济团体联合会)我当时稍微有些得意,也为这得意而感到羞愧。

3日,经济学部的研究生封锁了学部长办公室和教研室。4日,文学部罢课执行委员会开始与学部长林健太郎进行无限期团体交涉,8日,在驹场校区举行的团体交涉破裂,全共斗封锁了教职员会馆。

9日,东大全共斗机关报《进击》创刊,日本共产党发表了《大学斗争纲领》。

10日,东大全共斗封锁了工学部7号楼,11日封锁了驹场校区的第一教研室和第二本馆。同样是在11日，东大全校的教官在本乡校区农学部运动场举行集会，全共斗冲到会场，他们立刻作鸟兽散。这次教官集会被宣传为安保斗争以来的第一次教官集会。加藤代理校长先是为是否参会犹豫不决，到会之后又徒增混乱，结果逃离会场，次日不过是张贴了辩解的公告。

12日，围绕全校的封锁方针，东大全共斗与日共系统的学生行动队发生了正面冲突。

混　乱

10月间，在东京大学，日本共产党系统学生组织的失势是整体性、本质性的。对于日共来说，东京大学本是培养后备干部的学校，因此他们当然不能善罢甘休。但是，还有比这更严重的问题。那就是前文提到的研究生组织"东研协"的过激化。

日本共产党总书记宫本显治对那种向过激化迅速发展的倾向是敏感的。此时1970年安保斗争即将到来，东大的日共系统组织中甚至出现了将东大全共斗视为"机会主义"的过激分子，宫本从这种动向中，发现了与1960年安保斗争之前、当时的全校联合执行委员会过激化、批判日共领导层的事件相同的模式，也并非不可思议。

11月10日，宫本给全共斗主张的大众团体交涉，扣上了下面的罪名："只将这种方式[大众团体交涉]绝对化的部分托洛茨基分子的主张，是仅仅主张'直接民主主义'，这与否定代议制民主主义的无政府主义式见解是相通的。"*

---

* 《为了解决目前的大学问题》，见《赤旗》。

因此，其结论是：日本共产党的方针，就是"在大学运动中，克服从内部破坏大学自治的托洛茨基分子、分裂主义者的影响"。

"克服"一词的实质，是类似于从前的"肃清"、后来的"清算""扑灭"等词的那种意思。而且，宫本显治这篇论文的框架，再一次给了我像是日军大本营参谋部文件的感觉。

那就是，首先谈理想。即所谓"建立能够充分反映广大人民的要求与意见的制度性保障"。但是，那不可能实现。之所以不可能实现，是因为有阻碍实现的人。那些人就是敌对方的"托洛茨基分子""分裂主义者"之类。必须将这些人排除。自己一方绝对不会存在矛盾、问题等。——或许，这是日本人都有的逻辑通病吧。

宫本发表此文的前一天，9日的《赤旗》公然说在大学斗争中"即使行使自卫权也是迫不得已"。就像所谓"克服"即"抹杀"一样，所谓"行使自卫权"，意思就是："什么事我们都会干！"

有信息充分印证、展示着这篇论文的位置。

"在这场长达一周的团体交涉正在进行的时候，*《赤旗》突然发表了整版的谴责谈话，命令日共从团体交涉中退出。这是日共东大指挥部愚蠢，也是无视日共中央现场指挥部的悬空指令。可以认为，这大概也是源于宫本显治的那种'一声令下'的习性。这样，以此为契机，'由党进行管理的全面斗争开始了'。[中略]而且，据说，已经组建了相当于'东大民主化行动委员会'的组织，以取代此前的日共系统的校园群众组织'东大斗争胜利行动委员会'，干部队伍也安排好了，甚至已经印刷了正式的传单。"**

这样，日共系统的学生们试图选出"统一代表团"以参加与大学当

---

* 这次团体交涉，是指将新任学部长林健太郎等人从 11 月 4 日控制至 11 月 12 日的文学部的关禁闭式团体交涉。
** 宫崎学：《突破者——贯穿战后史背面的 50 年》上卷，幻冬社，1998 年。南风社，1996 年初版。

局协商的全校大会（并非大众团体交涉），如果选举不成即组建"统一代表团准备会"，竭力确保与东大当局新执行委员会的交涉权。这就是宫本论文所谓"制度性保障"的实际内容。

强行推行此项计划的力量，就是"拂晓部队"。该部队受到优待是理所当然的。

"与任何事情都由自己来解释的早稻田大学斗争不同，东大斗争的情形是，日共投入了大量资金。伙食方面，每餐提供的高档盒饭，都是有生鱼片或炸鸡腿的。而且，行动队那伙人是不限量的，放开吃。[中略] 平时，行动队的 300 至 400 人就住在靠近赤门的教育学部校舍，我有时也住在本乡附近的二木旅馆。这是因为，党的中央委员、统一战线部部长、青年学生对策部部长，全学联、东京都学联的干部们，都挤在那里对斗争进行政治指导，我几乎每天晚上都要和他们碰面商谈。"[*]

综合图书馆前的恶斗

11 月 10 日，执行工学部 7 号楼封锁任务的航空系罢课执行委员会发表了《封锁宣言》，这份宣言呈现了某种超越极限的苦斗——同学们谁都看不清而确实面临的苦斗。那甚至让人感到心痛。

> 封锁行动这种至少是物理层面的实践，绝不会使我们获得"自由"之身，而是要求我们进行甚至是严酷的斗争。[中略] 我们为了坚守街垒，必须最大限度地发挥自己的能力，锤炼语言，以陈述我们的主张。这就是我们的立场。[中略]

---

[*] 宫崎学：《突破者——贯穿战后史背面的 50 年》上卷，幻冬社，1998 年。南风社，1996 年初版。

从现行管理体制中解放，志在否定过去的新的创造之场，都应掌握在我们手中，所以，我们对研究生和教职员各方，敢于要求其全面终止研究或日常工作。我们认为这种策略是必要的，具有必然性，因此果断采取行动。[中略]

航空专业三年级封锁决议，27票赞成、1票反对、8票弃权，以压倒性优势表决通过。*

研究生的全校斗争联合会、全校助教共斗会议，使用各种各样的传单、标语牌、手记等，向公众表达自己的意见。苦闷于"找不到词语"的，更为年轻的学生们，也站到了东大斗争的第一线。

面对加藤的新校领导班子，东大全共斗决定采取空前的强硬路线来应对，那就是封锁整个学校。行动的焦点，就是综合图书馆。** 东大全共斗散发了传单《敬告图书馆各位职员》，全校助教共斗会议也发表了《封锁斗争宣言 十一月十二日》。后者曰：

媒体一致欢迎的这个战时内阁，披在铠甲上的外衣未经几日即彻底烂掉。以本来就臭名远扬的《东大手册》*** 起草者大内力为中心，聚集于佐藤内阁的文化人吹鼓手团队成员之一林健太郎发挥着火车头的引领作用——东大新执行委员会的这种真面目在光天化日之下暴

---

* 《砦》，第260—261页。

** 综合图书馆是指位于正门和赤门之间的大建筑物正门前的一个区域。1923年关东大地震之后，由洛克菲勒财团捐赠建造的，图书馆正门外，两棵大樟树之间是一座大喷泉，喷泉正中央的相轮正对着正门中央。从外面能看到正门内左侧的阅览室。豪华枝型吊灯从高高的天花板上吊下来，任何人看了都会感到惊讶。

*** 《东大手册》即《大学的自治与学生的自治》这份文件，"甫一发表即受到学生的批判，是因为该文件仅仅是将学生的自治作为教育的一环予以承认，学生必须服从校方主导制定的规则"（加藤一郎：《东大问题资料1 〈给七学部代表团的确认书〉解说》，东京大学出版会，1969年，第132页、3页）。废除该《东大手册》，是1969年1月10日《给七学部代表团的确认书》中的一项内容。

露无遗。以国家权力的介入和通过媒体操纵舆论为后盾,而且,甚至利用日共、民青的反托洛茨基宣传,力图孤立全校共斗会议。他们的这种图谋已被彻底看穿。[中略]

各位!斗争从现在开始!我们要怀着钢铁般的意志,彻底打破这种根本性的困难局面!

我们助教共斗会议,在昨天封锁驹场校区第一、第二教研室的行动中,首次公开联名。而且,今天,在"助教共斗"的旗帜下展开了直接行动。事到如今,已经没有中间立场,我们下定了决心。我们参加今天的工学部1号楼封锁行动!*

助教们这样揭竿而起,给了学生们以巨大冲击。这样,在东京大学,继附属医院的青年医师之后,青年研究者也将自己的未来寄托于这场斗争。在驹场校区,党派林立的混乱局面中,助教最首悟作为年长者在各党派之间沟通、斡旋,发挥的作用越来越大。

11月12日凌晨2点半,文学部长林健太郎被用担架从法文2号楼里抬出来,住进了东大附属医院。同日下午,从2点到4点50分,在靠近赤门的理学部2号楼,教官与学生聚集起来,召开理学部大会。会后,在同一会场召开的是理学部学生大会,但大家争论许久,所有的议案都未能最终确定。就像从全校总誓师大会上看到的,和往常一样,理学部办事拖拉。

傍晚4点过后,东大全共斗总誓师大会在安田讲堂里召开(1500人参加)。因面临决战,助教共斗会议成员也头戴安全帽参加集会。集会结束后,全共斗队伍奔向综合图书馆前。在那里,宫崎学等人指挥的"拂晓部队"500名成员正严阵以待。

---

* 《砦》,第313-315页。

我旁观了这场从晚上 8 点 45 分开始的对决。因为参加当天的理学部学生大会，我未能走上这场对决的战场，大概是从迟迟结束不了的大会逃离，去观察战况的。

多达 500 人的日共系统部队是个庞大的黄色安全帽群体。他们站在综合图书馆门前宽阔的石阶上，抵挡着挥舞角木打过来的全共斗诸派联合队伍的攻击。每个人都把安全帽压得很低，以保护面部，侧身弯腰以承受冲击。全共斗方面，尽管人数众多，看上去十分勇敢，但也只有最前排的人能够打到对方。更重要的是，在对手这种看似缩身挨打、放弃抵抗、被动忍受的姿态面前，全共斗方面一会儿就陷于疲劳，气势顿消，停止了攻击。

就在此刻，"拂晓部队"总指挥吹响了哨子。黄色安全帽部队突然挥动细长的棍子，对全共斗队伍展开了全面袭击。还有橡木刀，看上去很细，但比起建筑工地用的那种角木，杀伤力强大许多。而且，棍子手是从全东京都选拔的暴力部队成员。处于颓势的全共斗队伍的第一线，立刻溃散了。实在是十分漂亮的反击战。我尽管是在旁边观看，但事后很长时间脑海里经常闪出"厉害"二字。他们是施暴专家。

这场冲突在综合图书馆前发生的时候，从 12 日下午 4 点过后到次日即 13 日凌晨 1 点，理学部学生大会在持续召开，日共系统的议案、全共斗系统的议案都未能通过，但是，凌晨 1 点才提出的否定全共斗方针的《反对街垒封锁全校的决议》表决通过（134 票赞成，60 票反对，21 票保留意见，4 票弃权）。那时候，同学们实在是忙。

14 日的日共机关报《赤旗》炫耀胜利，称"对手手持武器疯狂地袭击我们，所以，理所当然地，有必要使用恰当的工具压制对手。结果是对方负伤，自作自受"。

同样是在 12 日，日本大学艺术学部的街垒遭到 1500 名警察机动队队员的攻击，艺斗委的 46 名成员被捕。不过，日大全共斗在傍晚之前夺回了艺术学部。

"滚回去！滚回去！"

11月14日，"拂晓部队"也出现在东大教养学部，阻止了驹场共斗的封锁行动。对于采用封锁全校战术的全共斗来说，各学部的自治会层面发生抵制的动向，形势不利。继12日的理学部学生大会，14日在法学部，《阻止全校封锁的决议》表决通过（371票赞成、126票反对）。

16日，"东大民主化行动委员会"散发了铅印传单，即宫崎所说的日共总部预先准备的传单，题目是"粉碎托洛茨基分子暴力集团（指全共斗一派）的暴行，彻底守护大学的自治与民主主义"。日本共产党在11月27日的《赤旗》上公布了传单全文。

> 当务之急，是大学当局立即无条件地开始与真正的学生、研究生、教职员统一代表团进行交涉，实现真正的大众团体交涉。[中略]同时，为了通过与真正的代表团的交涉而实现东大运营管理的民主化，对于使用疯狂暴力与蓄意挑拨阻碍这条途径的托洛茨基分子暴力集团，必须解除其武装，断然压制其暴力阻拦行为。[中略]借助团结的力量，粉碎阻碍校园民主化的托洛茨基分子暴力集团的暴行，将其凶恶暴力从校园一扫而光，只有这个，才是真正解决东大纷争的保障。

对于日本共产党来说，这才是东大斗争的"真正的"意义。不过，反复使用"真正的"这一形容词，让人惊讶。毕竟，他们平时就是这种自以为是的玩意儿。

在这个时间点上，好像是与历来的斗争方针完全相反，全共斗接受了与学校当局的"公开预备谈判"。这是全共斗基层活动者所不能理解的。在理学部学生大会上疾风怒涛般的争论中,他们曾经竭尽全力进行斗争。全共斗干部和各党派的干部们好像在思考着什么。或者是12日在综合图书馆门前武斗中的失败给了他们很大的影响。

政府展示了积极介入的姿态。16日,文部省向东大、东京教育大、东京外大、日大各校发出了通知:"复课!"

全共斗预定在18日举行东京都总誓师集会,在22日举行"'日大·东大斗争胜利'全国总誓师大会"。后者是日大全共斗投入全部力量筹备的。以这种力量为背景,东大全共斗发表了对全校实行街垒封锁的宣言。当然,作为各学部的学生,会受到"违反自治会决议吗"这种责难,但是,已经迈出了越过红线的一步。自治会的决议并不能制约每一位学生的行动。

对此,由于在12日的对决中获胜而自信心大增的日本共产党,摆出了"坚决阻止'封锁全校'"的姿态。这是正面对决。全共斗估计日共的战法之一甚至可能是解除安田讲堂的封锁,怀着这种危机意识,从17日晚上开始彻夜加固安田讲堂的街垒。各家报纸都报道说:"在东大学潮中,17日,反代代木系统的势力第一次动员了其他大学的学生。"全共斗方面动员的是1000人,而日共方面则有3000人住进学校。

为了"避免流血"的"全校大会的准备工作",加藤代理校长在18日向全共斗方面表明了举行"公开预备交涉"的意愿,以夺回安田讲堂为目的不停地进行了多方面的部署,而全共斗在东大斗争中提出的要求都被他抛到了九霄云外。

11月18日。这一天,安田讲堂前,参加全共斗东京都总誓师大会者和参加"公开预备交涉"者多达8000人,挤得水泄不通。这被认为是"斗争开始以来普通学生聚集的最大数量"。不仅是安田讲堂前,法文1号楼、2号楼和工学部的屋顶平台上也是人挤人。通过全共斗与校方新班子的对话,东大斗争问题也许能够得到戏剧性的解决——大家大概都是怀着这种期待来到现场的。人潮之中,高中生的安全帽游行队伍在穿行。

"从常识来判断,应当是学生方面获胜吧。而且,学生的愤怒好像并未平息。"[*]旁观的报社记者这样感叹。

午后1点50分,加藤代理校长带领3名教授出现在安田讲堂里。讲堂里挤满了最大容纳人数的4000名学生。同样人数的学生潮水般在讲堂外面涌动。高音喇叭设置在安田讲堂前、法学部大教室、工学部6号楼等不同位置,未能进讲堂的学生也能听到讨论的内容。

"我是代理校长加藤。今天,想把我的想法,或者说是新班子的基本态度和想法,向各位传达,做预先交涉,所以来到这里。(愤怒的喝倒彩声:'无聊!')我想直接与各位对话,这是新执行部成立以来,我们思考至今的基本问题。"

加藤代理校长这样不停地展示自己的如簧巧舌,全共斗方面稍微有些茫然。

"关于我们提出的七项要求,想听听您的意见。"全共斗方面试图展开攻势,而加藤代理校长用冠冕堂皇的言辞挡了回去:"我相信是正确的事情,会向大家公布。各位提出的要求之中,我们认为是正当的,就采纳,而认为是不正当的,就不能采纳。"

加藤代理校长对全共斗学生的蔑视,已经到了可以这样把话说绝的程度。这是因为,当天他来到会场另有明确的目的。既然他已经把话说到这种程度,那么对于全共斗方面来说,继续进行团体交涉已经没有意义。

"我们,对于这种模棱两可、敷衍了事的回答,已经不能再抱任何

---

[*]《朝日》No.569,第428页。

幻想。现在，我们必须确认的，是加藤代理校长的这种欺骗式预备交涉的推进程序。对此进行明确确认，把他从我们的会场赶出去！（掌声。继而是'滚回去''滚回去'的齐声呐喊。晚上7点20分，加藤代理校长退出会场。）"*

加藤代理校长的态度自始至终一直是"这是预备交涉！听我说！"（尽管用词、语调从容不迫）。

晚上7点20分，加藤代理校长等人被身后一阵阵"滚回去""滚回去"的喊声送出了安田讲堂。代理校长神经强韧，强韧到了只是将"滚回去"的喊声当作打招呼用语的程度。他走出安田讲堂之后，马不停蹄，立刻发布了新闻通稿式的声明：

"我无法对你们说达成了充分的互相了解，这令人遗憾，但是，我相信，避免了最坏事态，为理性解决东大危机，向前迈出了一步！"**

他进入安田讲堂，仅仅是为了能够说这句话。如果能够取得学校当局与全共斗一方讨论"避免流血"这种"业绩"，是最佳结果。官僚这种东西，必须经常思考如何取得"业绩"。

19日，日共系统的学生组织的"公开预备交涉"，由于是在18日的翌日举行的，仅有500名本科生、研究生到会，因此以惨败告终。

一切留待11月22日

这段时间，在东大本乡校区的各个学部，学生大会不停地召开。19日工学部的学生大会，全学部在籍学生共1679人，参会者约900人，

---

* 《朝日》No.569，第570页。

** 《弘报》，第63页。

工学部大讲堂甚至容纳不下。罢课执委会（属于全共斗系统）提出的议案仅仅获得322张赞成票，被否决，行动委（属于日共系统）的议案仅仅获得134票，也被否决，学生联合会的议案（即"七项要求""选举工学部代表""反对全校封锁"）以427张赞成票获得限制性通过，但其紧急议案《反对全校街垒封锁方案》《工学部代表团选举方案》获表决通过。

20日，理学部、法学部、药学部都召开了学生大会。这样不停地开会，议案书的准备工作非常辛苦。理学部的学生大会，从下午3点一直开到深夜12点半，也未能得出任何结论。法学部学生大会从下午2点开到9点，花了7个小时，包括终止无限期罢课在内的所有议案都被否决。药学部从下午1点开始召开学生大会，会上所有的议案都被否决。其中《反对全校街垒封锁方案》也被否决（22票赞成，29票反对，14票保留意见）。

药学部（在籍学生130名）和教育学部（在籍学生120名）一样，在本乡校区也是小学部。事态发展到这一步，学部的大小已经没有关系。一方加快了终结无限期罢课的行动，而另一方顽强地坚持罢课体制，也没有失去力量。

21日，在农学部学生大会上，各派提出的议案也均被否决，仅有紧急议案《反对全校街垒封锁方案》获得表决通过。

次日即22日，在教养学部，"驹场节"开始了。这一年的宣传广告画用"脊背上的银杏在哭泣"这一当时流行的侠义路线来制作，同样作为东大学生，他们稍感羞愧。与本乡各学部的学生相比，通识教育阶段的学生将来的路还很长，他们给人的感觉是在斗争的高潮期享受学生节的风景，或者说是在品味学生生活。但是，对于背负着"安田讲堂"的本乡校区各学部的学生来说，无法毕业、无法就职这种最后的时间期限已经迫近。

就是在这种情况下，"11·22"（当时的学生们念作"十一点二二")这一天到来了。这是"日大·东大斗争胜利"全国总誓师大会召开的日子。

那是全国总动员。而且,在10月的反对越战斗争中被定为"骚乱罪"那种规模的行动浪潮涌起了。从前一天开始,"三三两两"——不,这种普通的形容词无法表达——数人组织起来的很小的团体,会合成数十人、数百人规模的队伍之后,从全国各地聚集过来,集会当天,从早晨开始,东大校园里就弥漫着骚动不安的气氛。

这天早晨,全共斗发动了奇袭。

10点20分前后,东大全共斗向图书馆管理机构发出了封锁综合图书馆的通告。10分钟之后,全斗联与革马派的约300人聚集到综合图书馆正门前,同时,约100人组成的别动队从图书馆背面的新闻研究所、社会科学研究所进入,仅用约10分钟的时间就完成了封锁。

在教育学部,日共系统的学生从上午10点开始举行会议,会议进行过程中传来了图书馆被封锁的消息。但是,因为已经预定本日上午要到文部省去举行抗议游行,所以,他们除了守住教育学部,没有其他办法。

此日聚集的全共斗方面的力量,就是这样占有压倒性的优势。不同党派的人员各自戴着不同颜色的安全帽,展示着各自持有的武器。社学同也在其中。他们是把整棵树做成的圆木作为新武器。长达10米的圆木,六七人抬着,在10月的斗争中曾撞破防卫厅的正门。指挥理学部游行队伍的罢课执行委员会委员长,不仅手持铁管,背后还背着棍棒,这引起了稳健的理学部女学生的不满——"要是用那些棍棒打起来,很恐怖啊!"

五颜六色的安全帽,各派展示着不同的武器,那情形,对于全共斗方面的学生来说不言而喻,即使是对于敌对方日共的宫崎学来说,也好像有一种"与其说是斗争,毋宁说更像是节日"的感觉。不过,与此形成对比的是，日本共产党动员的各界人士表情凝重。"这一天，行动队也动员了多达 500 人，此外还动员了数百人的工人队伍。是来自大学生协、职组、国劳、全自交及其全国下属组织的工人。他们类似于在日共学生部队遭到全共斗组织攻击的情况下投入使用的援兵，上阵之前就被武装起来，并被安排隐藏在教育学部的地下室。我为了和他们的头目接洽，去了地下室，看到头戴安全帽的工人队伍中的人，个个手持棍棒，俯首待命，一言不发。"*

在日共系统的"拂晓部队"所在的教育学部，红色安全帽的社学同 500 人队伍用大圆木撞开赤门，展开了攻击。面对攻击，宫崎率领 50 人的早大行动队迎战。为了弥补人数劣势，他们的战法是投掷拳头大的石头（！），且有成效，战况呈现胶着状态，双方以赤门为中心展开攻防战。但是，"拂晓部队"最终全线崩溃，狼狈地逃入教育学部。

这样，在 11 月 22 日的报复性作战中，全共斗方面获得了压倒性胜利。而因阻止封锁综合图书馆而威名远扬的日共系统行动队的精锐，则崩溃了。不过，关于此事，无论是全共斗方面的记录，还是校方的《弘报》，都没有记述。

日本大学全共斗在东京大学登场

"从下午 2 点前后开始，全共斗系统人员在安田讲堂前面会集，等待与来自日大的全共斗人员会合，从 4 点开始召开了誓师大会。另一方面，行动委系统［即日共系统］人员在赤门至经济、教育、医学等学部一带会集，召开会议。无党派学生为了回避前两派学生的冲突，坐在图

---

* 宫崎学：《突破者——贯穿战后史背面的 50 年》上卷，幻冬社，1998 年。南风社，1996 年初版。

书馆东西两侧。"*

驹场的学生也相继到来。这一天是驹场节的第一天，虽然有80个班级、100个兴趣小组参加，但与往年相比规模还是小。各派都在中午之前结束了集会，从驹场前往本乡校区。

从安田讲堂前的广场到银杏大道、到正门前，数千名全共斗一方的青年挤得水泄不通。报纸报道说"80所大学的约5000人进入东京"，就像从这种大致估算中也能知道的，这样多的人聚集，确切人数难于统计。在教育学部门前，聚集着日共系统的5000人（也有人说是8000人或1万人）。

全共斗与日共这两派的中间点，就是综合图书馆正门外。中间点一侧的藤萝架下面，加藤代理校长站着，会集了各学部的约500名手持旗帜、横幅的教官。周围聚集着东大的2000名中间派学生，还有千人以上看热闹的闲人。

安田讲堂前面的广场上挤满学生，红、白、蓝、绿、黑、银等各色安全帽密密麻麻。周围是参观、报道的人员和普通学生，围得水泄不通，人数远远超过5000。讲堂正面各派、各大学的旗帜排成一排，旗帜后面，各派干部们一个接一个手执话筒，大声演讲。

但是，聚集在那里的所有人，都在等待着"那个"。夜色降临，广场上的探照灯打开了，但是，每个人都在等待那所大学的部队的到来。

终于，聚集在安田讲堂前面的数千名青年，感觉到了暮色中远方那类似于轰鸣的声音。就在那时，东大全共斗的一名成员拿着话筒喊道：

"各位同学！请移动队列，把路让开！现在，日大全共斗3000名奋勇战斗的学友，打退警察机动队的镇压，已经到达正门外！"

一片欢呼声。挤在安田讲堂广场前的全部青年学生，让开了一条路，

---

*《弘报》，第65-66页。

从银杏大道直至讲堂前,为日大全共斗留下了一个长条形空间。此前一直为讲堂正面的位置发生争执的各党派,也都迅速让开了路。就像海面裂开、呈现出道路,人潮也裂开,为那无敌的勇士们让开了道路。

日本大学全共斗的 3000 人,从神田三崎町日本大学经济学部的街垒出发,举行了事先未经审批的游行示威,冲破 2000 名警察机动队队员组成的人墙,在夕阳映照的东大正门气势磅礴地登场了。银、黑、红、蓝、白,五颜六色的安全帽排着整齐的队列。

从校园正门到安田讲堂正门前,以日大全共斗的数十面招展的旗帜为先导,紧随其后的是日大全共斗的游行队列,声势浩荡。"斗争!""胜利!"一片响彻云霄的呐喊声中,3000 人肩并肩、手挽手穿过银杏大道,来到安田讲堂正门前大家为他们让出的空间。在尖厉的哨子声、指令声中,日大全共斗部队在安田讲堂前齐声喊了一阵口号,然后安静下来,广场瞬间就被人潮完美地填平了。目睹了日大全共斗队列的东大全共斗学生当中,有人流下了热泪。

这一天,日大全共斗议长秋田明大,不顾政府已经对他签发了逮捕令,依然站到讲台上,对数万名青年学生发表演说。站在那里的秋田是货真价实的男子汉。武士教育孩子时说:"让敌手的血溅在自己身上,方为男子汉。"有那种男子汉!

秋田明大发出了呼吁:"改变贵族式的东大斗争!"但是,并未留下讲演记录。此前的 19 日,日大、东大两校全共斗已经发表了共同声明。

晚上 8 点,全共斗结束了集会,开始在校园内游行,但回避了与日共系统部队的冲突。东大校园外,4000 名警察机动队队员在待命,但未采取进一步的行动。多达 7000 名青年在东大校园里停留到深夜,因为他们无法离开。

这样,东大、日大两校的全共斗会师了。这一天的集会,是包括年轻的工人、学生、市民在内的所有参加了反越战斗争、大学斗争的青年们的集会，这是他们亲手创造的壮丽的青春节日。作为青年们的节日，是空前绝后的。

不过，仅仅这样就可以了吗？"仅仅是举行集会、做斗争宣传就可以了吗？"——这种批评的声音在当时就多有所闻。发声者的绝大部分，都主张打垮日共系统的部队。此时，与日共系统的1万人发生正面冲突大概没有意义，但是，只有那种冲突才是实力斗争。应当在安田讲堂内设立正规的日大全共斗办公室，设立联合斗争总部。当时，政府方面正在联合成一个整体，尽管如此，青年们却无论如何也超越不了大学或党派的框架。仅仅依靠青年人，那是困难的。因为，以打倒权力为目标、使用一切策略，是大人们智慧范围内的事情。

而且，此时，大人们舍弃了青年人，在妥协与守护既得利益的道路上狂奔。东大、日大两校皆如此。

[附录]《日大·东大全共斗共同声明》摘要

集结！11·22日大·东大斗争胜利全国总誓师大会！

全国的同学们：

东京大学与日本大学两校战斗的全校共斗会议，呼吁大家集结，召开日本战斗的学生运动中历史性的誓师大会！

现代社会的根本矛盾，今天，通过人民所展开的鲜血淋淋的斗争，而明显激化。寄托着人民未来的解放斗争，毫无疑问，借助全世界学生的力量，向更广阔、更深远的方向突进。[中略]

在以东大、日大斗争为主体的全国校园斗争胜败攸关的关键时刻，日本全国学生的未来，日本全国人民的未来，均寄托于此。

"大学问题即政治问题。"——10月1日佐藤的这种言论，雄辩地证明了这一点。[中略]

以必将到来的人民、学生的全面反攻为目标，通过在东大银杏大道举行的总誓师大会，彻底地划时代的学生战线的大统一将会实现。面临国家权力的镇压、右翼权力的猖獗、口共·民青反革命势力的抬头，斗争十分困难，轻而易举的联合不会实现。真正的联合，存在于斗争之中。现在，通过斗争，大统一集会即将胜利实现。

在"东大·日大斗争胜利"的旗帜下，全国的同学们，一起站起来！［后略］

东京大学全校共斗会议

日本大学全校共斗会议*

"日大父兄会"的屈服

日本大学的大人们的行动，使用普通方法是难以应对的。10月30日，由日大教职员工会、教师联络会推动，成立了全校协议会，要求理事们辞职。11月2日，日大全校协（教职员与研究生的组织）召开总誓师大会，同样是要求理事们立即辞职。日大10万学生的家长，则站在缴纳学费者的立场——与那些教职员不同的立场，也就是近似于纳税人的立场，希望推动日大当局的变革。

11月10日，在日大两国讲堂，"日大全校父兄集会"召开，规模宏大，到会者7000人（一说6000人）。学校当局（日大后援会联合会的干部们）本应是会议组织者，却在秋田明大率领的约200人（一说300人）的日大全共斗成员刚一出现的时候就逃离了会场。

---

*《砦》，第340-342页。

父兄会的大会，晚饭也没吃，开到晚上 11 点前后，经过反复、热烈的讨论，做出了以下四项决议：

一、为了立刻复课，以古田会长为首的全部理事立刻辞职。

二、建立完全保障学术研究之自由的体制。

三、检举理事的渎职、贪污行为。

四、在复课的同时缴纳学费。要求返还已经缴纳的学费。

而且，次日即 11 日各学部分别集会，成立了各学部的父兄会，并选出了干部。*

但是，这种组织形式本身存在着很大的缺陷。尽管宣称"检举理事的渎职、贪污行为"，但并没有设立专门从事此项工作的法律工作者特别小组。这个弱点被古田会长抓住了。

11 月 26 日晚上 6 点开始在千代田区纪尾井町的高级餐馆"福田屋"举行会谈，古田会长不仅并未被追责，而且，他抛出了"从父兄会中选举日本大学的理事"的诱饵，于是，此前已经被所谓代还借款引诱的父兄会成员，立刻被他掌控住了。

时间已经过了 9 点。突然，饥饿感袭来。就在那时候，古田先生说："中塚先生，我请大家吃饭，您会赏光吧。"

"好啊。不给点儿啤酒、清酒什么的吗？"我有些自暴自弃地喊道。**

---

* 中塚贵志：《日本大学的恶者群像》，创林社，1984 年。

** 同上书。

关于详细的商谈内容，甚至是到了 16 年已经过去的时候*，也完全没有人写下来。在这种险恶的"大人"同伙的危险关系中，父兄会就是这样抛弃了自己的孩子们。抛弃了那些在设置街垒的房顶上打开煤气罐的开关、下定必死的决心战斗的孩子。抛弃了青年们！

这样，日大斗争丧失了获胜的手段。如果父兄会作为学费缴纳者，抓住理事会的"资金用途不明"问题进行起诉，古田会长就无法重新站稳脚跟。因为古田的行为是犯罪。在纳税人无法追究政府资金用途不明的国家，没有纠正国家层级的错误的方法；同样，在日本大学，由于父兄会屈服于理事会，因此努力纠正校方错误的孩子们失去了斗争依托与立脚点。这就是当年的大学斗争从历史中消失的原因之一。

---

* 这里所谓的"16 年"，指 1968 年"日大父兄会"妥协至 1984 年中塚贵志写《日本大学的恶者群像》这个时间段。——译者注

第六章

前　夜

　　1968年即将结束。由美联社（AP）和合众国际社（UPI）发布的《今年十大新闻》，列举了"苏联、东欧五国军队入侵捷克""春节攻势""学生运动威力爆发""罗伯特·肯尼迪议员被暗杀""马丁·路德·金牧师被暗杀"等新闻。不过，还有并未进入"十大新闻"的大事件——1月21日美军B52轰炸机坠毁在格陵兰海，4枚氢弹去向不明，带来全球性毁灭的预感，还有青年们的反叛。这些事件和战争、暗杀等事件一起，呈现了1968年的动荡与严峻。

　　12月2日，加藤代理校长在校内下发了被称作《纷争解决方案》的文件，12月5日的《赤旗》立刻发表《〈加藤议案〉值得讨论》，进行呼应。6日，日本大学临时评议会正式表决通过了修订后的大学章程（有关捐赠活动的），成功地将翌年的入学考试纳入了工作日程。举行入学考试即可收取巨额考试费、入学金、学费。9日，文部省大学问题委员会声称"年底之前看不到复课希望的大学，终止入学考试也是迫不得已"。这是对学生斗争依然在继续的东大、东京教育大、东京外大进行恫吓。10日，在东京都府中市监狱旁边，现金运钞车被整车抢劫，车上装有2.94亿日元（即"三亿元事件"）。11日，川端康成获得诺贝尔文学奖。本来就躁动不已的 1968 年年末，无数的事件叠加在一起。

东大所有学部的学生大会

1968 年的年末，对于东京大学的学生们来说，推迟毕业、留级的问题摆在眼前，无论哪个学部，都在一次又一次地连续召开学生大会。无论是在讲授专业课程的本乡校区，还是在讲授通识课程的驹场校区，校园里，来自全国各地的青年学生，头戴五颜六色的安全帽，手持棍棒，混战不止。但是，即便如此，东京大学的学生们还是真诚地守护着民主主义。召开全体会议，反复讨论如下诸种行动方案——是中止无限期罢课？还是扩大封锁范围？还是派代表团与东大当局交涉？他们努力用表决的方式做最终决定，尊重多数人的意见。

例如，东大理学部，11 月 12 日、20 日、27 日、30 日连续召开会议（30 日的会议半途终止），但全部议案都被否决，没有最终结果。12 月 19 日举行自治会正副委员长选举，日共系统的学生获胜，但无限期罢课在持续这一事实没有改变。

学生大会因学部不同而各具特色。在法学部，终止罢课派逐渐加强了反对力度，学部迫于这种压力，为了结束罢课，多次召开学生大会。在经济学部和药学部，以全共斗和日共系统的中间立场为原则的执行委员会，为了收拾斗争局面，不停地摸索各种方式。在工学部，针对全共斗系统的临时执委会，日共系统与终止罢课派联合，在背后做多数派的工作。在农学部和理学部，虽然日共系统力量强大，但几经周折到了最后，依然未能终止罢课。在文学部，革马派掌握着自治会主导权，废弃了日共系统的方案，坚持继续罢课并强化了自治会代表权。而在教育学部，日共掌控着执行委员会，且有"拂晓部队"常驻，因此全共斗的学生无法行动。

但是，在医学部与教养学部，日本共产党为了颠覆全共斗的方针，投入了从日本全国汇聚起来的全部力量，企图强行召开医学部学生大会和教养学部代议员大会。这成为造成激烈暴力冲突的原因。那样激烈的暴力冲突在东大的其他学部未曾发生过。

教养学部的骚乱

举行1969年的年度入学考试，成了加藤新执委的迫切愿望。为了举行入学考试，首先必须使驹场校区的秩序正常化。因为新生入学之后首先是在驹场校区学习。为了达到这一目的，加藤新执委采取了无论是日共系统学生的暴力还是其他任何势力，都加以利用的方针。这种无原则的做法，最终导致驹场发生了悲惨的流血事件。

12月6日，全共斗系统的两个党派即社青同解放派（亦称反帝学生评议会）与革马派之间，开始了流血的内部斗争。内讧的起因，是两派在早稻田大学争夺主导权的斗争。

从这一天开始，在驹场校区，不仅是在日共系统与全共斗之间，而且在全共斗内部的两个派别之间，激烈冲突反反复复。这种双重的内讧，不仅使东大斗争陷于混乱，更值得特别强调的是，这种深刻的激烈冲突，在青年们的身体与精神两个方面都留下了难以愈合的伤口。

11日，自治会委员长今村拒绝了为终止罢课而提出的召开代议员大会的要求，因此，日共系统学生和终止罢课派学生试图强行召开代议员大会，冲击了今村委员长等人固守的第八本馆的街垒。东大全共斗出动包括革马派、解放派在内的全部力量前往迎击，双方发生混战，造成流血事件，17人负伤住院。

在日共系统的队伍与全共斗之间发生这场混战的时候，13日傍晚5点前后，教养学部"代议员大会"声称选出了参加全校大会的代表。

这次事件中存在着很大的问题。

第一个问题就是：在日共系统部队公然施暴的过程中，召开东大教养学部代议员大会这种校内会议，用被称作"民主"的程序做出了日共队伍用暴力行为做出的会议决定。从此开始，在东京大学，讨论的时代结束，赤裸裸的暴力时代到来。

与此相关的另一个问题是，仅仅是"选出了参加全校大会的代表团"，而并未终止无限期罢课。为何会出现这种情况？那是因为日共系统的学生怀着这样的目的：通过无限期罢课行动，迫使学校当局让步，以争取对自己一派有利的"战后处理"（即东大斗争结束后的论功行赏）。

为达此目的，即为了在元旦过后立刻终结无限期罢课，就必须再一次在流血冲突中强行召开代议员大会。在那个时代，与党的利益、党的战略相比，学生的血是廉价的。青年们的血被党派的利益所利用，这是第二个问题。

同样的手段在医学部也被使用。不过，即便如此，在其他学部，总体看来，东大生自身进行的讨论已经很充分，无限期罢课是终结还是继续，到了做最后决定的时候。尽管年底之前还有时间。

终止罢课——法学部、经济学部及教养学部教养学科

法学部（在籍学生1434名）

在11月30日的学生大会上，尽管"法学部学生恳谈会"提出了终止无限期罢课的议案，但由于日共系统的"绿会委员会"、全共斗系统的"法学部斗争委员会"及"法学部联络会议"等组织都站到了反对的

立场，结果议案以 245 票赞成、380 票反对、43 票弃权的表决结果被否决。终止罢课派因此产生了危机感，要求在 12 月 4 日继续召开学生大会。但是，在 12 月 4 日的学生大会上，罢课终止议案的赞成票减少至 169 票。

东大法学部当然存在着通往高级官员阶层的精英路线，把自己的未来押在政府、大学领导层、高级官员晋升道路上的终止罢课派学生们，对这种投票结果怀有危机感是理所当然的。政府、大学当局、终止罢课派学生抱成一团，竭尽全力、不停地做说服工作，13 日再一次召开学生大会。终止罢课派拉到了 310 票，即便如此，依然未能终结罢课行动。

1968 年法学部最后一场学生大会，在年末的 12 月 25 日召开，终止罢课的议案获得 431 张支持票，最终决定终止无限期罢课。媒体广泛报道该决定，将其作为东大斗争的终结进行宣传。就像从这个票数中能够看明白的，此前一直支持日共系继续进行无限期罢课这一议案的学生，转而否定罢课。仅仅过了两个星期，他们的立场就变了。

经济学部（在籍学生 700 名）

在经济学部，结构改革派的罢课执行委员会掌控着自治会的执行小组，但是，12 月 3 日的学生大会因为参会者不足规定人数，半途而废。

12 月 10 日，出席者超过 500 人的学生大会得以召开，罢课执行委员会占 172 票，全共斗系统占 108 票，日共系统占 58 票。尽管"研究班联络会议"提出的终止罢课议案获得了 182 票，但还是和其他议案一样被否决了。因此，19 日再次召开学生大会，终止罢课议案仅获得 194 票，再度被否决。

法学部在决定终止罢课的次日即 12 月 26 日，召开了当月第三次学生大会，罢课执行委员会自己提交了终止罢课议案，获得 266 票支持，表决通过。此时，全共斗系统的"斗争委员会"获 116 票，日共系统的"行动委员会"获 58 票。

教养学科（在籍学生 120 名）

在教养学部的教养学科，12月10日、27日两次召开学生大会，日共系统理事长提交的议案，得票数从27减少至13，斗争委员会的得票也是从20变为16，同样减少。终止罢课议案的得票从52升至60，无限期罢课被终止。

这样，在年末圣诞节与促销商战的一片沸腾中，东京大学这些想走精英路线的人，相继放弃了罢课斗争。但是，并非所有的学部都是如此。

跨年度罢课 —— 教育、农、工、药、文、理各学部

教育学部（在籍学生120名）

在12月2日教育学部的学生大会（97人出席）上，日共系统的议案获得48票，全共斗系统29票，会议决定继续罢课。由于教育学部的建筑物一直是被日共系统的队伍占据着，因此罢课实质上成了"街垒中的罢课（？）"。

农学部（在籍学生411名）

12月4日，在农学部学生大会（213人出席）上，日共系统的议案获101票，终止罢课派获62票，全共斗系统所属的农学部斗争委员会获59票，难分胜负。所以，12日、20日又连续两次召开学生大会。此间，全共斗系统的议案先后获得69票、81票，得票数增加了；但日共系统获得的104票、103票并无变化。终止罢课派分别获得115票、129票，赞成者增加，但因参会者不足规定人数的259名，所以罢课行动跨了年度。（参会人数最多时达271人，但表决时人数不足。）

工学部（在籍学生1679名）

12月7日，理科最大的学部即工学部召开大会（1139人出席），日共系统的议案获449票，全共斗系统的罢课执行委员会获404票，终止

罢课派获 435 票，*旗鼓相当，未能得出任何结果。仅有电气、电子学科的学生提出的紧急议案《坚决抵制加藤议案》获得表决通过。进入新的一年，罢课依然在继续。

药学部（在籍学生 130 名）

9 日，药学部召开了 400 人参加的学生大会，罢课执行委员会的议案获 36 票，日共系统人士以个人名义提出的议案获 29 票，终止罢课派的议案获 52 票。但是，17 日再次召开学生大会，罢课执行委员会得票增至 46 张，而终止罢课派得票减少至 41 张，同时，日共系统的得票则大幅减少至 10 张。这样，药学部决定继续罢课。

文学部（在籍学生 707 名）

12 日，在文学部的学生大会（555 人出席）上，革马派罢课执行委员会的议案获得 315 票，继续进行无限期罢课的行动得到认可。日共系统议案的得票数为 214 张。

理学部（在籍学生 439 名）

理学部本来预定在 19 日的自治会委员长选举结束的 24 日召开学生大会。围绕本次学生大会的会场发生的骚乱留待后文叙述，这场骚乱发生之后，学生大会在年末的 27 日召开。

27 日，大会从下午 4 点左右一直开到晚上 11 点半，长达 7 个多小时。无论是日共系统自治会委员长一派的议案（继续罢课、实现全校的大众团体交涉），还是全共斗系统的罢课执行委员会的议案（封锁到底），抑或是学生阵营的议案（终止罢课、实现理学部的全体交涉），全部被否决，会议再次无果而终。这样，理学部的无限期罢课也跨了年度。

最后以 136 票赞成、81 票反对通过表决的，是"以东大斗争尽早取得成果为目标，全体同学每天来学校，进行对具体意见的表述"这种

---

* 三方得票数之和 1288 大于参会人数的 1139。疑为著者有笔误。——译者注

空洞的主张。该主张的反对票,当然是全共斗系统的学生投的。*

在 27 日的这次学生大会上,全共斗系统得票 89 张,而日共系统得票 73 张,双方的得票多少与此前相比发生了逆转,这是因为温和的理学部学生被 24 日自治会执行小组的背叛行为激怒了。**

强行召开"医学部学生大会"

为了终止医学部医学科的无限期罢课,各种各样的策略都在被策划。

医学部医学科的学生人数,从被称作 M1 的医学部一年级学生(相当于其他学部的三年级)到 43 青医联(按学制应在昭和四十三年即 1968 年毕业,但因罢课未能毕业的医学部学生),五个年级的学生共计 473 人(与东大校方资料中的 500 人不符,这里说的是实际人数)。这些人当中,有终止罢课者与休学者共 19 人。"终止罢课者"是个陌生的词语,实际情形是这样的:

8 月 22 日,医学科的 118 人发表了终止罢课宣言,但是,到了 12 月 13 日,M2 班的 36 人撤回了终止罢课宣言,次日即 14 日,M3 班的 41 名学生也撤回了宣言。不过,没有撤回的医学科学生(即"罢课终结者")还有 14 名。除这些人外,还有 5 名休学者。

关于这些撤回了"终止罢课宣言"的医学科学生的意图,医学部当局解释说:

"他们[指撤回者]的主张,就是反省单方面终止罢课的行为,试

---

* 《弘报》,第 172 页。

** 在理学部,在元旦刚过的 1 月 7 日的学生大会上,罢课终止议案尽管获得 116 票,但最终罢课并未被终止。最后,在被日共系统的队伍包围的 1 月 11 日的"学生大会"上,终止无限期罢课的议案以 153 票赞成、38 票反对的表决结果通过,但全共斗系统的学生与此次"学生大会"已经没有关系。

图在确立自治会民主主义的基础上，重新解决纷争。"*

话说回来，他们是怎样的学生呢？依据"自治会民主主义"参与了罢课行动，但从个人的具体状况考虑，单方面终止了罢课。不过，尽管自己的学分拿够了，但罢课行动整体上没有结束，所以无法升学。因此，才想再一次发挥"自治会民主主义"的功能。东京大学医学部是与权力直接相连的。在想沿着那条道路往前走的学生们那里，制造这种程度的阴谋大概很简单。但是，这次的阴谋过于阴暗、过于复杂、巧妙了。

为了终止罢课，有必要召开医学科大会、创造"合法性"（的外观）。但是，会场是个问题。于是，有人提出了使用理学部2号楼的方案。理学部2号楼位于赤门东侧，邻近医学部的建筑，而且邻近日共系统的根据地教育学部，具有这些"地利"条件，而且理学部自治会什么都好商量。对于那座建筑物中的人来说，这是非常令人生气的，理学部的学生们被小看到了这种地步。

《弘报》说："主张召开医学科学生大会、以无党派者为中心的学生等人有参会资格。获得了医学科学生中参与罢课者总计454人中过半数者的同意签名，断然召开了医学科学生大会。"

对于大学当局主办的《弘报》而言，"无党派"、无具体数字的"过半数"、"断然召开"这种表述是奇怪的。而可疑的表述在继续——

"医学科的学生们，列队于教育学部前，在支持召开学生大会的多名其他学部的学生的支援、守护下，2点55分进入理学部2号楼。"**

同一状况，理学部当局也在《弘报》上这样通报：

"中午12点半前后，医学部医学科的约180名学生，由民主化行动委员会系统（日共系统）的约300名学生引导，进入该会场［即预定召

---

* 《弘报》，第144页。
** 《弘报》，第167页。

开理学部大会之处]，中午 1 点过后，医学科学生大会召开。"*

医学部的学生是由"拂晓部队"护卫的，但关于该事件的内幕，东大校方有说明：

"这样，理学部 2 号楼突然开始被医学科学生使用，2 号楼楼长木下教授要求与会议负责人见面，询问东研协［东京大学研究生协议会］石津副委员长（工学部所属），知道了事情原委：（一）医学科学生大会换会场一事是 23 日确定的。（二）但是，因为畏惧来自全共斗的阻碍，在会议开始之前（24 日中午 1 点）未能宣布。（三）关于此事，通报了自治会委员长笹尾理，［中略］他要求理学部学生大会到其他地方去开。"**

此日，因"拂晓部队"强行封锁大楼，甚至导致"2 号楼的约 30 名女职员逃到地理学教室，傍晚 5 点前后才被从楼后侧的地下室救出"。*** 如果是在和平年代，多达 30 名东大女职员被监禁长达 4 小时，大概是轰动性事件，而在这一年，不过仅仅是小插曲，是被所有人很快忘却的小事。但是，也有必须记住的事情。

第一，"东研协"是与理学部学生自治会不同的组织，为何该组织的副委员长成了理学部 2 号楼问题的负责人？医学部学生大会的负责人，为何是工学部研究生院的副委员长？第二，所谓学生大会会场的变更在 23 日已经确定，理学部自治会委员长也已经知晓，是什么意思？

这份简单的报告告诉我们：理学部自治会委员长与相当于"民主化行动委员会"的组织之间，而且，与指导医学部部分学生的背后组织之间，存在着联系，因此才能够"断然召开"相当于"医学部学生大会"的会议。这就是说，就在各学部的学生试图"民主式地"讨论是否继续

---

* 《弘报》，第 171 页。

** 同上。

*** 同上。

罢课的时候，这些组织迅速地以终止罢课为目标，步调一致地诉诸暴力。

医学部当局与政府的厚生省，以及从这种权力框架中发现了可乘之机的医学科学生，联手镇压医学部的斗争。日本共产党系统部队承担理学部 2 号楼的防卫，赤门外警察机动队严阵以待，——这种体制之中存在着与驹场的代议员大会完全相同的结构。

医学部当局的所谓"在确立自治会民主主义的基础上，重新解决纷争"，就是将暴力正当化。为了实现这种正当化，这一天，10 人负伤，1 人重伤。教训是，对于东大医学部、东京大学的相关人士，不可轻易相信。

理学部 2 号楼事件拾遗

关于 24 日的这次事件，个人式的记忆同样鲜明。正午过后，物理学科的 M 君跑进我们安田讲堂中的房间。他说：

"现在，理学部 2 号楼，医学部的民青正在召开学生大会。"

M 是那种循规蹈矩、认真、礼貌的好学生，所以他的话不会是开玩笑。但是，完全没有想到，在其他学部的大楼里会召开医学部的学生大会。我们怀着疑虑，前往赤门旁边的理学部 2 号楼。

2 号楼的房顶和窗口，晃动着许多耀眼的黄色安全帽，正门被用大块木料钉死了。是日共系统的部队有计划的行动。楼顶上传来声音，有石头飞下来，危险，无法靠近。我们在大楼周围的榉树下面，观察了一下情况。附近，有得到紧急通报赶来的理学部学生、医学部学生，他们在等待时机，想从正门冲进去。

一目了然，防守一方的工事坚固。不愧是一帮甚至敢于抢占其他学部会场的家伙。日共系统的青年学生，就是那种对党中央的命令极其忠诚的人。当时，理学部 2 号楼的二层是地质矿物学科，该专业的标本石块本是摆放在走廊里的。大块的石头从二楼飞下来，被扔下来的好像就是标本石。

"如果那帮家伙闯进来，大概根本不会在乎是标本还是其他什么。人类学教室走廊里的标枪、陶器等，迅速地被搬到了资料馆。这是正确的选择。"早有人预见到了这一点（见本节附注）。

在理学部2号楼楼前，一群全共斗学生一边躲避楼上扔下来的石头，一边靠近大楼。突然，从中冲出一名头戴红色安全帽的学生，冲到正门前用棍子击打正门。我心里想："鲁莽的家伙！"一看，是数学系的男生。石块纷纷落下，那男生怒气冲冲地退了回来，盯着我说：

"要把S抓起来！批判！"S即理学部自治会委员长。

那确实是危险性更小、更有效的途径。于是，我们向理学部自治会办公室所在的理学部1号楼走去。理学部斗争委员会的各种人都手持棍棒或角木，但我是空着两手。理学部的那些学生虽说属于日共系统，但软弱萎靡。面对这种对手，无须武器。

理学部1号楼在安田讲堂背面。从那座楼后门进去，旁边就是自治会室。S委员长不在，但几位副委员长在。那时候，日共系统的诸君一共有几位呢？总之是，我们推开门一进屋，他们都站了起来。刚才那位鲁莽的男生和理论派的M尚未来得及发问，一位女性副委员长就利用女性的特权，慌乱地发出尖厉的叫声。大概是感到非常害怕。

"谁会动手打你吗？"我这样想着，但还是输给了那尖厉的叫声。拦住不在乎对方是谁、正要冲过去的斗争委员会成员，只是说了我们的理由，就回去了。《弘报》报道说全共斗系统的学生被理学部的"数名教官制止，过了一会儿就返回了"。但实际上，那些教官并没有那么大的胆量。

［附注］在12月24日理学部2号楼攻防战中，日本共产党系统部队从楼上扔下的物品中，包括以下标本。

"在此次事件中，物品损失方面，重要的学术研究资料有：一、马来亚地址调查所委托鉴定的化石标本约 150 个，遗失；二、采自满洲地区（以及其他外国各地）的矿床标本被搞乱；三、泰国尼肯先生采集的标本遗失；四、石制人类学标本丢失；等等。设施、物品方面的损失巨大，高达约 230 万日元。"*

当时，在理学部 2 号楼，有生物（含动物、植物、人类等）、地理、地质等多个学科的教室，走廊里、楼梯转弯处的平台上，陈列着不同学科的多种标本。人类学教室的标本中，包含土俑、陶器、标枪、棍棒等。这些物品在东大斗争开始之前被转移到资料馆，所以逃过一劫。如果这些物品放在原处的话，古代狩猎民的标枪大概就会被从楼上投掷下去。

1968 年年末，东大的学生在想什么？

实际上出席 24 日的"医学部学生大会"、终止无限期罢课的学生人数，弄不清楚。《弘报》所载医学部报告、理学部报告，都说参会的医学部学生是 180 人，但新闻报道说是 150 人。180 好像是会议表决需要的基本人数。** 就是说，罢课行动是被医学部医学科 24.9%—38% 的学生终结掉的。

那么，在 12 月这个时间段上，医学部里支持无限期罢课的青年学生大概有多少人呢？医学部开始进行无限期罢课表决时的投票结果是，赞成票 229 张。此后医学部医学科没有再召开学生大会，所以不知道确切的数字。但是，支持罢课者应当依然超过 200 人。那大概是因为他们作为席卷东大全校的校园斗争的发动者有责任感，但更重要的是，他们

---

* 《弘报》，第 172 页。（译者说明：这段引文中的"尼肯"是音译。原文是用片假名书写。）
** 今井澄：《从狱中寄出的信》，《中央公论》1969 年 6 月号，第 194-201 页。

已经将自己的未来与青医联的未来直接联系起来——正因为如此，所以不能动摇。

在1968年的年末，东京大学的学生们在想什么？无限期罢课是继续还是终止？是支持日本共产党还是支持全共斗？——这里，以上述问题为焦点，将法、经、文、工、理、药、农、教育各学部与医学部医学科（仅做终止罢课派与全共斗派的区分）、教养学部教养学科的学生们在12月的学生大会上的动向，按比例归纳如表1：

表1 专业课程的九个学部与教养学科学生年末归属比例

终止罢课派	1596人	38.5%	（医学科按118人计算）
全共斗系统	1406人	33.9%	（医学科按229人计算）
日共系统	1142人	27.6%	
合　　计	4144人	100%	（东大学生总人数6300）

医学科的学生中，终止罢课者少而支持全共斗系统者多，是公开"偏袒"全共斗。

就像从上述统计数字中能够看出的，即使是在12月末这个东大斗争的最后阶段，终止罢课派的人数也不到四成。而且，这还是以日共系统的学生竭尽全力终止罢课为条件的。否则……

最终，对东京大学学生的信任之所以没有完全丧失，大概是因为，自称"一般学生"、面对任何困局都不思变革的明哲保身派绝对不占多数。例如，在法学部，相对于1434名在籍学生来说，终止罢课的赞成票最多时为431票。这应当看作"仅仅431票"呢？还是应当看作"多达431票"？这样说来，即使到了最后的阶段，也还有将做出决定的权力委托给别人的2000多名本科生。事实就是如此。

但是，"秩序派的一般学生"看似多数派，是有原因的。在12月，赞成日共方针的学生人数，不到学生大会参加者的三成（占全校在校生的18%），即便如此，（日共）还是作为单独的党派以人数最多而自夸。这是因为他们与"终止罢课派"联合，对"多数派"做了工作。

专业学部学生的这种比例，即使是在驹场的教养学部，也有同样显现，甚至更为鲜明。就是说，在法学部、经济学部、教养学科这种多有想走精英路线者的学部或学科之外，终止罢课派是少数派。当时的事实是，只要日共系的学生对终止罢课继续持微妙的态度，那么除了动用强权，就无法终结东大斗争。日共试图利用这种决定权。但是，他们如果行使强权，就会明白自己的主张是幻想，而且立刻就会明白。

决战前夜的风景

12月，从东大正门排列到安田讲堂的两排银杏树，迎来了最美的季节。每一棵银杏树都竞赛一般将金黄色的叶子铺向蓝天，给周围染上亮色。飘落的银杏叶装饰了两排树之间的路，恋人们悠然地踩着金色的银杏叶从路上走过。然而，身处那个躁动不安的年份，就像在春天是否有人曾经醉心于大片盛开的白色辛夷花是令人怀疑的，在这个年末，是否有人面对给世界染上金色、从天空飘向大地的银杏叶风景而吟唱"化作金色小鸟之姿"*抒发爱意，同样令人怀疑。

东大斗争的最后阶段与年末重叠，连续召开的学生大会，日共系的学生与全共斗、与其他各党派之间的内讧，将东大校园内的喧嚣推高到极致。校园里，数不清的"立板"（竖立着的广告标语板的略称）排列着。所谓"立板"，就是先用角木做成大木框，钉上三合板，然后在上面张贴写有斗争口号、行动日程等的大字报。本来，立板上只有大字，了解

---

* 按照著者对译者的书面解释，这句诗是他从自己喜爱的诗人与谢野晶子（1878—1942）吟唱银杏叶的诗中摘取来的。——译者注

相关详细内容要去读传单，但是，在东大斗争期间，出现了各种不同类型的立板。

山头林立的各种政党派别、学生组织、班级以及个人制作、展示的立板，是一种变幻不定的骚扰，也是危险性的喧闹。青年们即使是和恋人在一起，比起对于银杏大道上金色风景的热爱，更要做的是必须从无数立板传达的过激信息的缝隙中穿过。

从学校正门通往安田讲堂的银杏大道上，排列着以全共斗系统的立板为主的五花八门的立板。其中，有长达一万字的长文立板，有按照常规用严谨的文字书写、用透明塑料薄膜保护起来的艺术品，偶尔还能看到教官们摆放的立板。

一个名为"工学部学生委员会"的教官组织，声称立板为助教所盗，写道："最近，能看到助教共斗的诸位摆出的许多立板。可是，其中的若干个是偷我们的。得知此事，我们吃了一惊。诸位能够用怎样的理由将这种盗窃行为正当化呢？"

本来，根据帝国大学建校以来的传统与学校的规则，张贴任何广告宣传类资料，都必须得到学校当局的批准，以合规的方式张贴到公告专用场所。按照校园规则来说，不体面的立板当然是违法的，因此并非所谓"盗取、被盗取"的对象。

从这种角度，"助教共斗会议资材调配部"断然将这份抗议驳了回去。当然，实际上不可能有这种所谓的"调配部"存在。

"说起来，钟楼这个巨大的学校资产被夺取了。今后，我们大概依然要开展频繁的游击行动，没收你们的立板。就像你们看到的，立板是从你们那里拿来的。看看背面吧！"

我转到立板背面一看，不禁哑然。背面写着"工学部学生委员会"。

在驹场校区，正门旁边甚至摆出了题为"给母亲一分钟的冥想"的立板。听说有多名母亲给学生们发奶糖，本乡校区的那帮高年级同学颇为吃惊:"欸?有这种事?"

决战的准备

刚进12月,政府与校方就集中力量迅速展开了对日本大学全共斗干部的镇压。3日逮捕了全共斗副委员长高桥,4日逮捕了艺术学部斗争委员会委员长,6日将日大学生作为警察死亡事件嫌疑人逮捕。继而,共有8名学生因警察死亡事件被起诉。同时,在远离东京的地方,学校当局竭尽全力安排疏散授课,以制造"毕业生"。但是,日人全共斗的青年学生绝不屈服,他们长途奔袭,冲到疏散授课的地方,阻止疏散授课。有高达四成的学生对那种敷衍了事的授课感到绝望,拒绝进教室。因此,19日,在群马县馆林市进行的疏散授课终止了。

但是,到了临近元旦的12月28日,日本大学的新章程得到文部省的批准。云开雾散,翌年的入学考试可以举行了。

不过,在东京大学,围绕入学考试的实施,斗争进入了最后阶段,青年们在为必将到来的决战做准备。这样,在斗争中谁来担任守卫安田讲堂的负责人这一问题也被提了出来。

记得是在1968年年末。浦井(神奈川县人,理学部生物化学系)称"有几句话说",把我从房间里喊出来。地点也已记不清楚。是安田讲堂里的某个房间,还是在学生宿舍追分寮?或者是本乡三丁目车站附近地下一层的名曲茶馆"麦"?总之,浦井和往常一样神情严峻。*

"是安田讲堂防卫队的事。"他开口直奔主题,"打算让青医联的今井澄担任守备队长,但他好像十分犹豫。不过,谈了事情经过,大概也

---

* 浦井是理学部斗争委员会的领导者,解放派的指导者之一。经历了安田讲堂事件数年之后,他丢下年幼的儿子,终结了自己的生命。作为在他自裁之前见了面、言辞冷漠的人,我无话可说。

第六章 前夜

只能如此。问题是,今井是研究生院和医学部的代表,本科生的守备队长谁来担任呢?你来干!能接受吗?"

"我来?"

"是的。与各方商谈过了。怎么样?"

"有其他更合适的人吧?"

"没有。你同意吗?A从理学部进驻安田讲堂钟楼,担任党派的代表。我潜入地下室,担任此后的斗争指挥。"

在理学部,我总也算是罢课执委会委员长。进入安田讲堂,某种意义上是代表理学部,这一点我是清楚的。但是,未承想过去担任东大全校学生部队的负责人。大体上说,我的性格不能胜任那种组织性的行动。不喜欢正经八百的会议,所以,东大全共斗成立以来,其"代表会议"之类的集会从未参加过。

但是,如果守备队没有负责人,总应有人出来负责吧。我没有考虑多久,说:

"明白了。要是没有其他人出头,我来吧。"

就这样,我们做出了决定。在各学部,关于谁离开、谁留下,也持续进行了讨论,最终选定了安田讲堂防卫队的成员。那是生与死的选择,要下相当大的决心。

也就是在那时,三岛由纪夫等人开始了正规训练。品川车站附近有一家贩卖车站盒饭的"常磐轩",在常磐轩的房间里,他们邀请自卫队的山本舜胜来授课,举行了"楯之会"的集中培训。

"讲授内容:游击战概论8课时,游击战基本规则地图模拟训练8课时,游击战术运用8课时,游击战要领8课时。连续4天,共计32课时的集中培训。课后还回答提问。山本是真诚的。三岛同样是。"[*]

---

[*] 猪濑直树:《角色——三岛由纪夫传》,文艺春秋,1995年。

三岛由纪夫从青年们声势浩大的运动中，获得了隐约可见、日益逼近的日本革命的预感，并且战栗于这种预感。此时，在年长一代的人当中，只有三岛一人捕捉到了存在于这场大学斗争中的某种本质性蕴含。我认为，三岛自认为能够理解这一点的只有他一人，他将自己置于那场革命中的反革命位置，将自己的发现作为体现日本文化精华的意志赋予革命与反革命两方面，并因此而感到自豪。

在决战前夜

在决战即将到来的1968年年末，不同的人展示着不同的面孔。有人往安田讲堂送慰问品。一箱橘子，是东大正门外中华料理店"白乐"的掌柜大爷送来的。这样关心、关照青年学生的餐馆，只此一家。记不清是从何时开始，每当我们去"白乐"，老大爷都给我们鸡蛋吃。有时候，特意为我们做一些菜，谎说"是客人点错的"，白送给我们吃。这样一位老大爷送来慰问品，青年学生们感到高兴。

"前几天，'白乐'的老大爷，向民青的学生扔了石头。佩服啊！"

东大斗争，给本乡一带的各种店铺造成了很大困扰，尽管如此，也还有"白乐"的老大爷那种支持学生的人。

"新年怎么过？"这成了大家的话题。家在东京或近郊的学生，半数以上的人回答说"回家"。

"反正，也就是一两天不在。洗洗衣服什么的。"

元旦过后警察机动队将立刻进驻校园——这个消息在私下里传播。小道消息所传的1月7日学校当局面向学生代表团的说明会，是一道难关，说明会之前必须做多方面的准备，但短短两三天的空闲还是有的。随着元旦临近，安田讲堂里的人员在渐渐减少，看上去有一种奇妙的开阔感。

"听说了吗?""什么?""民青要举办'团结年糕大会'啊。""是吗?那好啊。""什么啊!"只是想到吃了。"那,我们做点儿什么?""好像没有做组织除夕夜活动的计划。"

据说,12月31日,日本共产党系统的学生举行了火炬游行,东大全共斗在钟楼广播站播放了贝多芬的第九交响曲。[*]然而,现在那都已经成为遥远的往事。

那件事情,是发生在安田讲堂里,还是发生在走出讲堂的时候?究竟是在什么情况下,发生了那件事?这些,现在都已飘忽不定。总之,一位女学生出现了。

她是怎样的形象呢?已经完全不记得。我想,是不化妆的人。总之,我就是这种习性。记不住人的外貌,连名字也会马上忘记。

"元旦做什么?在这里过年吗?"

"嗯。"她说。稍微过了一会儿。"如果你也留在这里的话,到我家来?没有什么招待你,但煮年糕之类的,还是有的。从我家还能看到海。"

我感动于这种意外的邀请。其他方面,什么都不记得了,唯有此语奇妙地回响在耳边,十分清晰。即使是到了今天,我也不清楚她是哪所学校、哪个专业、哪个年级的学生,只记得看到她时心里想"是位美女啊"。没想到年末会遇到那位女生,受到"来我家"的邀请,当然更是未曾想象过。大概当时曾暗自思忖:"人家这也许是好意。"毕竟,是很久很久以前的事情,记忆已经模糊。大概,当时我怔了一下,仅仅回答了"好"或者"行啊"之类,没能说更多的话。

总之,我去了她家。二人是在哪里会合的?她到她家附近的车站来接我的吗?这些都已记不清。人的记忆短暂而又虚幻。但是,到她家的

---

[*] 冈本雅美、村尾行一:《大学游击战之歌——涂鸦/东大斗争》,三省堂,1969年。

时候她的父母出来迎接，确实用煮年糕招待我，去看了海，等等。只有这些，留在了记忆中，其他的事情，已经完全忘却了。即使我的脑容量堪比非洲大象，是普通人的数倍，这以外的事情也都完全不记得了。

　　元旦那天住在她家里，次日我就回到了安田讲堂。而且，占据安田讲堂的最后阶段开始了。

第七章

安田讲堂前哨战

1969年的元月，是伴随着青年学生们预测到镇压日益逼近而摆出的战斗阵容拉开序幕的。在日本全国，保持街垒封锁的状态辞旧迎新的大学多达15所——分别是东京大学、日本大学、东京教育大学、东京外国语大学、电通大学、中央大学、明治学院大学、青山学院大学、芝浦工业大学、山梨大学、富山大学、大阪大学、神户大学、关西学院大学、长崎大学。进入1969年之后，展开街垒斗争的学校的数量又有增加。

前 哨 战

1月5日，东大全共斗为了阻止预定在次日召开的旨在终止罢课的农学部学生大会，封锁了农学部的三个大教室。6日，从下午3点前后开始，农学部学生大会在该学部3号楼的教官会议室召开，但是，因"包括日本大学的学生在内的全共斗学生约300名，全副武装闯入会场"，*

---

*《弘报》，第157页。

学生大会未能按计划召开。

1月7日,理学部学生大会从下午4点开始在理学部2号楼召开,一直开到晚上9点,会议以全部议案都被否决而告终。理学部斗争委员会提出了"粉碎七学部集会"的议案,而表决结果是68票赞成、159票反对、18票保留意见。不过,日共系统的议案同时也被否决了。最后,日共系统与自称"有志者"的终止罢课派联合,"全校团体交涉"与"选举理学部全体交涉代表团"的议案得以表决通过,但无限期罢课并未被终止。

1月8日,东大全共斗封锁农学部1号楼,往2号楼新楼和应用微生物研究所的房顶上搬运石块,以牵制加藤代理校长与七学部代表团*在农学部运动场召开的大会。

此时,安田讲堂前面出现了以"忘记歌唱的金丝雀"为题的立式标语牌。

一、忘记歌唱的民青,舍弃在代代木的树林里吧。不,不,那太可怜了。

二、忘记歌唱的民青,莫如抡起棍子去战斗。不,不,那太可怜了。

三、忘记歌唱的民青,如果等到警察机动队到来,领教了催泪弹的味道,就会想起遗忘的歌声。**

连鞋都不脱、和衣而眠的青年们,看到这标语牌放声大笑,拿起棍

---

* 日本共产党主导的"统一代表团筹备会"出现在1968年11月19日。这一天,该筹备会与加藤代理校长在法学部25号教室会面。但是,"统一代表团"未能形成,"七学部代表团"参加了1月10日的集会。所谓"七学部代表团"是由除了文学部、药学部之外的七个学部的代表组成的,即法、经济、教育、理、工、农、教养等七个学部的代表。这些代表的选举是否合规?完全违规!而且,就像从加藤代理校长1月9日的声明中能够知道的,代表团的形式也没有被作为问题。

**《忘记歌唱的金丝雀》是日本广为人知的童谣,著名诗人西条八十(1892—1970)1919年作词。这里,学生机智地对歌词做了富于时代气息的改写。——译者注。

子,从安田讲堂出发,走向各自的斗争现场。

1月9日,3000名青年蜂拥在安田讲堂前。他们是东京都内九所大学的全共斗与其他各派的学生,在"日大·东大斗争胜利"全国总誓师大会的时候聚集过来的。日共方面也动员了3000人,这些人依然据守在教育学部和理学部的校舍里。对此,全共斗系统的学生们对教育学部和前面的理学部展开攻击,对日共系统部队穷追猛打。一场激烈的混战。

"[晚上]8点16分,加藤代理校长向警署提出请求,内容是'第一,救出经济学部处于危险状态的学生;第二,救出被包围在教育学部的学生,而且,为了采取与救援行动相伴随的必要措施,请求警方出动'。"*

全共斗一方对日共系统的学生穷追猛打的状况,在理学部1号楼也反复出现。警察机动队在晚上8点16分、9点35分两次进入校园,只逮捕了全共斗派的51名青年,并停留到晚上11点45分。"机动队是否会动手解除学生对安田讲堂的封锁?"气氛紧张起来,青年们在安田讲堂前与警察展开对峙。

但是,这一天的胜利者并非穷追猛打日共系统部队的全共斗,而是申请机动队进校园的加藤代理校长。显而易见,即便是日本共产党,也无力对抗整个东京都的全共斗部队。而加藤代理校长通过调动警察机动队给予保护,向校内校外展示了自己的优势地位。从此日开始,加藤代理校长无须再顾忌势力遍布东大各种组织的日本共产党。

夜里11点半前后,一份通知在校内张贴出来:"即使代表团的部分成员有不同意见,集会也将按照原计划召开。地点为秩父宫橄榄球场,(明天即10日)中午12点30分开始。"**

---

*《弘报》,第176页。

**《弘报》,第176-177页。

如果是这样，那么连学生的代表团问题都被省略了。"部分成员的不同意见"可以视而不见，甚至连取得学生代表的同意这种形式都不需要。学生大会决议也彻底失去了意义。面对加藤代理校长的这场独角戏，"七学部代表团"一方的最后抵抗已经是失败者的徒然挣扎。

10日一大早，从6点30分开始，"七学部代表团"的干事多次向校方递交拒绝参会的通告，但校方不予理睬。面对校方的强硬姿态，"代表团"一方退却了。

"11点45分，七学部代表团干事传来通知，表示如果满足下面的两个条件即参加会议。其条件是：（1）会议时间尽量短，（2）会议结束之后立刻与代表团举行团体交涉。"*

人们不禁要问："这也算是'条件'吗？""代表团"提出这种"条件"，向校方屈服了。本来，他们只是在全共斗开辟的航道上，夺取别人的船只尝试前行。如果自己没有开辟航道的能力，那么暗礁就在眼前。等在前面的，就是作为俘虏被迫弃船在岸上行走。

10日的这次大会是由警察机动队掌控的，必须出示学生证才能入场。到下午2点之前，日共系统的学生在会场入口处发表演讲，主旨是不能赞成大会召开，但2点过后要入场，拿出学生证向机动队出示，被嘲笑道："民青！也要把学生证给机动队看吗？"**

而且，那场会议的内容本身也是散乱无章的。

"结果是，相当于最大焦点的医学部问题，是由其他学部的学生，而且是由教养学部的低年级学生代为陈述、追问，冗长而且不得要领。一伙人早早赶到会场，占据了会场的大片听众席，无论加藤代理校长讲什么都鼓掌，好像是积极支持集会的一派。在那听众席上，好像也有人

---

* 《弘报》，第185页。
** 朝日专刊编辑部：《全力以赴强行举行入学考试的东京大学——现场报道：从"果断"中看到的混乱》，《朝日专刊》1969年1月26日号，第4-10页。

按捺不住，不停地大声喝倒彩：'加油干！''代表团！继续追究！'代表团的发言，甚至引起哄笑。"*

据说，在 10 日的这次大会上，进行了"十项确认"。所谓"十项确认"，即"1. 医学部处分；2. 文学部处分；3. 追加处分；4. 今后的处分制度；5. 调动警察力量；6. 协助搜查；7. 青医联；8.《八一〇布告》；9. 本科生、研究生的自治活动；10. 大学的管理与运作"。**

这份确认书是学生一方的"投降书"。得到的承诺只有两项，即"撤销处分"和"不进行追加处分"，但这些内容在 11 月 1 日的大河内声明中已经得到过确认。

学生部部长西村（东大教养学部）说穿了本次大会的自我矛盾性质。"无论是学校当局，还是以恢复考试为首要目的的学生，都为警察机动队守护下七学部大会的成功召开而欣喜。尽管如此，在此次大会上团体交涉成果的确认事项之中，却包括'学校当局承诺，原则上，不将警察力量作为解决校内"纷争"的手段引入校园'这一条。"***

在警察当局的报告中，反对召开此次大会而聚集到会场的学生"约 950 人"。警视厅调动了 5979 名警察，可以说此次大会是在戒严令之下召开的。这一天，全共斗方面有 149 人被逮捕，因此，东大全共斗在斗

---

* 朝日专刊编辑部：《全力以赴强行举行入学考试的东京大学——现场报道：从"果断"中看到的混乱》，《朝日专刊》1969 年 1 月 26 日号，第 4-10 页。

** 担任这次大会议长的，是与日共没有关系的町村信孝，当时为经济学部斗争执委会书记处成员（后任日本国会众议院议员）。当天，从早晨 6 点开始，他是否与左右双方进行了沟通，并不清楚。后来他这样说："我考虑进入国会，动机之一无疑就是源于东大斗争。文部大臣，也干了两届。可是，尽管发生了那样大规模的骚乱，大学依然无法进行自我改革，在国际竞争中被甩得很远。"（町村信孝：《证言〈日本的黄金时代 1964—1974〉332 名各界名人冲击性的记忆》，《文艺春秋》2003 年 9 月号，第 298-299 页）身为文部大臣，却视为与己无关。确认书是校方为了平息事态、保护自身而制作的"优秀作文"，没有触及任何本质性的问题。例如，在"3. 追加处分"中，规定着"以新制度为依据，实行此项"。而且，加藤代理校长本人，后来也将确认书解释为毫无意义的东西（参阅本书第十章）。

*** 西村秀夫：《在乱局之中追求生命》，《朝日专刊》1969 年 1 月 26 日号，第 11-14 页。

争的最后阶段,失去了大部分重要的运动骨干。

有些学生企图走屈服路线以保全自己的未来,但也有人与那种学生分道扬镳,并且看穿了加藤代理校长等人的用心。这些人,就是坚守在安田讲堂等处的青年们。

"你们,不过是政府的走狗!"

1月1日的《赤旗》发表了日共总书记宫本显治的讲话:

"从运动的这种性质看来,就像从部分评论家的言论中能够看到的,塑造新的大学形象,在现在的某种力量对比或社会整体状况的基础上,大学独立、孤立地成为社会主义式、理想式组织的条件好像具备了——这种思考方法,恰恰不过是无视目前对美从属状态下的资本主义统治实态、单纯展示主观愿望的行为。我们,不会站到那种空想立场上。"

这位曾经被日本政府长期关押、生活在监狱中的前斗士,明确意识到了笼罩着战后日本社会的暴力阴影,把在这种现实条件下构建理想的大学形象简单地归结为"空想"。当然,看看在东京大空袭中屠杀10万市民的李梅都光荣地被授予一等勋章的日本,可知这位总书记的"恐惧"是有现实依据的。但是,在现实问题之中探寻冲破那种现实的策略,才是政治应有的本质。问题在于试图"克服"不符合这种立场的思想的那种面向内部的攻击理念。因此,最终流血的是青年们。

1月10日夜晚,"拂晓部队"的1500人与全共斗部队的1500人在驹场校区的教养学部发生正面冲突,以三栋老旧的三层宿舍楼和食堂构成的驹场寮为中心,展开了流血战斗。战斗从晚上8点15分开始,到11点50分结束,长达3个半小时,围绕这几座建筑物的攻守作战,变成了逐一房间争夺的类似于巷战的抗争,未及逃脱的两派学生被对方抓获,遭受折磨,悲惨的场面在多处相继出现。警察机动队处于待命状态,随时可以出动,却旁观了这场混战表演。

次日即 11 日午后,教养学部"代议员大会"即将强行召开,会前却出现了奇怪的一幕:

"11 时 35 分,从早晨开始筹划的两派被扣留人员的交换,在教官介入的状态下顺利完成。隶属全共斗方面的共 7 名(好像伤得很重),隶属民主化行动委员会方面的共 8 名(好像没有大伤)。"[*]

什么是"两派被扣留人员"?他们是在 10 日夜晚驹场寮的攻防战中被抓的两派的"俘虏",教职员充当两派的中介,俘虏交换得以实现。在举着红十字会大旗的约 60 名教职员面前,双方把抓获的学生带过来交换。甚至有学生伤重疼痛到无法行走,被用担架抬过来。这样交换了俘虏之后,战斗再次开始。

"代议员大会"是在驹场寮的房顶平台上召开的,傍晚 5 点 20 分,终止罢课的议案以 491 票赞成表决通过。据报道,此项终止罢课决议须由驹场学生全体投票确认。1 月 15 日的计票结果是,3775 张有效票中,赞成票 3178,反对票 329,保留意见票 249,空白票 19,决议得到确认。[**]

尽管投票期限比开始时决定的时间延长了整整一天,赞成票数也没有达到教养学部在校学生总数 6837 的过半(在《东大百年史》的资料中,教养学部总在校人数为 7119 人,其中教养学科学生 120 人)。这种最终决定合法吗?实际上,"代议员大会"本来就是借助暴力召开的,其终止罢课的决议根本就谈不上合法与否等等。

另一方面,在本乡校区,从 1 月 10 日晚上到次日早晨,日共系统的部队袭击了安田讲堂。他们先是在校内举行 1500 人的游行,以鼓舞

---

[*]《弘报》,第 203 页。

[**]《弘报》,第 214 页。

士气，晚上 11 点过后包围了安田讲堂。《弘报》记述了他们的部分成员攻占法文 1 号楼、2 号楼，拆除这两座建筑的街垒的情形，但是，没有记述的是，他们用拆除这些街垒获得的材料来包围安田讲堂。

当天晚上，东大全共斗的主力部队去了驹场，安田讲堂内只剩下数十人。所以，那种状况下，日共系统的部队随时都能攻入安田讲堂。虽然他们的实际人数是 1500 人，但在夜幕中看过去，黑压压的阵容有压倒性的气势。与这种部队混战，能打出什么结果呢？我稍微有些不放心。

从安田讲堂房顶上看下去，讲堂前面的广场上，日共系统部队正在使用从法文 1 号楼、2 号楼搬过来的桌子、长椅等建造街垒，街垒逐渐向讲堂正门处延伸。那样既可以用桌椅防范从安田讲堂楼上扔下的石块、燃烧瓶，又可以缩小对安田讲堂的包围圈。那种进攻态势很有冲击力。"训练有素啊！"一位全共斗干部这样说。

日共系统部队把事先准备好的大功率探照灯和投石机搬运到现场。探照灯强光刺眼，投石机投出的石头带着风声飞上房顶。那种强光与石块的力量，展示着日本共产党的经济实力。安田讲堂受到这种攻击，窗户上的玻璃全部破碎。全共斗方面的反击充其量也就是往下扔石头。不过，毕竟有高度差的优势，被砸中就会受伤。日共系统部队中有人跌跌撞撞地离开队列。

浦井站在安田讲堂五层的晒台上，对着眼下步步逼近的日共系统部队，大声喊道："你们为什么在那里游行？你们知道自己在做什么吗？你们大概仅仅是服从干部的命令，但是，那些干部，就是现在，正在与自民党政府商谈。他们谈条件，做交易，说是由自己来解放安田讲堂，希望政府保障东大与日共的继续存在。交易没有完成，所以，你们要一直在那里游行。"

"说得对！"我想。日共的干部们确实是看准了时机——在全共斗部队的主力前往驹场粉碎代议员大会的时候，瞄准这个空当，可以轻易地解除全共斗对安田讲堂的封锁。只要攻下安田讲堂，斗争的目标就实现了。但是，黑夜中的混战事态难测。也许会打死人。警察机动队是部署在驹场，无法出面阻止。最重要的是，政府并不想让日本共产党来关照，这次谈判大概不会有结果。但是，作为日本共产党和东大当局，都想制造出自己一方主动解除封锁的虚假局面。

"明白吗？"浦井对着那些他的声音绝不可能传达到的对手，声嘶力竭地喊叫，"你们，不过是政府的走狗！"

这就是包围安田讲堂直至深夜的日共系统1500人的游行所具有的意义。我理解了浦井喊话的意义，也要发出怒吼，浦井阻止了我，说：

"你声音大。所以，等我嗓子哑了喊不出声，你再喊。拜托！"

在楼顶平台的暗夜中，浦井那样对我说。日共系统部队探照灯的光束中，不时有石块飞过。我们甚至连大型扩音器都没有，只能依靠嗓子发出大声。浦井那时对我说的话，在36年已经过去的今天，我也没有忘记。

生死搏斗

11日凌晨2点过后，距天亮还有一段时间，日本共产党系统的部队暂时撤回到教育学部。当天早上，因接到"安田讲堂危机"的通报，中央大学全共斗的红色安全帽部队约百人，横穿晨光中的御殿下运动场，作为增援部队进入安田讲堂。他们是在日共系统部队数千人的重重包围之中，冲破种种阻力而来，安田讲堂防卫队用热烈的掌声迎接他们。他们是可以信赖的强者。

但是，到了早上，日共系统部队包围安田讲堂的人数增加了。我正在从楼上俯瞰安田讲堂前广场上涌动的黄色安全帽部队的人潮，全共斗干部的报告传来了：

"从驹场撤回来的全共斗部队，正在东大正门外街后面的小巷子里等着进来。但他们赤手空拳。把武器送过去！从安田讲堂到正门，要冲破聚集在那里的日共部队。"

能"冲破"固然很好，但对方有数千人，自己一方总人数不足300。浦井向我通报了全共斗干部临时会议的决定："你指挥突击部队，冲破民青的队伍到正门，把武器送过去！"

明白了。在那一瞬间，做好了死的思想准备。那实在是一种清醒的死亡意识。瞬间有了那种意识，不可思议。大概是因为从前一天夜里开始几乎未能睡眠，思维陷入了近于停止的状态吧。也许还有另外的原因，那就是青年人往往对于自己的死并不在意。

我本来就不具备机敏的、善于煽动的秉性，面对坐在安田讲堂正门附近楼梯上的约30名学生，只说了一句话：

"我领头。大家跟紧我，别掉队，冲到学校正门前。要冲破民青的队伍。每人带两根棍子！"

安田讲堂正面街垒的通道打开了。清晨的天空做好了死亡的准备，晃眼。

然而，冲出安田讲堂的同学们看到的，却是从讲堂前广场顺着银杏大道撤退的日共系统部队的背影。背影前方的队伍有多少人，这边看不清楚。我们做好了日共部队掉过头来袭击我们的准备。能把他们的庞大队伍打散吗？

"豁出去了！"我让相继走出安田讲堂的不足30名学生在街垒前面聚齐，然后一起从广场冲向银杏大道。

令人感到吃惊的是，周围的青年们喊着"民青，滚回去！"，在扔石头。我们往前冲，而日共系统的部队好像是被石块追赶似的，加快了撤退的脚步。不追他们了。在青年们的掌声中，跑到银杏大道正门，打开了门。与在门外严阵以待的全共斗部队会合之后，才了解了事态的全貌。是全共斗部队成员从不同的地方翻墙进入校园，和普通学生一起向日共系统的部队扔石头，守护了从安田讲堂出来的突击队。*

11日，以日共系统的部队为后盾，"学生大会"在理、农、教育三个学部召开，终止了罢课。从去年年末的医学部"学生大会"在理学部2号楼召开以来，日共一方好像是认定2号楼是适合自己使用的建筑物，从10日下午开始建造街垒等等，让多支武装队伍在里面住宿，作为据点。在这里召开的"学生大会"，全共斗一派当然不会参加。这类"学生大会"，也是学校伪装行动的一环，即为了东大的继续存在而实施入学考试、伪装学校局面稳定。

根据《弘报》的记录，本次理学部"学生大会"提出的议案好像是这样的："一、进一步扩大历史性的东大斗争的战果，全校同学奋斗吧！[中略]""四、基于10日七学部团体交涉的成果，终止无限期罢课。"**

将"历史性的斗争"的发展与终止罢课直接联系起来——这才像是东大理学部的诸位同学干的事！

12日，革马派封锁法文1号楼、2号楼，在两座楼旁边的东大正门实施出入检查，解放派（反帝学生评议会）再度封锁了工学部1号、7号、8号三座楼。

同日，在日共系统部队的支援下，法学部学生大会从下午3点开始在理学部2号楼召开，而工学部学生的投票在赤门进行。就是说，此时，召开学生大会、投票的公正性已经完全失去了保障。

13日，在药学部的学生大会上，终止罢课议案表决通过（56票赞成，

---

* "可是，代代木系的这份'辛劳'，在11日，在安田讲堂钟楼周围，也饱尝了来自非武装学生的责难与石块。"（朝日专刊编辑部：《全力以赴强行举行入学考试的东京大学——现场报道：从"果断"中看到的混乱》，《朝日专刊》1969年1月26日号，第4-10页。）

** 《弘报》，第191-192页。

37票反对，11票保留意见，1票弃权，2票无效）。

14日，工学部学生关于终止罢课的投票结果公布。据说1040张有效票之中，赞成票968，反对票30，保留意见票42。无效票共16张。12月7日赞成紧急议案《坚决抵制加藤议案》的440名工学部青年不在其中。在召集多达1139名学生召开学生大会的工学部（在校生1679人），投票数未达到学生大会的规定参会人数。恰恰是从这一事实本身，可以知道反对终止罢课的学生的数量。

据说，同一天，在医学部的"学生大会"上解除封锁议案表决通过。出席会议者213人中，赞成票181，反对票2，保留意见票13，弃权票5。医学科在校生人数为473人，这次"学生大会"的参会人数也没有达到学生总数的一半。

"终于成了流浪精英"

1月15日，3500名学生和青年工人聚集在安田讲堂前，召开"东大斗争胜利·全国学园斗争胜利工人、学生总誓师大会"。全共斗方面封锁弥生门，对旁边的加油站发动突然袭击，千钧一发之际，东大校方人员切断了储油罐的电源，然后逃走，全共斗失去了得到大量汽油的机会。这一天，校方调动警察机动队进校一事得到确认。银杏大道沿线的法学部研究室、工学部陈列馆、法文2号楼、医学部图书馆（中央馆）以及安田讲堂的街垒被加固，全共斗部队将各种物品和粮食搬进了校园。

日共系统部队住在理学部1、2号楼里，是为旨在终止罢课的理学部、法学部的学生大会提供保护。针对这些日共人员，理学部长张贴了告示，曰：

我认为，在现在这种紧迫的时间点上，各位光临理学部大楼，其结果与各位的愿望相违，只会诱发暴力，招致重大危机，非常危险。

因此，为了防患于未然，避免不测事态的发生，我强烈要求现在光临理学部的各位校外人员，立刻离开，退出校园！*

实际上即便是被恳求"继续停留"，日共系统部队在知道警察机动队即将进校的情况下，也不会继续停留在校园里。学部长发言是在闹剧发生之前，尽管如此，对于这些非法进入理学部大楼者，为何要使用"光临""各位"这种敬语呢？**

这就是14日理学部长张贴的公告！

15日，全共斗系统的学生占据了理学部1号楼。理学部长又张贴告示，说："尽管负责管理该建筑的教官出面制止，你们依然非法进入、占据。我认为这种行为可能构成强占罪。"***

就是说，在理学部长眼中，前者是"各位""光临"，后者是"你们""非法进入、占据"。

理学部的罢课执行委员会会长是一位性格暴躁的同学，他曾在11月的理学部大会上对这位学部长直呼其名。事情过去很久之后，人类学教研室主任还说起此事。身为理学部长，这样根据对象的不同展示不同的面孔，这种人即使是后来获得了文化勋章，学生对其发出怒吼也是忍无可忍。

15日上午9点半，正门前面的法学部研究室（虽称"室"，实为独立的三层大建筑）被中核派封锁，对面，与银杏大道一路之隔的工学部

---

*《弘报》，第220页。

** 在日语原文中，这段话中的"滞留""在"使用了敬语。日语中对同一行为有不同的表达方式，不同的表达方式表达的态度有差异。——译者注。

***《弘报》，第221页。（译者说明："强占罪"，日语原文写作"不退去罪"。）

陈列馆被社学同ML派封锁、占领。在赤门一侧的教育学部，从13日到14日，日共系统的学生将石块、角木等物搬走，15日固守在校方认可的街垒之中，*16日全部撤走了。在其对面的经济学部，14日的学生大会批准通过了"七学部集会"上确认的事项。

此时，警方签发了对东大全共斗议长山本义隆的逮捕令。东大理学部物理系的M（东京人）记得当时的情形。他之所以能够记得，是因为他与议长是同系同学，而更主要的原因在于，他作为联络官与山本议长一同行动，负责与安田讲堂之间的电话联络。

"那个电话号码大概是812-2111，东大的电话总机。电话打过去，说'请接安田讲堂'，接线员就给接通了。对方是谁接听的呢？是今井吧。"（今井是安田讲堂守备队队长。）

山本议长的逮捕令下达的时候，他本人在日本大学理工学部1号楼的街垒中。

> 在那个联络据点，有一个被炉，我们四个人睡觉时把脚伸进去取暖。一位是山本义隆，一位是秋田明大，另一位是谁已经忘记。山本从报纸上看到下达逮捕令的消息，说：
>
> "这样的话，我也终于成了流浪精英。"
>
> 被炉对面的秋田明大回答说："从今以后，我可是彻底的流浪者了啊。"
>
> 二人的对话鲜明地留在我的脑海里。虽然至今为止对谁都没有说过。**

---

* "1月14日，周二，教育学部内，约200名没有武器的东大学生进入了防卫状态。而且，根据学生的要求，考虑到受攻击的危险性，作为万不得已的措施，允许学生建筑防卫的街垒。"（《弘报》，第213页）

** 被炉，一种取暖工具。类似于炕桌的短腿桌，桌面下面装有电热器，桌上盖着被子，围桌而坐的人把脚伸到被子下面取暖。——译者注

第七章　安田讲堂前哨战

16日午后1点，加藤代理校长等人前往警察共济工会，向警视厅提交了调动机动队的申请书。后来一马当先、担任警察机动队指挥的警备第一科科长佐佐，宣称要"调动一万人的机动队！打一万发催泪弹！逮捕一万人！"。但实际上，警视厅的拘留所容纳不了一万人。用排比句、俏皮话制造气势，本来就是作为旧日本帝国陆军参谋的日本高官们使用的传统伎俩。

1月17日，日共系统的学生从东大本乡校区全部消失、无影无踪，本来挤满安田讲堂的全共斗系统学生也明显减少了。讲堂大厅下面第二层各学部斗争委员会的房间没有人气，空空荡荡，看上去特别开阔。这样说来，医学部学生大会在理学部2号楼召开的时候愤怒地冲到正门处的数学系男生消失了踪影，作为全共斗派与日共系统的学生交战的理学系男生也离去了。生物化学系是有各种雄辩家的，本以为会有一两人留下，但全都走光了。到了最后这种局面，这些被人仰视的超群的精英们逃走了，因此，作为在理学部处于精英系列末端的人类学科的学生，面对那些精英时的自卑感彻底消失了。参与这场斗争的收获之一，或许就在于此。这是因为，在东京大学理学部，存在着以数学系为最高点、人类学教研室处于最底层位置的"头脑聪明度"自豪／自卑序列。

"这些家伙！平时满口豪言壮语，现在逃起来腿脚这样快！"我这样与三三两两聚拢过来的守备队成员说。

毕竟，东大全共斗成员仅本乡校区就号称有5000人。所以，现在守备队成员不足百名，让我稍稍感到吃惊。不过，话说回来，医学部图书馆和法文2号楼分别由医学部与文学部的学生把守，在教养学部，第八本馆由全共斗驹场部队担任防卫，因此出现了安田讲堂必须由上述学部之外的学生来守卫的情况。看着聚拢过来的学生，我意识到：安田讲堂防卫队的成员，也就是这些人了！

不过，这些队员中，让我感到钦佩的是法学部全共斗。本来，法学部的学生自认为将成为社会栋梁，别人也那样认为。即使是在法学部学生的群体中，法学部斗争委员会的成员也是出类拔萃的。他们会集在一起，紧密团结，生死与共，斗争到最后。他们有多达 20 人会聚到一起，大张旗鼓地进入安田讲堂。这是在其他学部看不到的多人数志愿者团队。

记忆力总是很好的高崎通浩（法学部，香川县人），干净利落地对那 20 人进行了清点。"蓝色安全帽 14 人，其余的是绿色安全帽和红色安全帽。"

头戴蓝色安全帽进入安田讲堂的 W 说："法学部是有规则的！——只有精英才能进入安田讲堂。所以嘛，你没怎么参加活动，不能让你进讲堂！——都是这种心境。"

他们参加防卫队，是有胆识的壮举。不过，长远地看，他们这样做是好还是坏呢？

我是说，在社会上身居高位却依然以个人的升迁为代价贯彻道义的人——对于这种人，如果日大、东大等全国大学的这场斗争发挥了事先将其排除的作用，那对于日本社会来说是真正的损失。不过，如果看到同一年龄段的人当中，成为高级官员或银行、企业高级职员者相继在贪污的深渊中沉没，在完全是结构性贪污的"下凡"体制中堕落，就一定会认为，在社会上获得高位之后开始贯彻道义才更有意义。毋宁说，法学部的这些志向高远的成员晋升为高级官员、在那个阶层发挥力量，对日本才是有利的。

工学部城市工学系是将石井重信作为自治会委员长推举出来的"据点系"。据说，该系召开了决定何人留在安田讲堂的会议。

"正因为情况十分紧急，所以每个人都低着头，沉默笼罩了一切。大家都在想谁必须留下，所以总也下不了自己留下的决心。我想到自己也许不能活着走出安田讲堂，感到了恐惧，想到与我相依为命、年事已高的老母亲，所以只是低着头一言不发。过了一会儿，石井重信说：'那么，我留下！'说实话，那时候我松了一口气。"*

不知道石井是否是从一开始就下定了决心。但是，他的人生在此刻被决定了。他主动选择了一条最为崎岖的人生道路。

校外的支援学生相继到来的时候，安田讲堂里东大全共斗的学生人数确实在减少。但是，警察一方的指挥人员说"东大全共斗成员在进攻作战即将开始的关键时刻逃出了安田讲堂"，**是没有根据的。在理学部，浦井为了指导今后的斗争留在了讲堂外面，留在安田讲堂中的人与走出安田讲堂继续斗争的人，按照各自的意愿分开了。知道会被全部逮捕，全员固守在没有逃路的安田讲堂里，日后的斗争无人继续——如果做出这种选择显然是愚蠢的。

警察当局认为山本义隆作为全共斗议长大概会固守在安田讲堂里，这是自以为是。山本有山本的自由意志，自己对自己的选择负责。而且，固守安田讲堂的一方也有自己的自由意志。

四位自由意志者

最后一天进入安田讲堂的东京大学本科生大概有40人。***

我身为"本乡学生队长"却并不掌握准确的人数，难免被人讥讽为草率。不过，我本来就性格懒散，而且，当时是身处那种混乱的环境，随时会有素不相识的学生加入。自己指挥的是哪些人，也是到了17日傍晚大家各自做了自我介绍之后才知道。而且，我本来就记不住人的脸，

---

* 石井重信君追忆会编《悼念石井重信君》，2005年。
** 佐佐淳行:《东大陷落——安田讲堂攻防战72小时》，文艺春秋，1993年。
*** 东大本科生当中，仅仅是被起诉、要求统一公开审判者即有33人。另外尚有被单独审判者，所以，可以认为被捕者超过40人。

名字也会马上忘记，一扭头，谁是谁就分不清楚了，何况是在光线昏暗处。还有头戴安全帽、脸上戴着口罩的人，不可能认出来。而且，"本乡学生队长"这个头衔，也是后来从《朝日新闻》上读到起诉的消息时才知道的。仅仅是有人对我说"没有合适的人，所以，你来指挥"，我才站出来的，完全不知道有那种头衔。所以，当时也不知道要承担怎样的责任。

不过，作为负责人，处在那样的位置，任务之一是了解新加入的学生的立场。其中的4个人为何进入安田讲堂？我尤其感到好奇。此前他们大都未曾在安田讲堂露过面，也没有谁要求他们进来，但他们在危险时刻进来了。这4个人是药学部的长田智博、义学部的T同学、工学部的S同学，以及法学部的松原修男。

长田（福冈县人）在前一年的11月，以个人名义张贴了传单。

传单标题为"呐喊！基于作为战术的实力的封锁扩大，基于作为战术的存在意志的留级！"，传单正面写不完，又写到背面。曰：

为了自我存在与将来进入新大学的共斗组织的存在，创造即使在21世纪也能持续存在的大学吧！

确立存在！展开永久确立化运动！

坚决存在留级！！！

斗争乃破坏与创造。斗争不允许瞬间的休憩。

不要畏惧封锁！应当突进封锁！

不要畏惧留级！应当突进留级！

1968年11月8日独立存在派 责任编辑：长田智博

在东大斗争的过程中，确实出现了各种类型的学生，但长田完全是独一无二的。从他不得不散发的传单上这种莫名其妙的文字，可以了解其心境。

长田是在 1 月 17 日出现在安田讲堂里的,手持系着紫色饰穗的新铁管,脚上是崭新的篮球鞋,头戴崭新的黑色摩托车安全帽。上身是新工作服,下面大概是瘦长的工装裤。那也记不清了。安全帽上用白漆写着"药共斗"三个字。*

"听说负责人在这里,所以特来报到。我是药学部的长田。在哪里战斗都可以。让我去哪里?"他笔直地站着,报告说自己是志愿兵。那时候,我和房间里的同伴,都被他的崭新形象吓了一跳。我们都是一副多日不脱鞋、和衣而眠的凄惨形象。

"会有安排你的地方。先站到旁边。"我回答说。斗志昂扬的长田似乎有些失望。

长田问:"队长,你为什么留在安田讲堂?"我回答:"当初进来的时候就没打算出去。而且,也没有发生什么事情让我改变决心。"记得,那时候我向长田介绍了某位男士写的近于遗书的文章。其内容是这样的:

> 以性命相搏的飞跃不可避免。那是我们试图超越古老极限的时候无法回避的血淋淋的飞跃。我们在那飞跃的根据之中发现了共产主义革命。目睹越南人民的悲惨。课题是这样提出的。能够带着生命的感性感受这社会的悲惨吗?这样,我们向前迈出一步。以生死为赌注的前行。现在,如果依然在倾听越南全国被杀戮者的惨叫,那是错误的。必须站起来斗争!只有那样,才能将被杀戮者的痛苦作为自己的痛苦来感知。如果我们的脸上已经露出杀气,那不是自然的吗?

长田的脸上流露出听懂了什么的神情。但是,那是好呢,还是不好

---

* "药共斗"是学生组织"药学部共斗会议"的简称。——译者注

呢？因为，如何度过青年时代这个问题，对于他这种神经敏感的人来说，有非常难于回答之处。

当时念给长田听的文章谈到共产主义，体现了当时青年人的幼稚，但包含着"感受他人痛苦之心"。人总是觉得自己最可爱，即便如此，也不可能总是把自己放在优先的位置。这就是生活在现实社会中的人。若非如此，"良心""正义"之类的词语本身大概就无法成立。肆无忌惮地往无辜的儿童头上扔炸弹，让他们挣扎在弹雨与化学武器之中——美国进行的这种战争，当时的青年们视为犯罪。日本政府参与了那种犯罪。那个政府现身了——现身在使用压倒性的暴力机器对仅仅是抗议大学当局的学生的镇压行动中。这种行为招致青年们激烈的反抗。*

文学部的T氏（长野县人），比其他学生略微年长，所以被大家称作"T先生"。他并非一般所谓的"活动家"，被捕之后始终保持沉默，所以警察署和检察院最终连他的本名都弄不清楚，只好使用"水上26号"这一水上警察署的拘留号码进行起诉。他稍微有些口吃，但喜欢说话，他的内心世界，通过他从狱中寄出的信才被人了解。

> 我们提出的七项要求，激起了所有有产阶级的"人心之中最激烈、最狭隘、最可恶的感情"即"源于私利的暴怒"，他们感觉到"自己狭隘的利益受到威胁的恐怖"，为了把无产阶级的团结击沉于血海，快速组建了"秩序党"[即与生产阶级公然对抗，有产阶级的全部竞争式分支，基于朋党形成的联合体]。我与"秩序党"对抗、下定了"作为一个人站立于此"的决心的时候，内心的某种东西确实被抛弃、被打碎了。**

---

* 安田讲堂攻守作战发生数年之后，长田智博用宛如武士剖腹的壮烈死法做了自我了断。他尽管给身边的人添了麻烦，但也受到大家的喜爱。他没有多想这些，径自离开了人世。

**《狱中书简集》第3期，第3页。

他详述"杀母"之梦，在狱中青年的心底造成了痛彻的惊愕。那是斩断固有感情羁绊这一过于沉重的课题的反映。他"打碎"了某种东西，"作为一个人站立于此"。

工学部的 S，是一位超然脱俗、出生在四国岛的人物。他大概拥有自己独特的世界。是什么原因促使他下定决心留在安田讲堂里的呢？

松原修雄[*]和山本义隆议长一样毕业于大阪大手前高中，在驹场的教养学部时代是"活动家"，曾经数次成为自治会委员长候选人。升入法学部之后开始了真正的司法考试学习，踏踏实实地为将来做准备。但是，在安田讲堂的最后关头，他做好了被捕的思想准备，出现在讲堂里。

松原用别致的语言描述当时法学部斗争委员会的气氛：

> 这样，1月，就会回忆起威猛而且喧闹地渡过那条"卢比孔河"的各位。[**]
>
> 用"暴力之河"[***]式的语言来说，多有并非先锋，而是普通的"一名志愿兵，一名民兵"式的同伴，所以，看到揭露出来的极端反动形象，感到吃惊，随大流参加运动的家伙也出现了。这样说来，我也是"面临危机冲进街垒的一名民兵"。在这一点上和大家一样。[****]

---

[*] 前文写作"松原修男"。——译者注

[**] "渡过卢比孔河"，意思是破釜沉舟、决一死战。卢比孔河在意大利北部，公元前 49 年，恺撒破除将领不得带兵渡过卢比孔河的禁忌，断然渡河进攻罗马并最终获胜。——译者注

[***] "暴力之河"是对于"Gewaalt 之稻川"的昵称。Gewaalt 为德语，意思是"暴力"。当时的学生称实力斗争为"盖巴鲁特"（Gewaalt 的音译），媒体也在同样的意义上使用该词。（译者说明："稻川"当为河名。）

[****]《狱中书简集》第 11 期，第 6 页。

当时,"卢比孔河""罗得岛"*在学生中是常识。那是展示姿态——试图自己寻找"自己的决心"这种东西的世界史位置,或者说是气概。但是,那确实是发自内心的。这样说来,留在安田讲堂里的青年们都是"志愿兵"式的人物。

多种多样的原因

参与镇压的警方人员说东京大学的女生中没有一个人留在安田讲堂。**这不是事实。讲堂里有一名女生,她就是 K 同学。她作为研究生院小组的一员留在了安田讲堂里。警方讯问她的姓名但问不出来,只好和对待 T 一样,将她作为"菊屋桥 101 号"进行起诉。

引人注目的是,K 同学的信清楚地记述了坚守安田讲堂的青年们共同的思想意识。

> 1 月 19 日在讲堂中被捕的时候,我已经背负着多种沉重的负担。由于此前东大斗争的不彻底性给参与全国校园斗争,尤其是参与日本大学斗争的同志们带来的精神与肉体的双重打击,法西斯式的十条处理方针造成的全共斗斗争的后退局面,都是我的重负。背负着这些站立起来,为了抵抗我们展开斗争。
>
> 1 月 18、19 日的暴力行动本身,正是为了哪怕是暂时阻止国家权力的实施,为了守卫我们的据点。更重要的是,那十条法西斯式的

---

* 罗得岛(Rhodes)是爱琴海东南部的一个小岛,曾为希腊人居住,成为希腊文明的中心之一。公元前 1 世纪被罗马占领,后常受异民族统治。1945 年复归希腊。在当时日本的学生运动中,罗得岛当为"独立"的象征。——译者注

** 佐佐淳行:《东大陷落——安田讲堂攻防战 72 小时》,文艺春秋,1993 年。

处理方针当中,在校方即将调动警察机动队进校园的时候,不少人脸上流露出毫不掩饰的喜悦,喜悦于事关他们未来的"东京大学"这种资产的价值得到了保护。为了打破这些人的良好感觉呈现出来的日本社会的、"东大人"的精神空间,我们展开了斗争。

我们投下的每一块石头当中,我们投下的每一个燃烧瓶燃起的火焰中,都包含着这种情感。这一点,讲堂外面的人看清楚了吗?*

和这封信呈现出来的文风一样,她是这种坦诚的人,当货车司机养育子女,守护家庭,不分党派团体,一直关照我们这种学业半途而废的大学生。她清晰的见解,在我们遇到困难的时候是明确的指针。

法学部斗争委员会首席理论家稻川慧(枥木县人),讲述了幼年时代的快乐记忆之后,谈及刚刚开始接受初等教育的时候脆弱的童心受到伤害的往事。

学校的教育是强迫受教育者适应这个社会。那种教育一点一点地改变了我。那个象征性、决定性的事件,是在小学二年级的时候发生的。上国语课的时候。老师在黑板上写下了"いちのかわ、にのかわ、さんのかわ",我威风凛凛地举起手,大声问:"老师您不会写汉字吗?"老师勃然大怒,不停地哑巴嘴,对我施以俗称"晒梅干"(罚站)的体罚。(唉!那哑巴嘴的样子。直到现在,同屋的人夜里如果有谁哑巴嘴,我依然会脊背发凉。)〔中略〕

我们并非看到了未来的光明才奋起战斗的。谁都不能保证未来一定有光明。我们是因为现在身处阴郁和空虚的黑暗之中,才点燃了斗

---

* 《狱中书简集》第 10 期,第 1 页。

争之火的。*

孩子们早早地开始给自己的心灵披上铠甲，比大人们想象的早很多。他们那样做，是因为知道不能保证未来有光明。可以说，对于东京大学有牢狱之感的青年们，就是那种在公共教育课程开讲之初就心灵受伤的人。

人们也许会认为东大的学生是日本教育体制中的优胜者。像稻川这种在宇都宫高中始终排在前两名、轻松考入东大文科一类专业的人，看上去是考试竞争的胜利者。但是，事实并非如此。他脆弱的心灵在小学二年级的时候已经受到老师的伤害，而且，那伤痕一直未能痊愈，他只能专注于应试学习，通过获得高分来守护自己的心灵，使伤口不再扩大。日本的教育在不对青少年进行心灵培养方面，就是残酷到了那种程度。教师们谁都无法向青年一代展示、传授心灵成长的方法，哪里还谈得上传授守护自己心灵中最珍贵部分的方法。仅仅是伤害学生而已。

事后，稻川反复对亲属说："在安田讲堂，我第一个往外扔了燃烧瓶。这对谁都不能说……"对于他来说，安田讲堂也是守护自己心灵的堡垒。面对"敌人"的进攻，他必须把燃烧瓶扔过去，才能退出安田讲堂。

高崎是法学部学生，但是，作为党派代表的一员，坚守在安田讲堂的钟楼上。他从钟楼观察法学部学友的情况，不时从钟楼上下来。18日傍晚，他把钟楼里的食品送到了我们全共斗部队。

高崎说："就我而言，是想在上学的五年间搞社会运动，才考入东大的，所以，进安田讲堂是件好事。不过，在法学部，除了从一开始就下定决心的几个人，很多人大概都没有想到会经历一场20年战争。"其所谓"20年战争"，是指从起诉、有罪判决、定罪到上诉、入狱的一连

---

* 《狱中书简集》创刊号，第1-4页。

串漫长的审判斗争。

在安田讲堂防卫作战中，固守讲堂的青年们各自付出了不同的人生代价，并非"去游行了，被警察抓到拘留所，住了三夜四天"事情就结束了。法学部斗争委员会的青年们像荷马描写的战士一样，有了这种自觉——"在这场流血的战斗中，当心战友如何评价你！"*

与法学部相比，其他文科专业各学部的学生留在安田讲堂里的不多。来自文学部与经济学部的大概各两名，其中也有动机不十分清楚的学生。来自药学部的只有前面提及的长田一人，农、理、工各学部各有数名学生参加。工学部的石井重信（宇都宫高中毕业），性格开朗且意志坚定。

石井总是能够简明扼要地表达意见。他投身东大斗争的动机很明确。"不知何故，在这所大学里感到十分压抑。而且，尝试抵抗这压抑，意外地发现有同样感觉的学生很多。""总之，我们即将开始极其危险的走钢丝游戏。无论是谁，都处于相同的境地。请代为问候离去的诸位学兄！"**

他就是这种人。亲切地称脱离罢课队伍的学生们"诸位学兄"。***

学生守备队长（山口县人）是偶然被推到了在现场统领青年们的位置。并不十分清楚他的想法，总之，好像是一句"我不会离开讲堂的！"就做出了决定。

恰好，就在日大学生的斗争给了东大斗争"不破坏已经占领的校舍是愚蠢的"这种冲击的时候，日大斗争向东大斗争表明：校舍是作为资本的现实形态、作为日本大学资本压迫的实体化而存在的——

---

* 此语引自荷马史诗《伊利亚特》。意即必须勇敢作战，不能当懦夫、让战友戳脊梁骨。——译者注

** 《狱中书简集》第6、7期合刊，第4页。

*** 石井和稻川一样，也是那种敏感、坦诚的人，终身保持了那种品格与姿态，2005年1月离世。应当被写下来的事情数不胜数。

如果看不到这一点,那么斗争就是一个谎言。东大学生持续进行"正在颓废的是我们自身"这种严厉的自我反省与自我批判,宣称发现了这样的事实:在自由的自我活动的外表之下,通过持续进行万人对万人的斗争而被收编到资本之下,精英=东大学生=自己。*

此处所言为现买现卖的"理论",杂乱无章,但是,在这位青年的感觉中,包括东大和日大在内的日本教育是"垃圾",这一点是确实的。

东大的学生当中,教养学部的M(山口县人)、理学部的A(茨城县人)、法学部的高崎都是作为解放派(反帝学生评议会)的代表守在安田讲堂的钟楼里的。在安田讲堂攻防战的过程中,他们暴露在外面能够被看到的位置,而且不时拿着话筒喊话、宣传。

A是在佐世保的瓦斯水龙攻击中全身被灼伤的人,是一位有定评的才子。

> 从前啊,胸口正当中忽然裂开了一道口子,心烦意乱。裂开处不停地流血,我觉得血大概会流光的吧,那时候就掏出仅有的一点钱去便宜的小酒馆。在那里狂饮啤酒,狂饮威士忌,也狂饮伏特加、杜松子酒之类。端端正正地在长条桌前坐累了、坚持不住的时候,就离开小酒馆,买了小瓶装的酒,对着瓶嘴喝,沿着铁路边昏暗的路往前溜达。这样一边尝试能否回到自家的床上,一边意识到一两次睡在路边的自己。就是那种状态。**

---

* 《狱中书简集》第13期,第6页。

** 《狱中书简集》第19期,第12页。(译者说明:这段引文所述事实有不合常理之处。据著者对译者的解释,那时的日本确有许多怀心灵受伤、冷风穿心而过之感的青年学生,这种叙述本身恰恰体现了那个时代的精神特征。)

据守在安田讲堂中的青年学生,并非仅有这些东大的本科生。研究生院的研究生,以及青医联防卫队长今井澄率领的二三十人,也留在了安田讲堂里。

1月17日,"威猛并且激昂"地决定留在安田讲堂里的青年学生中的许多人,并非怀着"先锋""领导者"的心态,充其量是作为"一名志愿兵"留下的,因此才能斗志昂扬、义无反顾地迎接与警察机动队的决战。尽管其结果令人痛心。

但是,并非所有人都是那么激昂。"如果在斗争呈现完全胜利局面的11月停止行动,就好了"——也有人是怀着这种心境留在讲堂里的。

"即使是现在,内心的某个角落依然不时传来一个声音——在11月的斗争阶段终止斗争。事实上,在11月的斗争阶段,我们已经进退失据、走投无路,所以坚持斗争到12月、1月。"*

怀有这种郁闷、茫然之感的,也许多为研究生。将本乡与驹场做比较,能够看到,驹场的低年级学生尚处于未定型的青春躁动状态,因此更有一种明快的节日心境、节日感觉,而本乡的高年级学生因年龄更接近成人,所以想得更多,也更郁闷。

据守在东大安田讲堂里的青年学生中有很多来自其他学校。并非我方恳求他们留下,他们和我们一样斗志昂扬。其中有怀着"大义相助"这种时代精神的学生,也有参加斗争、随队伍行动、走进安田讲堂才发现自身在何处的慢性子学生,还有前来指导东大学生运动的学生。

"我们,绝对不是来支援东大斗争的,而是为了在东大进行革命才来到这里。这一点,东京大学的各位明白吗?我们许多人,继续作为被拘留者存在于此,是因为期待各位的思想飞跃。反过来说,就是因为必须

---

* 《狱中书简集》第6、7期合刊,第1页。

进行领导。"*

所谓"领导"显然包含"教育、指导"的意思。人与人各不相同。青年人是这样愚笨。但是,大家都是这样昂首挺胸、斗志昂扬。

---

*《狱中书简集》第 17 期,第 6 页。

第八章

安田讲堂攻防战

1月17日傍晚4点半,安田讲堂内讲台下面的厨房里,几位女生在煮鸡蛋。讲台上面摆着面包、饭团等,她们的煮鸡蛋每个售价15日元。宽阔的听众席的椅子上,稀疏地坐着十几名学生,头上的安全帽也没有取下,其中还有人在睡觉。讲台左边放置的庞大三角钢琴,到当日为止完好无损。钢琴前,一位身材娇小的女性坐在椅子上,安静片刻,便开始弹奏古典钢琴曲。*我忙,未能欣赏那难得的演奏。

硝化甘油?

入夜,来自校长办公室的电话铃声响了。全共斗干部拿起话筒,对方称"我是代理校长加藤"。据说,对方接着说了一段奇怪的话:"听说

---

* 杉冈昭:《记录汇编:东京大学——1月18—19日》,《中央公论》1969年3月号,第168-192页。

有硝化甘油之类的危险品。* 为了把危险品搬出来，必须调动警察机动队进入讲堂。你们马上给搬出来。那样的话，我对此事保持沉默，不调动机动队。"**

根据小中阳太郎的记述，接电话的是全共斗议长山本义隆。*** 山本予以拒绝，但随后加藤代理校长又打电话过来，问："你们可以从讲堂出来吗？"当然，这种要求也被拒绝了。

晚上11点，东大校方的广播车在校内巡回，播放"离校命令"："无论是校外人员还是校内人员，立刻全部离开本乡校区！"与此同时，加藤代理校长发表了签署日期为17日的声明《就调动警察力量一事告各位同学》，并以书面形式张贴（向普通学生散发是在18日）。

"这场解除封锁的行动，希望教职员与学生联合起来，始终采用和平手段自主进行。我们的这种态度，至今没有任何变化。关于解除封锁的准备工作，打算与各位同学的代表协商之后决定，所以，希望各位积极配合。"

事情已经到了这种地步，这份声明完全是莫名其妙。"联合起来"的是警视厅机动队的8500人，"和平"当然是指1万发催泪弹，所谓"自主"即宣告学校当局是主体。所谓"积极配合"，当然是指"教养学部

---

* 硝化甘油是制造黄色炸药的原料，化学性质极不稳定（可参考电影《恐怖的报偿》，1952年上映，库尔森导演。很旧的影片）。调动机动队进校园，是为了取出全共斗带入安田讲堂的硝化甘油而采取的万不得已的手段——这是他们的理由。不用说，任何人都不会把这种化学性质不稳定的爆炸物带进去。官方的这种操作，与21世纪初美国针对伊拉克以"拥有大规模杀伤性武器"为借口强行发动战争的行为是相同的。所谓危险品硝化甘油的信息，本是当时的媒体受政府一方煽动而传播的谣言，但也有报纸认定安田讲堂里有硝化甘油。"托洛茨基分子群体，把许多杀伤力极强的武器运入安田讲堂。大量的石块，水泥铸件，锤子，钉有铁钉的角木，铁管，汽油，自制炸弹，甚至有炸药硝化甘油。"（1月17日《赤旗》头版的头条新闻《抗议政府与自民党让托洛茨基分子逍遥法外／日本共产党春日干部会员发表谈话》）

** 小中阳太郎：《加藤代理校长的悲剧性误判》，《宝石》1969年3月号，第70-77页。

*** 这仅仅是记者中的"消息灵通人士"所掌握的日常信息。实际上，如前所述，山本议长此时身处日本大学理工学部1号楼，把那里作为联络中心。

的日本共产党系统部队"配合进攻安田讲堂的行动。——就这样,东大校园的戒严令发布了。

"终于来了!"据守在校内各建筑物中的约500名青年,再一次下定了决心。当天晚上,在工学部陈列馆,好像有的同学在三层的洗澡间洗了澡,并且换了内衣。*不过,在安田讲堂里,没有人举行那种上战场的仪式。

电源被切断是在18日(切断煤气是19日)。17日这一天夜晚安田讲堂里的电灯还是亮的。

新闻记者对安田讲堂内部情况的记录,到当天夜里零点为止。

"凌晨1点,[中略]房间里的空气异常寒冷。然而,学生们却好像什么都没有发生,从容地各自行动着。钉钉子的声音,砸石块的声音,好像是偶尔传来,我没有在意。似乎一切都静止了。"**

1月18日

固守安田讲堂的青年们寻找能够睡觉的地方休息,但绝大部分人彻夜未眠。除了被作为救援对策室的校长室,讲堂里并没有被褥,所以大家只是坐在椅子上打盹儿,迎来黎明。此日天空晴朗。

据说,凌晨5点45分,安田讲堂的钟楼广播站发布了警察机动队出动的消息。

"这里是钟楼防卫司令部。现在,警察机动队全部出动了。各位学友!全部按照战斗部署就位!我们的战斗,是历史性的战斗!是人民

---

* U·S生:《手记:东大"陈列馆"脱逃记》,《中央公论》1969年3月号,第160-167页。另,《宝石》1969年3月号上还有一位U·K生。

** 杉冈昭:《记录汇编:东京大学——1月18—19日》,《中央公论》1969年3月号,第168-192页。

性的战斗！"*

讲堂里的青年们是否听到了这个广播？我不记得自己曾经听到。但是，我听到了噪声。清晨6点之前，睡意蒙眬的青年们从讲堂里的椅子上醒了过来。本乡校区各专业学部学生的防守范围是讲堂后侧，所以我又到后侧转了一圈，查看防卫体制。从下面的二层到上面的四层，走到哪里都能听到各派青年演说的声音。只有本乡学生部队没有进行特别的演说，仅仅是确定了队员们各自防守的范围，仅仅是发出指令——"等他们靠近了再扔石头"，"不要往外探头"，等等。

警视厅对一机（第一机动队简称"一机"，下同）至八机的8个机动队的共计4678名队员进行了总动员，另外两个方面的机动队**的2565人加入进来，还有预备队、警察总部重要干部1000多人，合计8513名警察出动了，他们携带了500支瓦斯枪，10528发瓦斯弹。***

据说，早晨6点，文学部长林健太郎率领文学部教授、副教授到本富士警察署集合，和已经到达的机动队一起展开行动。而其他学部的教授并未这样积极地与警察合作、采取行动。两相比较，即可看出林学部长的性格。

警视厅机动队的4000多名队员，从东大龙冈门（东大附属医院入口，门外旁边是本富士警察署）排到本乡大街，密密麻麻。队员们被就地分派到不同的区域。

早上7点，一机（702人）与七机（169人）从本乡大街走过农学部正门，从过街桥进入工学部校区。一机负责银杏大道两侧的法文1号楼、2号楼和工学部陈列馆，七机解除了学生对1、2、7、8号楼的封锁，

---

* 朝日新闻社：《朝日专刊的时代——1959—1992》，朝日新闻社，1993年，第464页。

** 东京都的警察管理8个区域，因此设立8个本部以分别管理。其中神田、本乡两个本部的机动队出动了。而且，在佐佐提供的资料中，8个警察机动队共计3785人，这与上面的统计不一致。

*** 佐佐淳行：《东大陷落——安田讲堂攻防战72小时》，文艺春秋，1993年。

在 1 号楼逮捕了一名拒绝离开的学生。

据说，另外的 6 支机动队从龙冈门进了东大校园。其中的四机（664 人，青年们称之为"魔鬼四机"）奔向医学部图书馆（中央馆），二机（634 人）前往法学部研究室，三机（643 人）担任工学部 3 号楼（安田讲堂北侧）和弥生门的警戒，五机（663 人）解除了理学部 1 号楼的街垒封锁之后，在安田讲堂东侧担任警戒。

当然，当时安田讲堂里面的青年学生不可能了解上述警力布置情况。不过，他们透过讲堂周围雪松与榉树的缝隙，看到了不远处深蓝色机动队队员手持铝合金大盾牌像甲虫独角仙般的姿态，切实地感觉到了包围圈在缩小。

在安田讲堂三层，石井重信发出爽朗的声音："噢，他们来了很多人哪！"法学部的 W 同学第一次听到石井说话，转过头去看。[*]

六机（158 人）在大多情形下好像是被作为游击队使用，与一机同时行动，在正门前阻止学生的游行示威，后来又和四机一起被部署在本乡三丁目作为殿军。

八机（156 人，特种车辆部队）也从龙冈门进入校园，因无意中陷入 346 辆机动队车辆造成的交通拥堵，未能按时部署到位。

7 点 05 分，机动队开始解除学生对医学部图书馆（中央馆）的街垒封锁。

机动队使用瓦斯枪展开了猛烈攻击。他们准备的 1 万余发瓦斯弹，平均到 500 名学生身上是每人 20 发。瓦斯枪也是使用火药发射，只是射出的子弹中装填了催泪瓦斯，所以叫瓦斯枪。这种子弹具有在 20 米远的距离击穿三合板的杀伤力，[**]因此禁止瞄准人做水平射击。不言而喻，

---

[*] 石井重信君追忆会编《悼念石井重信君》，2005 年。

[**] "瓦斯弹长 20 厘米，直径约 4 厘米。塑料制造的弹体前端安装了木质部分和长约 1 厘米的铁管。重量约为 150 克，威力巨大，甚至可以击穿 20 米远的三合板。"（《朝日》No.571，第 489 页）

这是因为水平射击很危险。然而，这一天，瓦斯枪的射击就是以击中学生为目的的。警察机动队即使是面对医学部的学生，也毫不留情。

"机动队采取的战术是：10名催泪枪枪手并排等待，只要有学生往外探头，就瞄准射击。催泪弹击中了一名学生的嘴巴，学生仰面倒地。〔中略〕上午8点半，16名学生全部被捕，那位脸部被催泪弹击中的学生裂开的嘴唇耷拉着。"*

7点30分，医学部的街垒封锁被解除，22名学生被逮捕。**664人的"魔鬼四机"对付22人的医学部共斗会议，谁胜谁败从一开始就没有悬念。

上午8点15分，本富士警察署署长发出了校内人员全部离校的命令。
"我是本富士警察署署长。警告各位学生！立刻离开东大校园！"那种曾经听过的、耳熟的声音。

同一时刻，东大全共斗的300名青年推开正门进入校园，在银杏大道上示威游行。他们好像是从早晨开始三三两两聚集到正门一带的。

> 往正门前面一看，超过百名穿着日常服装的学生，试图集体进入校园。那完全出乎我的意料。我急忙从机动队队员的旁边穿过，跑过本乡大街，混入学友们的队伍中。〔中略〕
>
> 我不顾一切地往前奔。来到了安田讲堂前面。据守在讲堂里的学友们，从讲堂各处的窗口、平台上，露出身影。***

他们很快就被驱赶到了校外，但是，从陈列馆好像能够看到这支游

---

* 《朝日》No.571，第473页。
** 新闻报道说被捕者是16人，佐佐说是15人。但是，医学部被起诉者为17人。由此可知新闻与佐佐的信息均不准确。
*** 唐木田健一：《1968年发生了什么？——东大斗争个人史》，批评社，2004年。

行队伍。后来，唯一从陈列馆逃出的 U·S 生记述道："对于他们的鼓舞和激励，我在内心深处说'谢谢'！"他为游行队伍担心，"不要遇到机动队的恐怖攻击才好"*。安田讲堂里面的青年们也知道了这支游行队伍的动向。

正是在同一时间（8 点 15 分），机动队即将开始搜查教育学部。但是，学部长要求出示搜查证，一小时之后的 9 点 15 分，终于有"约 100 名机动队队员进入建筑物转了一圈"。**

上午 8 点半，对安田讲堂的催泪弹袭击开始了。射击是直接瞄准出现在讲堂顶层平台的学生的。

空中，直升机上的机动队队员给催泪弹点火之后，扔向下面的讲堂顶层平台，但是，平台的学生捡起催泪弹扔向地面。8 点半，多名警察对着讲堂同时射击，钟楼瞬间笼罩在白烟之中。***

防爆警车也开始了水龙攻击。但是，安田讲堂等被学生占据的建筑物的窗户都堵着三合板，所以水柱被反弹回来。不过，建筑物房顶的各处平台和安田讲堂钟楼的情况不同，身处这些位置的学生，在一月份的寒冷空气中，被冷水浇得浑身湿透。钟楼的房内，积水深达膝盖。不仅如此，催泪瓦斯也不是通常所用的那种，而是和在佐世保使用的糜烂瓦斯相同的那种，青年学生长时间暴露在其中，被重度灼伤。

据守各建筑物的学生，向逼近的警车扔出了燃烧瓶和石块。讲堂里的学生，把堵在窗户上的三合板弄开一条缝，往下一看，视野一片模糊。周围是直升机的噪声，水柱冲击三合板的声音，催泪弹炸裂的声音，其中夹杂着警察从扩音器里发出的声音。一片骚然。

---

* U·S 生：《手记：东大"陈列馆"脱逃记》，《中央公论》1969 年 3 月号，第 160-167 页。

** 《弘报》，第 213 页。

*** 《朝日》No.571，第 473 页。

"机动队在靠近！"我接到稻川传来的这个消息，到南侧的窗户去看情况，看到法学部的学生勇敢地打开了窗户，向外观察。从那里能够看到，讲堂背面一排雪松的那边，有机动队队员和东大教职员的身影。石头扔不到那么远，等到楼梯的防守被冲破、机动队上来的时候，才轮到我们出场，所以我让他们关上窗户。

有警察机动队队员被从这个位置扔下的燃烧瓶击中。法学部的松原大喊"住手！住手！不要再打了"。阻止学生向身上着火的机动队队员扔石头。他说那"违背武士道的精神"。

不断地有信息从讲堂的各个位置传来。"警车来了！""机动队攻进了一层"，等等。每当接到报告我都要去查看。仅仅是一两名机动队队员靠近，并不是要开始全面进攻。我很难推测警察方面的战略战术。估计他们的方案不是从讲堂背面攻入。最大的可能性，是拆除封锁讲堂正门的街垒，直接攻入。那样的话，东大全共斗负责守卫的部分即讲堂一层（从地下室数是第三层），就会受到来自背后的攻击。而且，中核派守卫的二层，也会受到来自上面一层的攻击。对于机动队来说，唯有使用这种方法，才能取得最大的进攻效果，攻陷安田讲堂。

警察机动队虽然受到从钟楼或顶层平台扔下的石头、燃烧瓶的袭击，但毕竟拥有许多辆水龙车。学生捆成一捆儿，扔下来的燃烧瓶，一次有数捆儿。同学们已经预料到：对方事先准备了逼近攻击用的安全笼之类的工具，如果用那种工具与讲堂正面入口的街垒连接，使用电锯、破壁机之类的工具进行拆除，那么，用文件柜、桌子之类的家具建造的街垒坚持不了多长时间。这种战况是有先例的。

1968年11月12日，日本大学艺术学部的街垒攻防战，从上午9点30分到11点56分，连两个半小时都没能坚持，46名学生就被逮捕了。12月14日解除上智大学的街垒封锁，从早晨6点30分开始，7点13分全共斗的52名学生就被全部逮捕。就是说，连一个小时都没能坚持。

第八章　安田讲堂攻防战

从这些先例来看，我们觉得，机动队开始进攻安田讲堂之后，无论怎样，如果能坚持半天就算是成功。但是，和我们的预料相反，机动队从讲堂正面的进攻非常笨拙。这是因为，无论是东大全共斗干部还是警察干部，都是东大的学生，都和日本帝国陆军一样，都怀有日本式的惯常想法，其进攻作战不是使用机械的力量，而是更依靠人员的力量。

据说，在这次镇压作战中，作为警察一方的现场总指挥，警视厅警备第一科科长佐佐好像曾经考虑过用吊车吊起铁球从正面撞坏正门的方法——他后来在浅间山庄使用了这一方法。*但是，安田讲堂这座建筑本身是文物，不能毁坏。而且，如果从比吊车还高的钟楼上有燃烧瓶扔下来，那么操作铁球的人员安全没有保障。铁球撞击作战如果不仅仅是做样子，那么，作为进攻安田讲堂的方法，本来就是完全不现实的。

铁球战术之外，只会说"一万发催泪弹，一万名机动队队员"这种大话，表明这位警察指挥官遗传了旧日本帝国陆军的品质。对于仅有燃烧瓶与石块的学生，他大概是怀着只要有机动队队员与大量催泪弹就够了的这种傲慢。如果是在街头镇压学生的示威活动另当别论，对于以建筑物为目标的进攻行动而言，这是令人吃惊的无知。那种无知在进攻陈列馆的过程中暴露无遗。

陈列馆

机动队对东大正门内北侧工学部陈列馆的进攻，在上午9点之前

---

*1972年2月中旬，日本联合赤军在长野县轻井泽的浅间山庄绑架人质，警察前往营救、抓捕。时任警视厅警备幕僚长的佐佐淳行也参与指挥警方的行动。后来佐佐淳行将该事件写成《联合赤军"浅间山庄"事件》，文艺春秋，1996年6月。——译者注

开始。*

上午 8 点 50 分，一排瓦斯枪对着正面入口同时射击。10 点 20 分前后有人受伤，"临时停战"。把梯子靠到高约 4 米的阳台上，一名伤者尚能自己顺着梯子下来，另一人好像是受了重伤。重伤者被用绳子捆在担架上，6 个人支撑担架，好不容易才弄下来。11 点过后发生了火灾。**

用"十分拙劣"一语即可全部概括对于陈列馆的进攻。其方法，是用因形状类似而被称作"鱼糕"***的大型警车从三个方向向建筑物靠近，拆除工作班打破门和窗户，然后拆除门窗后面的街垒。工作班携带的工具，有锤子、斧头、长铁钩、电锯、长达 4 米的大圆木（用于撞门）、绳索、灭火器等。八机的 3 辆大型水龙车好像还各自配备了增援警车。而且，从法文 1 号楼房顶上，一排催泪枪瞄准陈列馆房顶的学生射击。

但是，逼近陈列馆的大型警车，由于陈列馆周围有花草灌木、瓦砾等，无法与一楼的窗户对接。****于是，斗志昂扬的机动队队员打伞一样把盾牌举在头上，离开警车向窗户靠近。燃烧瓶从上面砸向他们。水龙车好像也放不出水来。

负责现场指挥的警官说："从各处调来的都是些破旧水龙车。所以，催促他们调配新式高压水龙车。但是，以财政当局的官员为首，都是些官僚主义分了。从来如此！"*****问题是，水龙车是否能喷水，事先没有调

---

* 据警视厅警备一科科长佐佐所言，上午 10 点 30 分，一机开始进攻工学部陈列馆，但是，就像从新闻报道中能够知道的，开始进攻是在 9 点之前。佐佐本人的记录，也是说从 7 点开始把一机部署到陈列馆。既然如此，就不可能等 3 个半小时之后再开始进攻。当天担任警方指挥的人，为何会弄错时间？在对于法文 2 号楼情况的记述中，佐佐警备科长所述事实细节有很多疑点。而且，"秘密隐藏在细节里"。

** 《朝日》No.571，第 473 页。

*** 日本大型警车顶部形状为半圆形，与蒸制的鱼糕形状类似，故称。　　译者注。

**** 实际上，看看陈列馆就可以明白，警车无法靠紧建筑的原因并不在种植的花草树木之类。警车与建筑物本来就不可能进行无缝对接。他们不过是只看了平面图，从图上看以为可以。

***** 佐佐淳行：《东大陷落——安田讲堂攻防战 72 小时》，文艺春秋，1993 年。

试吗？整体上，该行动计划连房前的地形、花园、车辆与建筑物之间的距离都没有计算过。是谁制订了这个十分草率的计划？不应被调查、追责吗？

从陈列馆后门接近的警车也是同样的情况。

佐佐说："后侧的大门门前有石阶，警车无论怎样调整，与大门之间也有大约 3 米的间隔。"*

发生这种情况是理所当然的。佐佐本人是东大毕业生。这次进攻开始之际，官方甚至将一机总指挥专门替换为这位东大毕业生。他连陈列馆与法学部研究室等建筑物的结构布局都记不清了吗？如果不记得，为何事先不做调查？警察一方的进攻计划非常草率。

确实草率。而且，误判接连不断。警视厅航空队直升机"春风二号"投下的催泪弹"误炸"警车，警车被笼罩在催泪瓦斯的浓重烟雾中，从外面甚至看不到了。

这样，解除陈列馆街垒封锁的进攻行动暂时停止了。

此时，解除其他建筑物的街垒封锁的行动依然在继续。

上午 10 点，机动队开始进攻法文 2 号楼（文学部）。

《弘报》记载："关于法文 2 号楼，各层（包括屋顶上的）亲临现场的值班教官，从 9 点前后开始，会同机动队以及搜查官，从靠近图书馆的教研室入口进入，但是，这里有少数革马派的学生，所以，一开始遇到了数次抵抗。有人从三、四层往下扔石头，情况危险。很快，这些学生就在房顶等处被逮捕了（人数据说是十二三人，未确认）。"**

这方面的情况，警察当局的说法与《弘报》完全不同。

佐佐写道："这里（法文 2 号楼）应当有数百名革马派学生在守卫。

---

* 佐佐淳行：《东大陷落——安田讲堂攻防战 72 小时》，文艺春秋，1993 年。
** 《弘报》，第 212 页。

当然，估计会发生激战。所以，承担解除任务的是精锐四机。但是，这里也是［意思是和法文 1 号楼一样］'空壳'，革马派的学生已经逃得无影无踪。"*

我无法理解这位警察总指挥的记述。因为当时身在法文 2 号楼的学生有 13 人被起诉。不过，这里的学生只进行了轻微的抵抗（根据东京地方法院的分类，有关该建筑物的"公诉事实"仅仅是"拒绝离开"，没有使用"阻碍执行公务""大量持有凶器"等罪名——这两个罪名是起诉在其他建筑物中被捕的学生时必然使用的），上午 11 点文学部的街垒封锁被解除。

这段时间，陈列馆的攻防战在持续。

上午 10 点 48 分，机动队队员列队将大盾牌横在头顶上，防止上面的石头砸下，用这种权宜方法离开警车冲到陈列馆后门，拆除了街垒，6 分钟之后进入一楼。

11 点前后，设立在三楼通往房顶平台的楼梯上的障碍物起火。大火熊熊燃烧，至 11 点 39 分，机动队队员不得不全部出楼躲避。至 11 时 50 分，八机的灭火用水量已达 5 吨，但大火依然在燃烧。

警方总指挥佐佐说："他们大概是觉得警察或消防队员不会见死不救，一定会去灭火，所以毫不犹豫地放火。就是那种幼稚、撒娇、固执的劣根性！"** 但事实是，从着火的陈列馆中逃出来的是机动队队员，一直留在里面的是青年学生。

当时被围困在房顶上的学生，后来在狱中这样写道：

> 我们每个人都被催泪液浇得浑身湿透。非常冷。机动队瞄准我们，

---

* 佐佐淳行：《东大陷落——安田讲堂攻防战 72 小时》，文艺春秋，1993 年。

** 同上书。

不停地进行水平射击。一位同志在我面前被击中，仰面倒地，脸上鲜血直流。他在意识不清的状态中，好像是觉得仅仅是鼻子在流血，但实际是从眉毛上边到鼻子上裂开了一条大口子。重伤。但是，他顽强地坚持着。大火顺着楼梯，伴着呜——呜——的恐怖声音，烧到房顶上来。对面的楼上，东大的教官和机动队队员一起不停地喊叫："你们有生命危险！房顶是用易燃物建造的！立刻停止抵抗！"

确实，房顶上露天燃烧的火，会自然地烧成一片。这一点我们知道。我看着飞腾的火焰，想起了越南南方解放阵线的战士们在西贡美国大使馆展开的艰苦卓绝的英勇战斗，而且，充满勇气的死的思想准备清晰地在脑海里浮现出来。此前，在多次斗争中想过"我们也许会死去"，一直是那种漠然的感觉，而现在，"死"的实感好像是忽然从天而降，占领了我的身体。事后问另外一位同志，他说那时他也在一瞬间有了那种感觉。（更详细的情形，现在不能写。）*

此时的安田讲堂里，"陈列馆大火，好像有学友受重伤"的消息在传播。校长室的电话还是通的，所以，消息也许是从那里传出，或者是从钟楼上观察得到的。讲堂内的青年们全神贯注于眼前的战斗，只能看到身边的状况，但此前也有人通报说"陈列馆里正在使用火焰喷射器进行抵抗"，所以只知道那里的战斗已经相当激烈。

"ML派"是"马克思列宁主义派"的略称，即毛泽东主义派。正门张贴的"造反有理"，是中国"文化大革命"的口号，他们是将其作为自己党派的口号。

事态发展到使用火焰喷射器的程度，已经越过了东大全共斗斗争的限度。但即便如此，除了斗争到底，没有其他路可走。在陈列馆使用火

---

* 《狱中书简集》第15期，第16页。

焰喷射器这种武器的斗争升级，暗示了这场斗争的前景。终于就要成为豁出自己性命的斗争！——这种战栗在据守的青年们的脊背上游走。

佐佐所言"学生们的撒娇、固执"并非事实。青年们在反对越战斗争期间，无论是在羽田机场，是在佐世保，还是在成田机场，在王子，即使曾想到警察会殴打、杀害自己一方的人，也完全没有幻想警察会救助自己。青年们的内心有一种强烈的情感，他们是在进行超越个人生死的斗争。

对星期六出警有意见（1月18日是星期六），攻击计划草率却强词夺理说学校方面不好，自己不事先检查水龙车、装备出了问题却将责任推给财政预算，即使是一边午餐休息 边解除封锁也可以埋怨午餐补助不足，等等，这才是完全依赖国家保护与财政预算的公务员们的"撒娇"！

基于自己的独立判断投身斗争的学生们，完全没有那种保护与经费预算，但是，他们做好了死的思想准备。否则，就不可能最终独自承担责任、投身到以自己的人生为代价的斗争中去，就不可能正面抵抗国家权力的暴力装置（虽然并未到出动自卫队的程度，警力只是国家暴力的一部分）。

上午 11 点 36 分，消防车来到发生火灾的陈列馆进行灭火。警备科长佐佐责怪学生不配合急速赶来的消防车。但是，应当事先安排的事情他是到了现场才设法应付的，而且，这种把责任推给对方的手段，是东大斗争开始以来东大的教授们一直使用的，已经用旧了。

火灾是由于警察攻击发生的，而警察凭自己的力量无法应付，是消防队发挥专业力量拯救了即将葬身火海的青年们。对此，作为警察首先应当表示感谢。当然，即使是获救的学生们也应当从心底里感谢消防队。

12 点 55 分，陈列馆中的学生为了抢救重伤人员而停止抵抗，聚集到房顶上。但是，直到最后时刻，警察一方依然将催泪枪瞄准青年们射击，甚至在 10 秒钟内连开了 4 枪。

午后 1 点，机动队的 10 多名催泪枪枪手爬到法文 1 号楼房顶上，一起发射催泪弹。一发击中在房顶上奔跑的学生，学生捂着脸仰面倒下。*

午后 1 点 09 分，机动队队员出现在房顶上。一名队员挥动三角旗，其他队员同时举起警棍，疯狂地殴打学生队伍前面的学生。机动队队员抓着昏倒学生的衣襟，把学生提起来，逼学生站着，抬脚踢学生的肚子。对女学生，则用柔道手法摔打。不顾一切地乱打。

法文 1 号楼上的教官和摄影记者们，大声叫喊："住手！住手！"**

午后 1 点过后，38 人被全部逮捕，*** 其中女性 3 人。2 人重伤，一时甚至被报道说已经死亡。

被丢弃在陈列馆里的食品仅有："方便面两箱共 24 包，速食乌贼鱼罐头 30 个，[中略] 火腿肠，橘子皮，果酱面包的空袋子，开水瓶。"****

该工学部陈列馆对面、当中隔着银杏大道的法学部研究室，从上午 9 点开始遭到二机的进攻。中午 11 点 42 分机动队队员午餐、休息，12 点 40 分开始继续进攻。

下午 3 点 30 分，"楼里面，楼梯上，机动队队员踢一名双手被铐在

---

* 《朝日》No.571，第 473 页。

** 杉冈昭：《记录汇编：东京大学——1 月 18—19 日》，《中央公论》1969 年 3 月号，第 168-192 页。

*** 实际上这并非驻守陈列馆的全部人员。1 人在火灾发生时被阻隔在二楼，就那样一个人停留到次日早晨，得以逃脱。他好像是走过连接工学部和农学部的过街桥，在农学部向职员问路，职员告诉他一个警戒薄弱的地方。"职员那样说完，像是什么都没看到似的离去了。尽管对于受伤并且浑身催泪液气味的我，他不会不觉得可疑。"成功出逃的 U·S 生这样写道。

**** 《朝日》No.571，第 490 页。

背后的学生，学生从楼梯滚落，'啊'的一声惨叫。另有三名走投无路的学生，豁出性命从楼上跳到楼旁边的树上，但是，顺着树干下到地面，就被在树下等着的机动队队员逮捕了"。*

下午3点35分（一说3点45分），被追到房顶上、走投无路的最后几名学生被逮捕了。在法学部被逮捕的青年学生共有167人。

"法学部研究室'陷落'的时候，被追到房顶平台角落、无路可逃的中核派外来部队成员，只能双手抱头蹲在地上，任凭机动队队员乱打。一名警察机动队队员，像是在足球场上踢任意球那样，猛踢戴着安全帽的脑袋。"**

街头斗争

在机动队竭尽全力解除东大校内街垒封锁的时候，青年学生们纷纷走向神田。中午12点15分，在中央大学学生会馆前面，东京都学生总誓师大会召开了。2000名青年参加集会，誓师之后立刻奔向东京大学，午后1点15分在国电***的御茶之水车站附近与机动队发生冲突。这里的机动队与前述8支机动队不同，是动员神田方面本部的警力组建的，有队员192名。

站在全共斗一方的立场上看，感到非常遗憾的是，当天的誓师大会正午过后才开始，晚了。如果有明确的意识，在机动队解除东大街垒封锁的同时，东大校外的青年有计划、有目的地开始行动，那么，机动队

---

* 杉冈昭：《记录汇编：东京大学——1月18—19日》，《中央公论》1969年3月号，第168-192页。
** 松尾康二：《追踪东大学潮的一年间》，《Sunday每日》1969年2月20日增刊，第38-42页。
*** 日本的电车公司按经营者不同分为国电、都电以及多家私营公司。国有电车铁路线称"国电"。——译者注

就会真正陷入两面作战的困局。

由于这次全共斗一方行动迟缓,因此警察机动队在东大校内解除了街垒封锁之后,才能够相继转赴神田、御茶之水的街头,压制学生的游行示威。青年们的行动集中在一起进行,不过是追求某种目标的群众运动,完全没有采用将参加者分为小股游击队从各个不同的车站、不同的方向向东大校园进攻的战术。青年们毕竟是作为学生进行斗争的。虽说那是一种豁出性命的场面,但青年人有自己的局限。

下午2点过后,游行队伍占领了汤岛和御茶之水的两处派出所,与机动队展开拉锯战,时进时退,晚上8点过后到达本乡三丁目附近。但是,这是游行队伍到达的距东大最近的位置,队伍未能进入东大校园,9点就解散了。

在安田讲堂里

在安田讲堂里,墙上写着各种各样的标语。写在讲堂正门入口处的标语,共三段,是用大字横着写的,最为著名。暑假里进驻讲堂的时候,这处标语好像就已经存在了。没有人去涂掉它或者在上面乱写,就那样一直保留着。这幅标语好像是成了东大全共斗的口号:

追求联合,却不畏惧孤独。
并不拒绝力所不能及而倒下的结果。
但是,拒绝未尽全力而气馁!

旁边还有另一处著名的标语:

你也要记住！

不能像干稻草那样，

在颤抖中死去

一月是如此寒冷，然而

对于那唯一的企图用漠不关心由此经过者

我能够原谅吗？

我也有了想写点儿什么留在墙上的冲动。"宛如在节日的清晨，农夫前往田野里巡视。"* 这句荷尔德林的诗的开头，对于这个场所是非常适宜的，但我只写了"Wie wennam Feiertage"** 一句，没有写更多。也许当时忽然意识到还没有自己的歌曲。

我按照文科、理科的专业之别，把东大本乡校区本科生部队的40人分为左右两个分队，文科分队委托法学部斗争委员会的稻川慧担任联络官，理科分队则委托给工学部自治会委员长石井重信，请他们分别负责。

这支本乡学生部队的守卫范围，是大讲堂一楼（从地下室算起是三楼）的整个背面，以及讲堂两侧的楼梯和后门两侧的楼梯，即一共要守卫四处楼梯。"本乡学生队长"的工作，就是坐在一楼大片座椅最后排的中间位置，一边观察正前方的讲台，一边听取来自左右两侧的报告，进行适当应答。

到了下午，有人报告说"机动队到了右侧楼梯下面"，我便去查看狭窄、昏暗的楼梯位置的防卫状态。还没到出击的时候。我只是和位于楼梯关键位置的防卫队员打了个招呼："二楼中核的同志们干得不错！"

---

* 这句诗应是引自海德格尔编《荷尔德林诗详解》(『ヘルダーリンの詩の解明』)，手塚富雄等译，理想社，1962年。——译者注

** 德语。意思是"如当节日的时候"。——译者注

安田讲堂正面的大门，是由社学同、第四国际等组织的精锐人员组成的混合部队把守。* 大讲堂二层（从背面数是第四层）与校长室等处，有东大研究生院的"全斗联"与青医联的干部约30人驻守。全共斗干部的守卫班，在校长室一带摆开阵势。在攻防战进行的过程中，校长室的电话好像一直是通的，所以，加藤代理校长的最后通牒也是通过这部电话传进来的。**

在安田讲堂的上部，即钟楼里，五层左侧为解放派，右侧为社学同，六层中央位置为中核派。四层与五层的钟楼之间有一扇小铁门，将讲堂与钟楼隔离开来。

午后1点16分，四、五、七3个机动队在八机的4辆水龙车的支援下，从三个方向开始了对安田讲堂的全面进攻。五机从正面，四机从背面，七机从左前方，各自使用大型警车向安田讲堂逼近。

五机的装甲车从早晨开始就靠近安田讲堂，被密集的石块、燃烧瓶打击之后撤回，这是一种旨在消耗学生石块、燃烧瓶等武器的战术。即便如此，安田讲堂这一天用于作战的武器还是有很大的储量。

午后1点18分，五机把统称"鸟笼"的铁丝网箱推到了讲堂东侧入口处。

"从正上方，篮球那么大的石块砸下来，'鸟笼'顶部发出巨大的声音，保护板碎裂飞起。逃出的机动队队员靠近警车的一瞬间，燃烧瓶从房顶上飞下来，在警车底下炸开，大火轰然而起。后面的指挥官大喊'后退！后退！'。"***

30秒之后，这个"鸟笼"就变为残骸。置身安田讲堂的大部分青年，

---

* 第四国际是苏联的托洛茨基派国际组织，即世界社会主义革命党。这里当为信奉托洛茨基思想的学生组织。——译者注

** 不知道这是不是天定的缘分，今井澄与加藤一郎后来一直保持联系。据说，2002年5月22日今井澄的出版纪念会召开之际，加藤一郎尽管已经行动不便，但还是前往参加。

***《朝日》No.571，第473页。

都不记得 18 日看到过这种"鸟笼"。这是因为"鸟笼"不过是出动 30 秒就消失的武器。

下午 3 点 30 分，从安田讲堂背面，开始有机动队队员进入一层，拆除通往二楼的楼梯上的街垒。但是，他们的工作被二层中核派的燃烧瓶攻击阻断了。

正门街垒的拆除工作，机动队的装甲车发挥不了作用，由队员以身体为武器进攻。

下午 3 点 15 分，两台警车向安田讲堂靠近，但受到燃烧瓶袭击，被迫后退。3 点 40 分，敢死队冲向门廊。3 点 55 分，房檐下的机动队队员身上起火。*

据说，拆除正门街垒的工作由 6 名机动队队员组成的拆除工作班承担，但受到燃烧瓶袭击，警察的水龙也在喷水，他们体力消耗过人，需要换班，拆除工作难以持续。但是，这种说法我无法理解。**

警察一方的总指挥部，是设置在距离安田讲堂正门前 50 米远的地方，有两名参事官坐镇，前警视总监、副总监等警视厅最高领导，甚至参议院议员石原慎太郎，都到场了。担任正面攻击任务的五机（663 人），难道只有 6 人能够行动吗？这方面的部署令人费解。是打算采取怎样的战术？完全看不懂。直升机喷洒催泪瓦斯液这种"史无前例"的尝试，空有华丽的场面，实际上不过是没有实效的莽撞行动。

请求拥有大功率水龙车的消防队来协助这种想法，行动计划中本来没有。在讲堂背面试用但以失败告终的"鸟笼"强度不足，水龙车"破旧"，是警察一方的借口。实际上他们在制订进攻计划方面下的功夫显然是不

---

* 《朝日》No.571，第 488 页。

** 实际上，到安田讲堂正门看一眼就能明白。从那里，连钟楼的塔顶都看不到。那个位置从哪个方向看都是死角。如果到了这里，理应能够从容地拆除街垒。只要有拆除工具。用"人体炸弹"做工具当然是不行的。

足的。在安田讲堂前面的广场上把坚实的进攻器具组合起来，向讲堂移动、靠近，才是切实可行的有效方法。搬两个集装箱来，两头打通连接起来，连接到正门的门廊，以此为保护，即可进行拆除街垒的工作。这样的话，正门的街垒应当可以轻易拆除。不言而喻，警察方面不仅是没有战略，连战术也没有。

下午4点，从御茶之水赶来的一万名青年在骏河台下与机动队队员对峙。先行转战至此的是三机，一机在解除了陈列馆的街垒封锁之后也被派过来。这一天，在神田至本乡三丁目的大街上，被捕者有57人。这几乎都是街头作战。

下午4点40分，从讲堂左侧的进攻开始了。但是，逼近讲堂的警车受到石块和燃烧瓶的密集打击，被迫后退。5点过后夜幕降临，天色暗了下来。

下午5点10分，警视厅机动队解除安田讲堂封锁的行动暂时停止了。[*]这是那些敢于牺牲的青年的意志的胜利。他们在无处躲避的房顶平台上忍受了催泪弹与高压水龙的攻击，不停地向从周围逼近的机动队扔出了燃烧瓶与石块。

> 傍晚5点19分，钟楼里的广播站重新开始播音。
> "战斗的学友们！机动队的任何暴力，我们都不会屈服。这十几个小时的激战，已经清楚地展示了这一点。[中略]机动队的各位！伸出手来，碰一下这座讲堂试试？[中略]哪怕是碰一下，试试？半径一公里之内的所有东西，大概都会被炸掉！[中略]我们，不能容忍这种企图在战争与压迫之中诱导国民、打垮国民的国家权力！"[**]

---

[*] "5点10分，机动队放弃了对安田讲堂的挑战。"（《朝日》No.571，第490页）应当是如此。但是，警察一方的记录是"5点40分结束"。为何会有半个小时的差异？

[**] 杉冈昭《记录汇编：东京大学——1月18—19日》，《中央公论》1969年3月号，第168-192页。

这次钟楼广播中所谓的"半径一公里之内",仅仅是恐吓(虚张声势),但"不容忍"这种言辞是发自内心的。

忽然,一切噪声都消失了。讲堂里复归宁静。只有水龙喷水的声音在持续,但是,水龙并非瞄准窗户冲击。水龙是对着讲堂正门喷射。不清楚其目的何在。不过,毕竟是安静下来了。居然坚持了整整一天!难以置信。在昏暗中,青年们无声地对视着。"更艰苦的战斗,即将到来吧。"

有人拿来了苹果和干酪。说是"高崎通浩先生送的"。* 也许还有牛奶。只记得食物。钟楼部分人数少而食品多,所以分给大家。总而言之,不考虑补给这种日本人的传统被我们继承了。讲堂里的学生部队,甚至连水都没有储备。我转了一圈,把食品分给大家,回到听众席最后一排的固定位置坐下。从那个位置看去,讲台很远,天花板很高。讲堂里,空间辽阔,烟雾和催泪瓦斯的蒸汽还在升腾,天井看上去就更高了。完全没有感到疲劳,也没感到恐怖。等到最后一刻,大概会感到恐怖,但当时没有。少有的是,没有饥饿感。这大概证明着我们的情绪紧张。

不管怎样说,第一天赢了。作为"守城作战"这是破纪录的。明天的战斗将更加严峻吧。讲堂内一片黑暗。电源被切断了。

这天晚上,好像有青年学生从安田讲堂里对警戒中的机动队队员喊话:"喂——,小子们听着!知道什么叫游击战吗?两小时之后,我让你们知道!"**

如果真的发动夜袭,也许会是另一种结果。不过,在这方面,据守一方在战斗方面也没有用心思。

那天夜里,作为大讲堂与钟楼界线的四层与五层之间的铁门,被焊

---

* 据著者介绍,法学部的高崎通浩,为社会主义青年同盟解放派成员,此时守卫在安田讲堂钟楼。高崎是在神户大学就读三年之后退学重新参加高考,考入东大的,年龄比同学大几岁,所以老大哥一样照顾同学,并且在不同的学生派别之间做联络、斡旋工作。——译者注

** 《朝日》No.571,第 490 页。

死了。是为了守卫钟楼。

机动队整夜都在用水龙喷水，大概是为了防止"游击队"，20千瓦的氙气照明灯一直照着安田讲堂。是一只蚂蚁都无法出入的戒严状态。

1月19日

安田讲堂背面的四机和正面左侧的五机，在18日拆毁了街垒的一部分，制造了进入讲堂的缺口。对着缺口整夜不停地喷水，大概是为了防止学生重建街垒，但是，夜间，街垒还是被重建了。据说，警方也彻夜工作，在讲堂周围建造进攻用的防火、防石块袭击的通道。双方都在彻夜采取突击行动。

安田讲堂里的青年们，也在彻夜加固街垒，同时设立岗哨，交替睡眠。睡眠是最有效的战力补充。但是，有多少人睡着了呢？讲堂里面有人坐在椅子上睡着了，但是，钟楼上面，窗户被全部打碎，水龙不停地对着窗口喷射，里面的积水淹没膝盖。所以，在钟楼里只好站着打盹儿。

寒冷之中，长夜过去了。

1月19日早晨6点30分，机动队重新开始拆除安田讲堂的街垒。

喷射水龙的警车共12辆，从四面靠近，好像是要将安田讲堂包围。四机、五机、七机与拥有特种车辆的八机，共计1652人承担进攻任务。一机、二机、三机（共计1979人）与神田本部的机动队一起，前往神田地区控制学生。六机（158人）在本乡三丁目待命，据说是为了发挥迎击从神田方面攻过来的全共斗部队的作用。

就像从这种警力部署中能够看到的，对于警察而言，比起东大校园，神田地区方面已经成为重点警戒区域。

早晨6点40分，安田讲堂的扩音器开始了当天的第一次播音。全共斗方面称这次播音是"解放广播"：

"各位学友：让我们作为大学斗争的大本营取得胜利！这座堡垒属于全国战斗的学生！坚守到底！"

早晨6点45分，机动队临时建造的防火、防石块通道"鸟笼"从安田讲堂背面接近了讲堂。那个区域是分配给东大全共斗部队防守的。

是感觉中"终于来了"的那种阵势出现了。把石头扔了下去，但是石头对"鸟笼"不起作用。把燃烧瓶扔下去，机动队队员才开始后退。但是，配备在讲堂背面的高压水龙车及时喷水，保护机动队队员，"鸟笼"终于与讲堂背面学生部的入口对接上了。

讲堂一层忽然骚动起来。机动队进来了。在警方留下的记录中，防护通道的进攻是佯动，以吸引学生一方的注意力，在讲堂背面车库里待命的机动队队员抓住时机，从事务员办公室的窗口翻进了讲堂。

上午8点，机动队从各个方向进入安田讲堂，开始拆除学生设置的街垒。不过，即使是彻夜受到水龙攻击，守卫二层的中核派青年们还是加固了楼梯上的街垒。机动队被街垒阻拦，必须和昨日一样，再次拆除挡在一楼和二楼之间的街垒。

安田讲堂二层的房间，本来是由东大全共斗的各学部斗争委员会以及各党派占用，从17日晚上开始，由中核派负责守卫。中核派将在日本全国动员的力量全部投入东大校园，承担法学部研究室、安田讲堂二层以及钟楼六层的守卫任务。机动队如果拆除安田讲堂里一层和二层之间的街垒，最初撞上的就是中核派的部队。东大全共斗本乡学生部队，采取了从三层支援二层中核派街垒防卫的部署。

这时候，安田讲堂里的燃烧瓶已经所剩无几。稻川慧前往二层观察情况，返回之后冷静地报告说："燃烧瓶用完之前，街垒大概能够守住。用完之后，恐怕就无法坚持了。"

"确实如此。"接到报告，我这"本乡学生队长"对于稻川在当时的

第八章　安田讲堂攻防战

状况下做出的冷静判断，感到了某种惊讶。确实，如果是从安田讲堂顶层往下投掷，即使是石头也很有冲击力，但是，从二层往一层扔，距离短，被铝制大盾牌弹回来，几乎不发挥作用。用角木、铁管之类的武器与机动队队员的电锯、削岩机较量，根本不可能取胜。所以，如果不能使用燃烧瓶防守，街垒就会被轻易拆除。"确实。结果就是那样。"对于稻川，我心里有一种微妙的感佩。

楼梯上的街垒攻防战，以同样的程序反反复复。

机动队队员从拆毁的大门来到楼梯下方。把铝制大盾牌举在头顶上掩护。燃烧瓶扔下来。轰的一声火刚一烧起来，水龙就喷过来，保护警察。灭掉了火。开始拆除街垒。再次燃烧瓶、躲避、喷水、灭火、拆街垒、燃烧瓶，……这样反反复复。学生没有其他手段来阻止机动队拆除街垒。全都依赖燃烧瓶。房顶上事先储存了大量的石块，但讲堂内没有那么多，而且，没有能够击毁铝制大盾牌的那种大块石头。

话说回来，如果楼梯被毁掉，警察就只能竖起梯子爬进讲堂，此外别无他法。所以，机动队解除街垒封锁的顺序会发生更大的改变。"学生守备队长"曾经这样认为，我此时也这样想。

此时，"亲全共斗"的作家野坂昭如戴着新闻报道的袖标进入东大校园，目睹了警察用催泪弹对安田讲堂的攻击。

"发射的时候，枪口喷出橘黄色的火焰，催泪弹用肉眼能够追踪的速度，飞出一条抛物线，撞在钟楼的墙上，落到钟楼两边的房顶平台上。学生迅速捡起来扔回地面，催泪弹在地面冒着白烟。机动队队员一言不发躲到一边。"[*]

安田讲堂楼顶上的青年们视野开阔，能看清扔下的燃烧瓶、石块打击的位置与效果，但是，讲堂里面的人几乎什么都看不见。只能听到周

---

[*] 野坂昭如：《1·19 与我》，《Sunday 每日》1969 年 2 月 20 日增刊，第 94-97 页。

围嘈杂的声音越来越大。水龙冲击的声音,直升机引擎的声音,催泪弹炸裂的声音,警察喊叫的声音……

上午8点15分,警方使用直升机向安田讲堂泼洒催泪瓦斯液。大概是在对各种攻击武器做试验。那对于讲堂里面的全共斗部队几乎没有什么影响,但是,对于房顶上的青年学生来说,催泪液是危险的武器。前一年,在佐世保的斗争中警察使用这种催泪液镇压学生,已经受到谴责。这种催泪瓦斯液是美军在越南使用过的,对人体有害。他们疯狂地利用这次机会再次试验这种毒药,而攻击的对象,是青年同胞。

> 大型直升机下面吊着汽油桶似的容器飞过来,泼洒催泪液。催泪液甚至飞溅到我站立的位置,眼睛疼。"喂,直升机洒的催泪液,没有什么效果,地面上的人反倒受害。别洒了。请停止!""明白。另外,现在的通话有可能被人监听。请小心一点儿。"[中略]直升机上的男子好像是在享受自己的攻击行动,锁定目标之后愉快地将催泪液洒下。
>
> 看得心里厌烦,便邀请A氏前往御茶之水。预备队的队员们在喝牛奶,吃鸡蛋,纸箱子里装满了食品,工作人员在忙着搬运,还有奶糖。*

不用说,安田讲堂里面没有任何食品。青年们在寒冷与饥饿之中坚持着。

堵在窗户上的三合板被水龙冲击的声音明显大了起来。和昨天不同,警察把攻击力量向安田讲堂集中。这一点能够切身感觉到。警车水龙的水压加大了。轰鸣声中,催泪液的水汽和燃烧瓶的浓烟中,讲堂内昏暗如夜。

---

* 野坂昭如:《1・19与我》,《Sunday每日》1969年2月20日增刊,第94-97页。

不知道时间。突然,窗户上一声爆响,三合板飞了起来。白色的大水柱穿过窗洞,喷射进昏暗的讲堂。青年学生中有人回忆起了读小学时从电影上看到的大和战舰最后沉没的场面。电影里,船体破裂,海水喷射而入,此时窗口的情形正与那相同。巨大的水柱逐一击破窗户上的三合板,讲堂里地面上的积水越来越深。

"水压好像增强了。""切换成高压水龙了。"青年们互相询问。昨天为何没有使用高压水龙?难以理解。

"危险!不要从窗口往外探身。"警告声不断。

从损毁的窗口,几条水龙喷射而入,撞上天花板变为瀑布飞溅落下。青年们想,这种战术大概是用水压制住燃烧瓶等一切可燃性武器。不过,关于这次喷水,实际情形似乎稍有不同。

东京消防厅站在与警视厅不同的立场为这次事件做了准备。消防厅为了灭火,准备了4辆云梯车、25辆消防车,甚至还有一辆化学消防车。当然,另有25辆救护车处于紧急待命状态。

"消防车开始高压喷水。与八机的水龙车相比,其威力巨大,完全是另一重量级。尤其是水柱很大,轻易地就能冲开堵在窗口的三合板,一、二两层的窗户瞬间就变成了黑洞。在旁边等了很久的催泪枪枪手不停地把催泪弹打进去,八机的水龙车也瞄准了洞开的窗口。"[*]

继昨日的陈列馆之后,为了防患于未然,使当天在安田讲堂的冲突中机动队队员与青年学生双方不受伤害,真正在工作的是消防厅。此事必须得到如实评价。然而,尽管消防部门那样尽职地积极协助,警备第一科科长佐佐却单方面地胡说乱骂,留下记录,发"挺着个大肚子来回晃"[**]之类的牢骚。消防厅相关人员应当要求其订正事件记录。

---

[*] 佐佐淳行:《东大陷落——安田讲堂攻防战72小时》,文艺春秋,1993年。

[**] 著者的意思是,消防人员到现场积极配合,警方负责人佐佐淳行不仅不感谢,反而说粗话责骂。——译者注

"上午10点,原全共斗会议代表今井澄出现在钟楼,通过钟楼广播站宣读了《胜利宣言》:'[中略]入学考试的实施已经成为不可能。'"*

讲堂内因消防车大量喷水积水很多,同时,催泪弹也从被冲破的窗口射进来。讲堂四层的青年学生忍受不了催泪弹的伤害,纷纷打开了窗户。光线立刻照进了大讲堂,守卫在三楼的本科生们吃了一惊。

"干什么?怎么了?从理学部房顶上,能把这里看得清清楚楚!"

为了确认状况,指令在传递。

"上面有催泪瓦斯。气都喘不过来。不开窗不行了。"

尽管是讲堂里面,机动队也是用瓦斯枪瞄准了直接射击。部署在讲堂后面理学部楼顶上的机动队,同样开始发射催泪弹。上午10点25分,大型喷气直升机"鹏"向讲堂内发射催泪弹。这样,整个安田讲堂笼罩在白色的烟雾之中,里面的青年学生几乎窒息,忍受不了瓦斯的味道,打开了窗户。

上午11点,和往常一样,同学们的早晨总是开始得晚。此时,中央大学主楼前的广场上,学生们的总誓师大会召开了。集会进行了一个多小时,正午过后,青年们向东京大学校园进发。聚集了3000人。

东大校园里,出现了参观安田讲堂的人。

东大当局说:"从19日上午11点开始的约两个小时的时间里,文学部的林学部长率领手下的约40名教官,对放置在法文2号楼楼内及楼顶的大量石块进行了清理。"**但是,在那个时间段,空中直升机在盘旋,安田讲堂的攻防战在激烈进行。法文2号楼与讲堂之间仅仅隔着小广场,距离最近。当天,这座楼顶上挤满了好奇心强的教授们。平日里这是公务员悠然午休的两个小时,其中还包括午饭时间,他们不会去做"清理

---

* 杉冈昭:《记录汇编:东京大学——1月18—19日》,《中央公论》1969年3月号,第168-192页。
** 《弘报》,第213页。

石块的工作"。

正午之前机动队队员们好像都有人分发午饭,但据守讲堂的青年学生根本不可能有食物。毕竟是日本人。一旦开始战斗,首先忘记的就是补给。在这一点上,我这位"本乡学生队长"也有同样的毛病。从未考虑过食粮之类的事情。本来也是觉得,顶多几个小时就能决出胜负。

中午 11 点 30 分,机动队重新开始了拆除安田讲堂正门街垒的工作,但未能成功。可以说,是日本大学全共斗的工作队最终挫败了机动队拆除工作班的执着攻击。或者说,是日本人中的中级技术人员的技术,战胜了东大文科毕业、担任高级警官的技术文盲。

从正面突破未能成功,是由于机动队一方的一大误判。正面突破失败,就只能把全部希望寄托在从楼梯下面往上攻这种十分拙劣的战术手段。投入两支机动队的 1000 余人,为了拆除阻隔在一、二楼之间的街垒,从 18 日开始甚至花了 9 个小时。

中午 12 点 15 分(一说 30 分),四机攻入二楼,逮捕了中核派的 20 余名青年学生。

  二楼的街垒被冲垮了。在讲堂的一角,我们把最后的几盒香烟分给大家抽。

  一位同学把打火机传给大家,说"以后就是共享猪狗食的同伴啊!",我们转圈递着打火机,各自点燃香烟,知道"共享猪狗食"一语在各自心中唤起了同样的感情。而且,此外什么都没有说。没有说的必要。*

他们是东大法学部的学生。如果按部就班地前行,高级官员的大门

---

* 《狱中书简集》第 5 期,第 6 页。

对他们是敞开的。但是，意指监狱伙食的"猪狗食"，意味着他们不再走本来由国家给予保障的人生道路。

透过二、三楼之间楼梯上的街垒的昏暗缝隙，看到了机动队的藏青色头盔和铝制大盾牌。

很近。敌人已经逼到眼前了。俯瞰眼下的威胁，高度紧张，长田戴着崭新安全帽的形象出现了。

电锯与削岩机的噪声，捣毁街垒的声音，催泪弹炸裂的声音，高压水龙的声音，机动队下命令的声音，扩音器里说话的声音……我们陷入了各种声音形成的旋涡。周围是催泪瓦斯呛人的烟雾，街垒燃烧的浓烟，夜幕降临般的昏暗。

12点40分，从神田出发、奔赴安田讲堂的青年学生游行队伍到达本乡二丁目，与机动队发生了冲突。六机把守的本乡三丁目成了他们的终点，他们回撤到御茶之水车站附近，在圣桥等处设置了街垒。拯救安田讲堂据守部队的愿望未能实现。

"奋勇前进！我们的战友啊！"

1月19日午后，安田讲堂里，二、三楼之间的楼梯上，街垒内外的攻防战在继续。这里才是本乡学生部队的守卫区域。而且，这里如果被突破，四层即大讲堂二层或校长室，就失去了街垒屏障。这里是安田讲堂保卫战的生死线。

根据从外部观察安田讲堂者的记录，下午2点警车再次向安田讲堂正面靠近，最后一次尝试攻破正面的街垒。那时候，讲堂里面的情况非常严峻。

下午2点30分，机动队到达堵在入口通道上的街垒，把消防车的高压水管拉到二楼通往三楼的楼梯口。随后，水龙猛烈地往上喷水。水声与飞沫之中，青年们决心与从楼梯冲上来的机动队队员决一死战。长田手持紫色饰穗已经被浇湿的铁管，我这个"本乡学生队长"也握紧了手里的一截自来水道的铁管。"人总是要死的！"

此时，有指令传来。疑惑之中我再次确认指令。"说什么？"

"通知说，全共斗部队的成员，全部到大讲堂的讲台上集合。"

"混蛋！""学生队长"大怒，"机动队已经到那里了。这个时候集合，想干什么？停止战斗？"

"说是全共斗代表的命令。"

"再去确认一次！"

传令员很辛苦。再次跑到四楼，确认指令之后跑了回来。"说是在讲堂的讲台上开总结会。"

到了这种时候，还开什么总结会？愕然无语。现在想来，为了防止讲堂里发生不测事态，攻守双方也许达成了某种一致意见。如果集中到讲堂的讲台上，会被集体逮捕，那样警察会省去很多麻烦，学生方面也会减少受伤。也许是这样。在警方的记录中，讲台后面聚集的青年学生多达百名，一名头戴红色安全帽的男士自称"指挥者"。

但是，在攻防战正在进行的此时此刻，向讲台集合的命令仅仅是起到了打击士气的作用。不过，即便如此，那也是全共斗负责人的命令。通知说全部集中到讲台上。我把手里的铁管扔向楼梯下方。

讲台上催泪瓦斯的烟雾还在飘荡，三三两两的青年学生会集过来。但是，好像联络工作没做好，来的人不多。上面一层还有人在四处奔跑。讲台上，也没看到守备队长今井的身影。不管怎么说，这是全共斗成员的最后一次会合。必须说几句，但是，找不到合适的词语。

"即使被警察逮捕，也要用彻底沉默继续斗争！"说出来的，就是这么平淡无奇的一句。随后，法学部斗争委员会的成员单独聚拢在一起，对大家的意见做最后确认。理科专业的成员几乎都是独行侠，所以，最多也就是互相打个招呼。"有香烟吗？""谢谢！"等等。

最初进入讲堂的机动队队员，出现在讲台对面。

我们深深地吸入最后一口烟，一起向上方喷出。在催泪瓦斯飘浮的室内，喷出的烟在空中卷起一层烟波，随即消失。*

催泪瓦斯烟雾的对面，机动队队员从讲堂东侧的楼梯上闯了进来，凶狠地吼叫着。士气涣散的青年学生们四散奔逃。逃跑行动本身又增强了恐怖感。那是一种动物性的恐惧情绪。学生们三三两两各自逃跑，逃到讲堂两侧的昏暗房间里。有人已经在那里了。大家聚集在房内一角，缩着身子。那种情形再一次增强了恐惧感。在那个过程中，大概能够知道自己是多么渺小的动物。被身处绝境的恐怖感淹没的时候，人会缩小到那种程度。在鬼影般的机动队队员挥动警棍击打的声音中心惊胆战，挤在一起的青年们再次压低了身姿，似乎要钻入地下。都在发抖。

就在那时候，文学部的T同学开口说话了。

"大家怎么了？唱歌吧！"

一片昏暗。不知道究竟有多少青年在那里。但是，大家终于站立起来，互相挽着胳膊，歌声响起来。自然而然地，唱起《华沙劳动歌》。那首以"在堡垒上建造我们的世界"这句歌词收尾的歌曲：

> 暴虐的黑云压顶
>
> 敌人的扫荡凶残
>
> 奋勇前进！我们的战友啊！

---

*《狱中书简集》第5期，第6页。

打碎敌人的铁锁链！

　　唱着唱着，浑身都充满了力量。能听到昏暗的讲堂里混战的声音。一位青年听到这边在唱歌，咚咚咚地跑过来，大喊一声："干什么？战斗啊！"然后回转身去与追过来的机动队队员搏斗。

　　在昏暗之中涌进来的机动队队员，一会儿就挤满了大讲堂。

　　在讲堂一角的房间里唱歌的青年学生，最后互相挽着胳膊站立起来。他们渐渐克服了恐惧心理。最后，齐唱《国际歌》的时候，精神状态恢复正常，做好了思想准备——"该来的就来吧！"

　　机动队队员黑压压的一片扑过来，毫不留情地把学生打倒在地。铐上手铐之后，提起来再打。每一个机动队队员都手持警棍，穿着鞋底前部镶嵌了钢板的安全靴。而且，那是一个受过搏击训练、体格健壮的青年群体。对于那些饥寒交迫、睡眠不足的青年学生来说，被这伙机动队队员用手铐铐起来拳打脚踢，是一种非常特殊的体验。

　　加藤代理校长给予我们的唯一回答，就是机动队队员手持铁管，一边发出警告一边在我们头上敲打——要这个吗？要这个吗？作为历史长河中的一出闹剧，从加藤到佐藤，铁管的主人好像变了，但是，在这种场合，加藤或是佐藤，对于我们来说几乎没有什么区别。对于我们来说，应当注意的是，手脚不要动，尽量让机动队队员觉得这家伙已经死了，不能再打。说起来也许不是太体面，但是，为了保命只能这样做。

　　总而言之，确实被修理得够呛。*

＊《狱中书简集》第5期，第6页。

2点50分,试图进入大讲堂的摄影师们好像受到了机动队的阻拦。被铐住双手的青年学生,排列在讲堂外面那条本来由全共斗学生部队守卫的路上,被提着领子站立着,被从台阶上推下去。

"但是,还有钟楼部分可以坚守。那里,只有一段仅供一人通行的窄楼梯。在那里抵抗的话,大概能坚持几天。"大家都把最后的战斗希望寄托在钟楼守备队。

据说,安田讲堂守备队的成员全部被捕,是在下午3点50分。仅仅5分钟之后的3点55分,讲堂正面右侧四层的楼顶上,解放派的约20名青年列队站立,不停地齐呼口号,齐声唱歌。唱《国际歌》,唱《国际学联歌》。就在同一时间,在神田,青年们也在唱同样的歌。

"4点,在解放讲堂楼顶上,同志们合唱《国际歌》。半导体收音机播放的这首《国际歌》,神田解放区的工人、学生跟着唱,于是成了大合唱。"*

这青年们同声高唱的歌曲,是从心底发出的少有的战斗之声。

下午4点03分,机动队要打开分隔讲堂与钟楼的那扇铁门,开动了电锯。但是,通往钟楼的螺旋楼梯上的铁门不仅上了锁,而且焊了起来。电锯根本锯不开,机动队只好另想办法。

4点14分,加藤代理校长劝说安田讲堂里的学生投降。所有的青年记住的,只是他手持的麦克风的良好性能。据说,楼顶上的青年人中的一位,尚不满20岁,直到最后都在呐喊。

4点过后,加藤代理校长手持性能极其优异的扩音器,开始反复地、一字一句地、准确无误地喊着同一句话:"停止抵抗!出来!"我们使用价格昂贵但性能低劣的扩音器进行宣传,但是,周围是直升机

---

*《砦》,第530页。

的声音,水龙的声音,还有机动队队员为了练习射击技术发射催泪弹的声音,我们的宣传好像传不到地面。某一位新闻记者把手捂在耳朵上,用那种姿势告诉我们下面听不清,不要再喊,很高兴的样子。但是,我们一直宣传到最后一刻。因为,我们是将自己作为革命主体进行组织,而且也将他人组织到自己的队列中来。*

即使谁都听不到,但依然不停地呐喊,宣传鼓动,是因为青年们隐隐约约地感到,不是对什么人呐喊,而是对自己本人呐喊,即便如此,在某个地方也能够与他人发生连带感。即使将那种感觉付诸言辞的时候,尚且是一种十分稚拙的表现。

此时,在大讲堂里被捕的学生被押往讲堂后面,开始踏上通往拘留所之路。加藤代理校长借用警察的高性能扩音器劝告学生投降的喊声,在被捕学生的头顶回响,冷酷至极,如同占领军。

"到了现在,继续进行没有意义的抵抗,非常危险!只会使人受伤。请你们尽量立刻停止抵抗!请立刻停止抵抗!"**

最后那句话他认真地重复了两遍。这被记录下来。

警备第一科科长问他"您喊话吗?",并递过警用扩音器来,他才进行这种劝降广播。他是"占领军"的代理人。也许,加藤代理校长为终于打垮全共斗,描绘出"东大正常化、举行入学考试、作为知名校长君临校园"的未来蓝图并感到得意,但是,有的事情被他忘记了。他忘了,恰恰在那个瞬间,旧帝国大学校长面对警察权力时所拥有的权威与自治权,都跌落到了警察官员的一名科长的话筒之下。而且,大学拥有的一定程度的自治权与权威,并非由于调动警察机动队进校园,而是由于代

---

* 《狱中书简集》第 14 期,第 5 页。

** 杉冈昭:《记录汇编:东京大学——1 月 18—19 日》,《中央公论》1969 年 3 月号,第 168-192 页。

理校长借用警用扩音器得意扬扬地喊话这种行为,而永远丧失了。

同一时间,三岛由纪夫打电话,联系警备第一科科长。

"三岛由纪夫先生的电话打进总部,打给科长的。让转告科长,慎重处置,不要逼学生跳楼。说是不用回电话。"*

据说,三岛在安田讲堂攻防战开始的时候曾经说:"总之是一帮连死的勇气都没有的家伙。"所以,发生攻防战的两天里他的内心一定发生了什么变化。

据说,下午4点半,安田讲堂的播音与从前相比语调发生了变化。

合唱《国际歌》,接下来,一个头戴蓝色安全帽的人手持话筒对着楼下的广场呼喊:"现在播送我们最后一战的消息。面对背靠国家权力、拥有现代装备的警察机动队,我们用近于不设防的血肉之躯进行战斗,永不停歇。请各位认真地思考……"**

下午4点50分,在相当于钟楼底座的安田讲堂第五层,拆除铁门的机动队队员与学生部队展开攻防战。那场战斗可以从外面看到。

傍晚5点半,机动队爬上了安田讲堂正面左侧五层的楼顶。铁门砸不开,所以从楼梯间出来,用木梯从五层北侧的阳台上爬到楼顶。这样,讲堂顶层平台上的约90名青年学生全部被捕。

5点35分前后从安田讲堂里传出的最后的播音,被许多地方的许多人引用。

"我们的斗争胜利了。全国的学生、市民、工人朋友,我们的斗争绝没有结束,继续我们战斗事业的各位同志,将会再次从解放讲堂进行

---

* 佐佐淳行:《东大陷落——安田讲堂攻防战72小时》,文艺春秋,1993年。
** 《朝日》No.571,第513页。

钟楼广播。在那一天到来之前,我们停止这里的播音。"*

或者是这样描述:

"一直在播放《国际歌》,歌声中是时断时续的呐喊:'我们保证,一定会重新开始播音!钟楼广播站,暂时停止播音。'"**

傍晚5点40分,从神田地区出发、奔向安田讲堂的青年们,冲破机动队的重重阻碍前行一公里,在本乡三丁目与机动队发生冲突。这个地方,也就是当天下午青年们到达的离安田讲堂最近的地方。机动队已经被分散、孤立在神田、御茶之水、本乡等不同战线上,但还是设法成功地镇压了游行队伍。

傍晚5点45分,安田讲堂的最高处,钟楼顶上,最后舞动红旗的学生无声地把红旗靠在墙上,被登上顶层的机动队队员逮捕。

---

* 《砦》,第531页。

** 杉冈昭:《记录汇编:东京大学——1月18—19日》,《中央公论》1969年3月号,第168-192页。

第九章

安田讲堂事件的收场

加藤代理校长所谓东大校园内的"和平处理"的实际情形，已经由媒体向社会做了报道。新闻报道《被瓦斯弹击中，重伤者迭出》说："被警察机动队的瓦斯弹击中面部，5名学生受重伤，或摘除眼球，或嘴唇裂开。"* 不过，实际情况是"面部被瓦斯弹击中者18名"，全共斗方面的受害情况甚至是"失明1人，重伤76人"。**

东大斗争辩护团（团长杉本昌纯）从18日晚上开始就一直向东大当局提出进入校园的要求，但事情全部结束之前未能获准。

暴行的实态

东大斗争辩护团与东大斗争统一救援对策本部救护班，从1月19日开始向医院和警察局派出律师，调查被捕者受伤时的情况并确认其伤

---

*《朝日》No.571，第489页。

** 据东大斗争统一救援对策本部：《联合救援新闻》第2期，1969年2月1日。

情。调查结果如表2所示：

表2 东大校园内的伤者情况（据《联合救援新闻》第2期）

	18日（陈列馆、法学部研究室、医学部主楼）	19日（安田讲堂）	合计
灼伤	48（14）	61（21）	109（35）
挫伤	27（5）	60（12）	87（17）
裂伤	25（10）	40（14）	65（24）
骨折	2	6	8
眼球损伤	6	13	19（4*）

括号内为重伤人数。（4*）的4名重伤者中1人失明。灼伤是催泪液造成的。

工学部陈列馆：在楼顶平台上被瓦斯弹击中面部受伤的人当中，一人失明，一人头盖骨前部多处碎裂。而且，后者的手、肩部、胸部还被灼伤。另有一人在楼顶上被泼洒催泪液，双手与下半身被灼伤，不得不住院治疗，被捕时被机动队队员用铁管击打嘴巴，致使两颗牙齿脱落。

法学部研究室：一名学生在楼顶上被瓦斯弹击中右手，被抓获之后又被从楼顶上推落到地面，腰部右侧和左脚严重挫伤，两枚牙齿脱落。在三楼楼梯附近被瓦斯弹击中面部的学生，眼角膜损伤。

安田讲堂：被瓦斯弹击中面部者三人。其中一人在救援对策室（位于讲堂四层）就缝了六针，在这个房间被捕之后，机动队队员两三次击打其肩部和胸部，导致他上颚骨开裂，四颗牙齿脱落，手也被灼伤。第二位在讲台一侧被瓦斯弹击中，摔倒在地，昏迷不醒，被抬到救援对策室，机动队队员在那里逮捕他的时候，踢他的腹部。诊断结果是面部跌打伤、迷路震荡、头部骨折，外加脑损伤。第三位身在讲堂三层，先是头部被瓦斯弹击中，接着腿部又被击中。他被捕之后又被机动队队员用铁管殴打，21日伤情恶化，以致站立困难，无法行走。

在安田讲堂里，机动队队员围殴全共斗的青年，不停地施暴。被打者中，有一位是被约十名机动队队员用铁管、角木殴打，眼睑裂伤，缝了20针。对于那些戴着手铐、无法抵抗的青年，机动队队员同样不停地殴打。有的被铁管殴打，右眼、双脚皮开肉绽；有的嘴巴被手电筒敲、头被角木打、腿被铁管砸；有的被盾牌、警棍打，脸被靴子踢；有的被铁管击打腰和脸；有的头部、颚部多处受伤流血，缝了许多针；等等。受害情形各不相同。

被捕之后在押送的过程中，机动队的暴行也没有停止。其中有机动队队员捡起铺路的石块，从后面打学生，一名学生左耳周围被砸伤，缝了20多针。甚至在众目睽睽之下的讲堂入口处，还用铁管击打被捕者的头、脸、腿，施以私刑。此时被打的青年中，有一名记住了第四机动队施暴警察的姓名。

青年因被捕后受到私刑虐待而控告警方的案件多达77件，在安田讲堂里被捕的397人当中，约70%（269人）不同程度地受伤。*

第八本馆与入学考试终止

由于被安田讲堂攻防战所遮蔽而鲜为人知的是，同一时期，在东大教养学部，日共系统的部队对据守在第八本馆的东大全共斗派青年学生的攻击，达到了巅峰状态（参阅本节附注）。

1月15日，自名据守第八本馆的东大全共斗学生，为了参加本乡校区的集会走出大楼的时候，包括自治会委员长今村在内的一群人被日共系统的部队抓住。

今村后来这样说："可倒了大霉了。尽管现在想来，并没有遭受多么严重的暴行。眼睛被蒙上，双手被捆在背后，被押到宿舍里，捆在椅子上。那种感觉很糟糕啊！"

---

* 三一书房编辑部编《战后学生运动》别卷　资料，三一书房，1970年。

日共系统的部队开始解除全共斗对第八本馆的街垒封锁，但是，经过激烈的攻防战之后，刚刚解除一楼的封锁，战斗就停止了。虽然今村委员长被抓走，但是，在年龄最大的助教最首悟老师（助教共斗所属）的指挥下，第八本馆防卫队进行了勇敢的战斗。

　　此时，平井教授（评议员）等数名教官前往被日共系统部队占领的驹场寮食堂，做说服工作。今村委员长一行因此获释，得以返回第八本馆。

　　从这一天开始，日共系统部队开始包围第八本馆。

　　"首先，那天，代代木系统人员占领电闸所在的一层之后，立刻切断了电、煤气、自来水。在本乡校区的安田讲堂，18日警察机动队进入校园之前，水、电、煤气并没有停。也有人说，在驹场，是代代木系统的人员要求校方关掉的。"*

　　16日，全共斗方面的约300人为了救援第八本馆，闯入驹场校区，与日共系统部队发生冲突。冲突中，全共斗派的3名学生被对方抓住、带到驹场寮，遭受私刑。此日，日共系统部队"进驻"（《弘报》用语）第一教研室，切断了第八本馆的水、电、煤气，甚至用投石机向第八本馆扔石头，本馆北侧的窗户玻璃全部被打碎。

　　新闻报道说，由于日共系统部队的包围，到这一天为止，第八本馆的食品全部吃完，大家陷入饥饿状态。由于占据一楼的日共系统部队关上了自来水，饮水也成了问题。更糟糕的是厕所无法冲洗，据守一方陷入痛苦状态。如果是楠木正成**，大概能想出废物利用的办法，但据守楼上的青年们都是绅士。

　　17日，包括8名女生在内的11人离开了固守的"城池"第八本馆。另外，两名学生勇敢地冲到一层打开自来水开关，暂时解决了据守一方

---

* 《朝日图解》1969年2月7日，第22页。

** 楠木正成（1294—1336），日本南北朝时期的武将，在守城作战中曾向敌军泼洒排泄物。——译者注

的用水问题。

18 日，全共斗派 200 人在正门前集会之后，组织起游行队伍，前往中央大学参加集会，继而前往本乡参加争夺安田讲堂的斗争。

19 日是加藤代理校长宣布"今后，持有角木与其他凶器以及安全帽等物品者，一律不准进入校园"的前一天，所以，日共系统的部队似乎是得到了学校当局的许可，充分利用安全帽、角木、投石机等武器，开始解除第八本馆的街垒封锁，占领了第二层。

20 日，报纸报道了终止入学考试的消息。当天，加藤代理校长会见记者时声称"对政府表示强烈抗议"，说："我想等到纷争的处理工作结束的时候，表明自己的抗议努力与承担责任的方式。"《朝日新闻》根据此语报道说加藤"暗示辞职"，但加藤说的并不是"承担责任"。这一点一目了然。

同日下午 3 点过后，全共斗派的约百人带着送往第八本馆的食品，来到驹场正门前，与阻拦他们的日共系统部队发生了冲突。警察机动队介入冲突，只逮捕了全共斗一方的 5 个人。尽管如此，全共斗人员并未退缩，参加行动者增加至 200 人以上。但是，最终依然未能将食品送到第八本馆。

21 日中午 11 时 45 分，据守第八本馆的最首助教率领下的、包括今村委员长在内的东大全共斗驹场共斗的 75 名成员（一说 73 名），解除封锁走出大楼，与前来增援的 70 人会合。

"11 时 45 分，第八本馆里的 75 名人员（其中女性 6 名）走出本馆正面出口，*在第一本馆南侧与增援队伍会合。"**

---

* 原文中"威风凛凛地"（平井评议员的印象）在第 17 期被删除（《弘报》，第 246 页）。《弘报》的记录实在详细。收录《平井评议员的印象》一文，又做部分删除，而且将删除情形记录下来。戏法精湛。我这里也东施效颦，展示其精湛戏法。

** 《弘报》，第 243 页。

全共斗部队将女学生编入不同小组，赤手空拳地与攻打过来的近200名日共系统部队成员对决，出了驹场校区。此日相当于加藤代理校长所说的"今后"，所以日共系统的部队也未能使用武器，只能（！）用拳打脚踢的方式施暴。

22日，加藤代理校长发表了声明：

"很遗憾，由于1月20日政府做出了停止入学考试的决定，因此，入学考试的举行，在事实上已经成为不可能。我想，这对于各位同学来说，也是巨大的冲击。"

所谓"冲击"，大概是打算参加入学考试的考生们的问题。对于在校大学生们来说并不是什么冲击。不过，对于企图通过举行入学考试来向外界展示东大已正常化这种表象的学校当局来说，对于配合学校当局行动的日本共产党来说，大概是个冲击。

［附注］在被称作"八本"的驹场第八本馆，残留着学生们胡乱涂写的讽刺文字：

"行动进程表：驹场学生集体留级→一年级新生入学→战斗力增强→斗争胜利。"——有这种快乐的青年。

"团体交涉比花美，棍棒比论辩有力。狗往前走也会撞上石头，孩子们三年流浪生活。警棍击打身体，可恶的家伙戴上手铐。嗓子发干饥肠辘辘，积少成多长期占据。医学部里无良药，旅途同伴当逃兵。"——有这种快乐透顶的青年。

"本室居住者：43L Ⅲ 6［昭和四十三年入学的文科Ⅲ类文学部升学预备班第六组］罢课执行委员会、班级报纸《后卫》编辑部成员，冲绳研反主流派L Ⅲ斗争事务局成员一名，划艇队队员一名，来自三鹰寮的学生一名……"——什么样的青年都有。

逮捕、拘留、起诉

在1969年1月东京大学连续多场的斗争中,有多少人被捕?又有多少人作为被告受到审判?相关资料数据各不相同(见表3),但实际担任审判工作的法官的论文是最为详尽的。* 在1月9日、10日的事件中,已经有200名青年被逮捕,18日,东大校内有285人、神田和御茶之水一带有57人被捕。19日,安田讲堂有397人、本乡三丁目等处有79人被捕。被捕者总数达1018人。被捕青年中的女性,在工学部陈列馆是3人,法学部研究室是11人,安田讲堂是17人。

表3 1969年1月因参与安田讲堂事件为中心的东大斗争而被逮捕者、被起诉者的人数

	《砦》* 1969		礒边卫 1969			佐佐淳行 1993	警视厅 2005
	逮捕	起诉	逮捕	拘留	起诉	逮捕	逮捕
1月9日	51	11	51	37	14	51	—
1月10日	146	46	149	124	41	149	143
1月18日合计	308	204	342	287	209	311	—
神田	55	10	57	39	11	55	—
东大校内合计	241	179	285	248	198	256*	257
陈列馆	38	28	—	—	—	38	38
法学部研究室	167	121	—	—	—	169	—
医学部	22	17	—	—	—	15	—
法文2号楼	14	13	—	—	—	0	—
1月19日合计	478	336	476	441	342	457	—
安田讲堂	393	295	397	378	316	377	377
神田等其他	79	25	79	63	26	80	151**
1月20日	5	3	—	—	—	—	—
总　合　计	988	600	1018	889	606	968	—

*《砦》里各建筑物内的人数明细引自《联合救援新闻》,所以与《砦》里的合计数据对不上。
**18、19日的人数合计,各方面的资料均不一致。

---

* 礒边卫:《东大事件审判概观》,《法学专家》(『ジュリスト』)第438期,第52-55页。

被捕的约 1000 名青年学生中，六成的人被起诉（就安田讲堂而言是八成），继而被押送到拘留所，等待审判。与在街头被捕者不同，据守在东大校园内的 682 名青年学生中，514 人被扣上强占公共设施、妨碍公务、大量持有凶器乃至放火等多种罪名，严峻的考验等待着他们，直至将来（参阅本节附注）。

2 月 10 日，东京地方检察院发布了对参与东大安田讲堂、神田、御茶之水事件的共 509 人（其中女性 7 人，移送家庭案件法庭者 118 人，该数据与表 3 有异）进行起诉的公告。对此，媒体进行了如下报道：

> 这种对于大量涉案人员的集体起诉，从战前到战后都没有先例。
> 因东大、神田两次事件被起诉的学生共 509 名［其中与东京大学相关者 474 名］，分别属于 82 所大学［其中有一所美术院校］，从北海道至九州，遍及日本全国。
> 从各学校的人数来看，东京大学 83 人，广岛大学 29 人，早稻田大学 23 人，同志社大学 18 人，明治大学、法政大学各 16 人，东北大学、芝浦工业大学各 14 人，京都大学 13 人，［中略］山形大学 9 人，九州大学 8 人。*

同日《朝日新闻》还刊载了"被起诉者中的主要干部"一览表，在报道中列举了各党派的 5 名代表和东大全共斗的 3 名代表。党派代表中的一名是东大学生，所以，即使是学生干部的比例，来自东大的与来自其他大学的，也是各占一半。这些人的年龄，29 岁的东大全共斗前议长今井澄（已故）最年长，二十五六岁者最多，最年轻的是 22 岁（笔者亦然）。东大全共斗议长山本义隆本年 27 岁。

---

*《朝日》No.572，第 277 页。

从所属学校来看，被起诉的学生中东大学生最多。本来，斗争是在自己所属的东京大学落幕的，所以被起诉者中东大学生最多也是理所当然。当时，以自己的一生为代价来承担责任的青年学生，是这样多！

但是，所谓"东大的学生从安田讲堂逃跑"的流言却四处传播。

佐佐淳行说："从公安部门的搜查、审讯结果中得知，在安田讲堂里逮捕的 377 名学生当中，东大的学生仅有 20 名。"*

此言并不属实。

被起诉的青年学生中，要求统一公开审判者被分为约 10 人一组，形成了分别接受审判的局面。不过，各组是按照抓捕场所（占据的建筑物）、所属大学以及党派来区分的。东大斗争辩护团对于被分到各组接受审判者所属小组的名称与人数，做了记录。**

根据那份记录，东人的本科生被分为两组（名称是"安田 19 组""安田 20 组"），包括守备队长今井澄在内的东大青医联成员与研究生院队伍的学生，也被分为两组（名称是"安田 17 组""安田 18 组"）。仅仅是这四组就有 54 人。此外，按党派分组的各组中也有数名东大学生。***

佐佐认为，包括在东大校园内安田讲堂之外的场所逮捕的学生，共计仅仅 38 人。不过，这反倒证明，在东大校园内的医学部等其他建筑中，还有超过 18 名东大学生被捕。

在安田讲堂被捕者中，八成的人被起诉。如果东大的学生也占同样的比例，那就表明，安田讲堂中的约 80 名东大学生加上其他建筑物中的学生，共计有百名前后的东大学生据守在东京大学。佐佐的记述明显不符合事实。

---

* 佐佐淳行：《东大陷落——安田讲堂攻防战 72 小时》，文艺春秋，1993 年。
** 东大斗争辩护团编《东大审判——什么被追问？》，田畑书店，1969 年。
*** 安田 14 组中有 4 名东大学生。另外，第 8 组、第 11 组好像也有东大的研究生，但人数未能确认。

被起诉的606名青年学生中的462人，反对东京地方法院制订的将被告分为约10人一组进行"分离审判"的计划，要求进行全部被告由同一法庭审理这种"统一公判"，为此展开了斗争（见表4）。

表4　因安田讲堂事件等东大学潮相关事件被东京地方法院起诉的学生按组别区分的公诉事实（"罪名"）[根据起诉书（仅限要求统一公开审判的被告人）]

根据场所的分组数	被告人数	公诉事实
安田讲堂相关1组	10	大量持有凶器
安田讲堂相关21组	248	大量持有凶器、拒绝离开、阻碍执行公务
工学部陈列馆2组	19	大量持有凶器、拒绝离开、阻碍执行公务、放火
医学部综合中央馆1组	13	大量持有凶器、拒绝离开
法文2号楼1组	13	拒绝离开
法3号楼*7组	98	大量持有凶器、拒绝离开、阻碍执行公务
神田御茶之水事件（个别人）	6	公诉事实每人不同
本乡3丁目相关1组	17	阻碍执行公务或大量持有凶器
合　计	424	
秩父宫橄榄球场3组	38	大量持有凶器
总　计	462	

*法3号楼也叫法学部研究室，简称"法研"。

[附注]被捕青年是经历了逮捕、拘留、起诉、羁押等阶段之后接受审判的。普通人对这一过程不甚了解，故在此略做说明。

据守安田讲堂的青年学生们是被机动队队员逮捕的，而警察方面称之为"抓获"。如果是被逮捕，会被戴上手铐押送到警察署，拍照，双手留指纹。这样所谓"被抓获者"（嫌疑人）被制造出来。随后有警察的审讯、取证，一应程序结束之后，被送进警察署内的拘留所。

被逮捕的时候可以请律师。通过律师能够与外界取得联系，所以必须牢记救援对策本部的电话号码与律师的姓名。

如果警察经过审讯、调查之后决定起诉，则作为"送检者"（移送法院提请审判者）记录在案。到了这个阶段，报纸等新闻媒体机构能够知道被捕者、送检者的具体人数。

检察官在审讯调查之后，向法官申请办理拘留手续。在未能获得拘留许可的情况下，在拘留所羁押四天三夜之后即释放。但是，安田讲堂事件的情况是，95%的人被拘留了（尽管在安田讲堂中被捕但没有被拘留的约20人，是什么人？）。这样，必须做好至少在拘留所生活三周的准备。拘留所的房间是铁栅窗、水泥地，当然还有警察24小时监视。没有棉被，所以只好把几条床单叠在一起裹在身上御寒。这是同室的小偷传授的方法。

可以要求审判时明确解释自己被拘留的原因（即"展示拘留根据之审判"），所以能够前往地方法院。当然，是乘警车去，而且一路戴着手铐，谈不上舒适。从装着铁栅的警车车窗看到的外面的世界，与从前看到的世界完全不同，大概任何人都会感到惊恐。

在这次公开审判中，仅仅是被简单地告知受审的原因。不用说，被拘留之后，接下来要与刑警、检察官斗争。在没有暖气的寒冷拘留所，继续与同室的其他被拘留者住在一起。在拘留期限结束之前，决定是否起诉。若不能决定，即释放。

一旦决定起诉，就会被拘留在这里更长的时间。这被称作"羁押"，从此成为被告人。

被告人可以由法院提出保释条件，如果不符合条件、不缴纳保释金，就不能离开拘留所。在此期间如果开始审判，就要往返于法院与拘留所之间。

投入审判斗争

3月6日,东大斗争辩护团提出了对在东大校园等处被捕、被起诉的375人进行集体审判的申请。在东大斗争的审判过程中,不仅要在法院里与检察院一方斗争,还要与法官斗争,甚至采取拒绝出庭的行动。这种斗争史无前例。因此,甚至律师都曾受到惩戒处分。即,连律师都展开了斗争。

山根二郎律师说:"在法院里被抓住,接着被送到东京拘留所,就那样住了四天三夜。"

被捕、被投进监狱也不屈服的学生们,成立了被告团,要求统一审判,在拘留所与中野监狱里持续斗争。不仅是为了自己与同伴所要求的公开审判,也是为了反对越战,他们用拒绝保释、绝食等方式进行斗争。由于长期绝食,健康严重受损,有人是由医生强制性地打吊针才保住了性命。对于被告者们来说,被关进没有书报、无法进行体育锻炼的监禁牢房,是自然而然的。其过程,这里一言难尽。

进而,全共斗也向被关在单身牢房中的青年发出指令——用即使获得保释许可也不接受的方式进行斗争。即使在单身牢房里消耗数月,也自觉、坚定地拒绝保释——将这种行动命名为"斗争",这种事情只有当时的青年才能做得出来。

救援对策本部的成员们承担着向被告人传达"拒绝保释斗争"的任务,他们大概才是最为痛苦的人。狱中的青年们同样在发出怒吼声。

"什么?拒绝保释斗争?是没有保释金吗?"

"不。不是保释金的问题。是针对法院的分别审判,要求统一公开审判,因此进行斗争。"

"此话当真?"

"是全共斗的决定。"

"真是……"

这样，某位青年独处单身牢房长达 10 个月。不过，值得庆幸的是，后来虽然被判刑两年，但剩下的在监狱服刑的时间只有一年零两个月了。当然，能不能说"值得庆幸"还是个问题。

东京地方法院的审判，是将被告分为十数人一组，从 1969 年 5 月 27 日开始进行，在同年 11 月 28 日至 1970 年 11 月 26 日之间相继做出了一审判决。身为被告的青年学生们要求统一审判，拒绝出庭，因此有 247 人的审判是在被告缺席的情况下进行的。在东京地方法院，这种异常状况有史以来未曾出现过。

我手头的资料全是有关缺席审判的。安田讲堂被捕者中，判刑两年零六个月者 2 人，两年零四个月者 1 人，两年者 5 人，而一年零六个月者最多，多达 28 人，判刑最短者为一年零四个月。其中，一审即被判刑且不得缓刑的东大学生，两年零六个月者 1 人，两年者 1 人，一年零十个月者 2 人，一年零八个月者 2 人，一年零六个月者 1 人，一年零四个月者 1 人，共 8 人（东大学生中判刑最重者为两年零十个月）。

这些青年人，把人生的大部分时间都花费在了审判斗争上。不过，对此也各有自己的理解。判刑，将青年学生们投入日本社会的犯罪者当中去了，但青年们在那种经历中的收获也是巨大的。至少，他们体验了平时绝对看不到的人类社会最为极端、最为残酷的生活，在这种生活中受到锻炼，找到了自己的道路并勇敢前行。看着铁窗外的晴空和自己所爱者的幻影……

第十章

1969年与当下

1969年3月12日，辛夷花开的季节再一次从东京开始的日子，春雪纷纷扬扬从天而降。那一天，躲在房内的秋田明大听到了急速敲打大门的声音。1月26日日本大学理工学部遭到强行搜查，继而，2月2日法学部、经济学部、工学部的街垒也被警察机动队拆除。这样，日本大学全共斗失去了据点，秋田在朋友的帮助下逃走。据说，在房主家的人与门外的警察周旋之际，秋田上了二楼往下一看，发现多名便衣警察已经包围了那所房子。他毫不犹豫地跳到覆盖着厚厚白雪的院子里，穿着袜子在雪中奔跑，直到被抓住。他说："我拼命往前跑……"

关于日大斗争，秋田明大在铁窗中是这样写的：

"这一年间的斗争，使我的思想燃烧起来。前面已经写过，从斗争中得到的教训，现实性的教训，大概是没有吧。而且，我也曾写过，斗争中理应存在着什么。因为，那十分现实性地获得的成果是伟大的。"*

＊秋田明大：《狱中记——在异常的日常化之中》，全共社，1969年。

历史评价

　　日大斗争的伟大之处，历史现在尚未给予认可。不过，在此，我想介绍评价历史的一种观点。作家长部日出雄从独特的视角论述过1960年的安保斗争，说那场斗争阻断了日本再次军事化的进程，"发挥了防止我国直接介入其后在安保条约所谓'远东'的范围内发生的越南战争的作用。确实如此！"*。

　　"历史"之中，唯有事实被汇集在一起，不存在未曾发生之事。不过，关于历史，评价未曾发生之事的观点是可以存在的。

　　我们置身于历史的高潮之中。总是看不到历史的全貌。但是，感觉到了什么。青年们在那种感觉中成长。秋田明大在雪中奔跑的时候，在安田讲堂中被捕的学生们身处拘留所，忍受着寒冷与孤独，度过一天又一天。他们身上也镌刻着成长的印记。那与历史性的成功完全不发生任何关联，与他们个人的显达亦毫无关系，但是，他们目睹了个人与历史的结合点。那就是经过了长时期的压抑之后，甚至于让人觉得"终于明白了那究竟为何物"的某种"巨大的"东西。那是秋田明大在狱中感觉到的"伟大的"某种东西，确如他所预感到的。

　　有一位从完全相反的方向观察，但战栗于同样感觉的男士。他就是三岛由纪夫。那种"感觉"，就是他在安田讲堂攻守战第二天的发言，就是1969年5月在东大驹场校区的"与全共斗的对话集会"上所谓"天皇与各位如果跟我打招呼，我当然愉快地与各位携手，不过……"**一语所表达的含义，就是在集会之后的6月16日写下的文章。

---

* 长部日出雄：《天皇来自何处？》（新潮文库6663），新潮社，2001年。1996年初版。

** 三岛由纪夫、东大全共斗：《美·共同体·东大斗争》，角川书店，2000年。新潮社，1969年初版。

"东大问题,乃战后 20 年间日本知识分子充满虚荣、不端而又怠惰之精神的终结性事件。这就是我的看法。"*

三岛由纪夫追求凶险、黑暗环境中光芒四射的死亡。但是,荣光并非他在自己的著作中多次梦想的那种东西——所谓"某一天,天门洞开,伴随着天使的号角,光芒四射的光带"从天而降。荣光就存在于日常生活之中。他意识到这一点的时候,那个时刻已经逝去。但是,在当时的成年人之中,仅有三岛由纪夫一人,无法忘却青年们的反叛这一事件——青年们努力进入眼下正在进行的历史却屡屡受挫。

不懂得三岛所谓"人性之恐怖"的青年们高喊着"正义"而展开的暴力斗争,在暴力斗争转向自己阵营中不同组织的时候,即自己舍弃了那种"正义"。被称作"内讧"的青年同志之间的暴力冲突,不管他们的主张在主观上是怎样的,但在当时的日本社会之中是不被接受的。

不过,即便如此,在此时青年们以性命为赌注提出的主张之中,存在着理应镌刻在历史上的意义。那就是对于世界史而言反战的重要性,那就是在日本社会与文化方面指出了教育的根本错误。所谓日本教育的错误,并非那种所谓"填鸭式""寓教于乐"或者"学习能力低下"之类的问题。那些问题毕竟仅仅是呈现了教育问题的一个侧面。

日本的教育存在着根本性错误

在现代日本的教育过程中,关于"人性之尊严"——或者借用三岛的用语称之为"人性之恐怖"——的教育,一直被完全无视。那种教育中,缺乏对于我们人类的善与恶进行完整讲授,或者进行完整体验的学习体

---

* 三岛由纪夫:《为了年青的武士》,文艺春秋,1996 年。日本教文社,1969 年初版。

系。因此，每个人在其精神成长的过程中，甚至失去了进行培养世界观工作的途径。

日本的教育，沦落到了仅仅是试题加答案集的程度。

"重要的并非头脑的问题，而是学习要领的问题。若非如此，人们就不会同时学好数学、物理、国语、英语、生物、绘画与音乐诸门课程。——我就是依靠要领考进东京大学的，我说得不会错。"*

我完全赞同小中阳太郎所言。为了考入东大，无论是智力、才能，还是对学问的热情、对知识的渴望，都是完全不需要的。关键是是否掌握了熟练处理回答那些规定问题时的要领。仅此而已。那种情况下，必须蔑视提问者的水平——"反正仅仅是要求这种程度的回答"。这是因为，猜题、答题这种事情，并不要求对学问有深入的理解。

不过，对于同一问题，不同的人还有另一种看法。评论家大宅壮一说：

> 在大部分家庭中，都是以"教育妈妈"为中心，从孩子上幼儿园时期开始，就建立起应试体制，整个家庭都是督促孩子"上大学！""上大学！"所以，孩子们的全部欲望都受到压抑，被塑造成应试机器人。[中略]结果是，这些人一旦考入大学，就如释重负，有一种大功告成的心境，试图找回被剥夺的青春。因为考取大学这件事本身是目的，所以学问之类的东西是无所谓的。**

到了此类不切实际的评论家嘴里，教育问题被极端简化，而且被表述得浅显易懂——所谓"全部都是'教育妈妈'的责任"。代表战后日

---

* 小中阳太郎：《加藤代理校长的悲剧性误判》，《宝石》1969年3月号，第70-77页。

** 大宅壮一：《日本的大学尚为原始的殖民地村落》，《胜利》1969年3月号，第43-49页。

本文化的，是横行无忌的"评论家""特邀嘉宾"，他们是猜题文化的衍生品，是"聪明脑袋"的样本——不进入学问的深海，仅仅做表面的模仿，掌握了回答一切无须自己负责的问题的要领。

不过，这个问题在此无法详论。只举一个例子吧。在日本之外的许多国家，都有宗教教育。拿一本基督教、犹太教的《圣经》来看看就可以明白，那是让人惊异的著作，是教诲之书。但是，那里有对于人的完整理解，有一个基础。不过，这里还是不要勉强地说"所有的国家"。亚洲人还有另外一条路。

明治维新之前的日本教育中，有背诵的训练。孩子们通过背诵，在尚未充分理解文字内容的时候，得以直接接触在当时被认为是最精粹的思想。背诵，几乎曾经是塑造健全人性的唯一方法。* 但是，这些都在明治维新之后的日本教育中消失了。

第二次世界大战中日本的战败，因战后美国的占领政策中高等教育的崩溃而变为根本性的失败。日本的大学成了最糟糕的游戏场所。日本人是不幸地以 GHQ（驻日盟军总司令部）制定的政策为背景建设大学，这也是从战前延续下来的、日本殖民地化的、欧美崇拜型奴隶教育的极限。

每日新闻社社论委员村松乔，在安田讲堂攻防战刚一结束的时候撰写的文章中说：

> 关于东大的重建，无论是谁、无论怎样认真地思索，都找不到任何被认为是有效的手段。这就像面对腐尸找不到使其苏生的方法一

---

* 这里说"几乎是唯一的方法"，意思是在文字层面的教育方法。因为，在大自然中通过游戏来学习，通过实际劳动学习，通过儿童集体游戏学习，从运动身体的技术学习，以及美的守护者河野宽次郎所说"孩子们置身风土与社会当中，通过口、鼻、目、耳、皮肤获得的营养"，所有这些都是教育中不可或缺的。

样。那种生物无法适应现代社会，已经死灭。只是，因其在过去的年代曾经茁壮而高大，所以无法确认其生命的丧失。这就是东京大学的"现实"！ *

唯有日本的高等教育，与"腐尸"这种比喻最相称。当时的青年们切身感受了那种"腐尸"感。他们经历了初中、高中、补习班时代的"考试战争"，最后在大学里与"量产教育"相遇。明治维新之后日本教育的腐朽部分，在战后被美国主导的占领教育扩大化，进而被青年学生数量的增加与营利主义教育理念再次扩大。那种"量产教育"，无非就是这么个玩意儿。那是接近死亡的教育，在当时几乎已经成为"尸体"，并非仅仅是由战后的婴儿潮引起的教育界的矛盾。

重要的是，那也是一种不将存在于其中的东西彻底腐蚀绝不罢休的组织体系。唯有这种体系，才证明着东大教授们在东大斗争中呈现的、三岛由纪夫所说的"充满虚弱的、任性、散漫、懒惰的精神"，才证明着从毕业到就职一拥而上的东大毕业生的堕落精神，才证明着必须以那种堕落精神的主体为社会领导者（从前的那些军队参谋、劳工运动领导人、高级官员）的从战前贯穿到战后的日本的不幸。

用书面的、文章的形式将那种"充满虚弱的、任性、散漫、懒惰的精神"展示出来的，就是"七学部代表团"签订的《十项确认书》和加藤代理校长所做的解说。

---

* 村松乔：《东大之灯熄灭》，《每日图解》1969年2月15日增刊，第54-55页。

《十项确认书》的闹剧

  1969年1月10日，在秩父宫橄榄球场上，由警察机动队"守护"，"七学部代表团"与加藤代理校长签订了《十项确认书》。关于该确认书，两个月之后的3月9日，加藤代理校长本人发表了《解说》*。

  对青医联的处理是怎样的情形？《十项确认书》是这样表述的：

  "学校当局将青医联作为正规交涉团体予以正式承认。相关具体内容，交由医学部教授会和医学部的学生、研修生今后讨论。"

  再次阅读这段文字，我甚感吃惊。这样正规的文件仅此一份。不存在"青医联"这个团体。那不过是一个习惯性的统称。正规的确认书，却使用这种泛称来处理问题，这就是"代表团"的水平。加藤代理校长作为法律专家，在"解说"中轻而易举并且理直气壮地指出了那种不严密：

  这里所说的"青医联"，是指东大校内的那个组织。但是，青医联是由若干组织构成的，所以，这里所谓的"青医联"，是作为固有名词指称从前一直存在的青医联呢？还是作为普通名词来指称青年医师的联合组织呢？这会成为问题。现在以"青医联"为名的组织有若干个，所以我认为只能将其作为普通名词来理解。不过，可以说，如果可能的话，希望将来"青医联"的组织能够统一。**

  加藤代理校长的话术之中，包含着大日本帝国大本营参谋以来的

---

* 加藤一郎：《〈给七学部代表团的确认书〉解说》，东京大学出版会，1969年。

** 同上书。

日本型秀才的逻辑结构。提出现实生活中不会有的解决方法，表示同意。但是，看看现实，可以清楚地知道那是矛盾的。但是，那种矛盾并非存在于接受提案的代理校长一方，而是指出对方存在的问题。这样，自己一方即可毫发无损、昂首挺胸。《矢内原三原则》*在《确认书》里是被这样表述的："关于本科生、研究生的自治活动的自由，（其一）学校当局终止废除《矢内原三原则》的意向。"

加藤代理校长所做的解说如下：

"对此，好像也有这样一种理解方式，即认为是承认了学生的罢课权。但是，罢课权这个用语也是含义不明的，即使罢课也不会立即成为处分的对象——是否在这种消极的意义上承认罢课，在基于多数学生的意见决定罢课的情况下，校方是否考虑那会约束学生因而停课，如此等等，包含着因事实不同而必须具体讨论的问题。这样一来，可以说，抽象地谈论是否承认罢课，是没有什么意义的。"**

这样，学生的罢课权等就成为"没有什么意义"的了。

在这份解说被公布不足三个月之前的东大斗争全盛期，关于罢课，加藤代理校长曾经这样说：

"［罢课］作为学生们在做好了于己不利的思想准备之后所采取的抗议形式，不作为处分对象——这种认识也是值得充分讨论的"（1968年12月2日）；"关于所谓的矢内原三原则，在将其终止的基础上，关于作为学生抗议形式的罢课的基本认识，我想和各位一起拿出明确的结论"（1968年12月26日）。

在斗争结束之前，就用甜言蜜语来欺骗吧。只要能用含混的词语欺

---

* 加藤代理校长这样说明《矢内原三原则》："所谓'矢内原三原则'，即曾经思考：将罢课作为违反大学本质的行为，全部视为违法，提出罢课方案或者将罢课作为议题提出等行为，立刻成为处罚的对象。""原则""曾经思考"这种表达方式是异常的。身为法学教授的这位，是否真的思考过问题？

** 加藤一郎：《〈给七学部代表团的确认书〉解说》，东京大学出版会，1969年。

骗成功，就行了！"但是，斗争既然已经终结，我就把甜言蜜语的真实内容展示给你们吧！那就是所谓的'教育'。"加藤代理校长用"解说"的形式发表了宣言。但是，对于代理校长如此程度之诡辩的"解说"文件，后来甚至当了文部大臣的经济学部町村"代表团"议长们纵容而且照单全收，这些人难道没有责任吗？*

药学部没有参加这份《十项确认书》的签订，而是在 2 月 1 日补充签名。但是，2 月 15 日的学生大会做出了取消署名的决定。药学部的学生们尚且保持着健全的判断力。

尚未算总账！

1968 年、1969 年学生运动的"总账"尚未清算。其简单的概况，从当年被捕青年的数量中可以看到。1968 年，因反战斗争被捕者为 4627 人，校园斗争中的被捕者为 1050 人，被捕人数合计高达 5677 人。**

我们已经知道被捕青年的人数，但是，死者、伤者的总人数，至今未能掌握。在 1 月 18 日、19 日两天的战斗中，1 人失明，76 人重伤，但是，在日本大学的斗争中，2 人失明，6 人半身不遂，523 人重伤，轻伤者达 6000 多人（据日大全共斗救援对策本部 1969 年 2 月 1 日的《联合救援新闻》***）。负伤人数的巨大数字，诉说着右翼体育会以及警察机动队

---

* 这里的"町村"当指町村信孝（1944—2015）。东京大学毕业，1983 年当选日本众议院议员，曾任日本文部科学省大臣（相当于中国的教育部长）。——译者注

**1960 年安保斗争中一年间的被捕者为 325 人。据三一书房编辑部编《战后学生运动》别卷　资料，三一书房，1970 年。

***在日大斗争中，997 人被捕，68 人被起诉，27 人被拘留，713 人受重伤（其中 3 人失明），6296 人轻伤。（均为 1969 年 5 月 20 日统计的总人数，日大斗争救援会调查结果，见《朝日专刊》1969 年 6 月 1 日号）这些数字表明，即使是在进入 1969 年之后，日大全共斗的被捕者、负伤者人数也在持续增加。

对日大学生攻击的激烈程度。而且，在日本大学，被捕者达 635 人，被起诉者达 29 人，另有 36 人被拘留，这些数字证明着警察是怎样无差别地抓捕日大学生。

东大内斗造成的重伤者、轻伤者人数并未公布，但那给予同龄青年一代的影响，是近于"地狱体验"的。有至今仍在颈椎损伤的后遗症中呻吟者，有在内斗的恐怖中冒冷汗者，有遇到无解的人生难题而自行终结生命者。曾经有过，37 年过后的今天依然有。

在安田讲堂被捕的青年学生们身处监狱，只能隔着墙壁倾听墙外漏过来的声音获取信息。1969 年的斗争比 1968 年更为激烈。那种激烈程度，通过送到狱中的报纸、被涂黑的传单，或者通过拘留所的定时广播突然中断，可以知道。

安田讲堂攻防战刚结束的时候，1 月 31 日，京都大学教养学部和大阪大学教养学部开始了无限期罢课。1968 年发生学潮的学校是 120 所，学生占据校舍的学校是 39 所，而在 1969 年，"75 所国立大学中的 68 所，34 所公立大学中的 18 所，279 所私立大学中的 79 所，实际上全日本 43% 的大学开始了罢课"。* 1969 年全日本的大学斗争数量远远超过前一年，所以，斗争规模史无前例。安田讲堂攻防战的结束并非大学斗争的终结。

6 月 30 日，在日共系统学生西日本的据点京都大学，全共斗一方攻击京大教养学部的代议员大会，迫使会议中途散场，报了半年前东京大学教养学部代议员大会的仇。

东京大学连入学考试都无法举行，没有新生可以迎接。与东大形

---

* 猪濑直树：《角色——三岛由纪夫传》，文艺春秋，1995 年。

成对比的是，日本大学的人气空前高涨。*出现这种局面的主要原因是，日大的学生与东大的学生携手并肩，而且率领东大生站到了同一战场上，那种姿态对于提高日本大学的社会地位发挥了压倒性的影响作用。此时，日本大学已非"本儿大"，亦非"三流大学"。

但是，那当然并非日大斗争的根本意义。这一年的大学斗争，牵出了涉及教育最根本的问题，即秋田明大所说的某种"伟大的"东西。与此同时，政府一方的打击与青年学生一方的反击，都比前一年更加剧烈。

8月17日，日本政府为了强化大学管理而推行《临时措置法》，建立了消除即将达到高潮的学生运动的体制。9月5日，在日比谷户外音乐厅，178所大学的全共斗组织起来，3万名青年会集，成立了"全国全共斗联合"，山本义隆当选议长，秋田明大当选副议长。此时，赤军派第一次出现在大众面前，当月，其内斗第一次造成了人员死亡。

警察一方最大限度地利用《临时措置法》，于9月22日解除了学生对京大钟楼的封锁，10月解除了大阪大学、九州大学的封锁，在早稻田大学解除了封锁并将学生关在校门外，相继拆除了全国大学的街垒，摧毁了学生的斗争据点。这样，大学斗争迅速、普遍地陷入低潮。将这种低潮归因于学生缺乏勇气，是错误的。因为，在以日本大学为首的全国各大学，空前严密的镇压体制被建立起来，警察给予这种体制以全面的支持和保障。重新回到了黑暗之中。那种黑暗向日本全国蔓延。今天依然如此。

---

*1969年日本大学招生人数与应试人数的比例所显示的竞争倍数，几乎每个学部、每个学科与前一年（即1968年）相比都有所提高。法学部从3.1提高至4.2，文理学部从2.3提高至3.2，经济学部从3.3提高至5.4，商学部从2.4提高至4.0，艺术学部从3.2提高至4.7，工学部从4.1提高至5.0，生产工学部从2.4提高至3.1，农林兽医学部从1.7提高至2.1。不过，医学部从18.7减少到了17.3，齿科学部的5.8基本没有变化。据大学升学研究会编《日本大学法学部——入学考试问题之研究》，关东出版社，1969年。

所谓黑暗,一言以蔽之,就是这个社会不允许合情合理的事情存在。因为那种处分是错误的,所以要取消。这完全是正当的要求。对此,东大校方持怎样的态度?请想一想。在日本大学数学系的事件中,我们仅仅是提出了理所当然的看法,那就是在不增加教官的情况下而增设学科对于教育是不利的。在日大染血的三年间被殴打、被变成残障人士的那些人,有谁提出的要求不是理所当然的?就像越南人提出的要求一样。[中略]

数学系事件中,对于日大的那种黑暗未能进行任何批判。[中略]对于我来说,日大全共斗是何等雄壮、美好、高贵的组织!*

在越南战争全面展开的这一年,反战斗争也达到了高峰期。在10月21日的"国际反战日",与开始认定"骚乱罪"的前一年相比,青年们走上街头,掀起了更大规模的反战运动。但是,日本政府调动3.2万名警力逮捕了1505人,通过这种空前规模的镇压成功地维持了治安。

1969年全年,因反战斗争被捕者为5323人,因大学斗争被捕者为4539人,总人数达到9862人。这样,青年们从巅峰跌入地狱。但是,必须承认,日本青年的反越战斗争与大学斗争,在世界历史中发挥了某种作用。胜败乃兵家常事。历史功绩的评价留给后人。

美国为何在越战中失败?

总是有人说:美国在越战中仅仅是用一只手的一个指尖作战,绝不是竭尽全力之后战败的。

---

* 仓田令二郎:《我们"普通人"》,《朝日专刊》1969年6月1日号,第23-24页。

甚至有人从历史学家的立场提供证词，称："某美军飞行员说，我们就像是一只手被捆在背后，一只眼睛被蒙上，只装了半口袋弹药，在那种情况下被迫出击。实际上，对北越的轰炸受到许多限制。"*

还有的评论家一本正经地说："美军被禁止使用核武器，不得不进行于己不利的有限战争。"**

但是，不能印象式地讲述历史。必须要求这类历史学家们对如下事实做出说明：1966年美国政府终止了大学生的征兵延缓制度，原因何在？美军南越派遣军的规模与死伤者的数量，是"一只手的指尖"吗？

美国陆军装甲部队之外的主力部队，1961年至1973年间，被派往越南的合计多达437万人。在1968年、1969年，每年向越南战场投入40万至50万人。1968年美国海军航空母舰的总数为23艘，1964年至1973年投入越南的即达17艘。美国空军也将七成以上的战斗机投入了越南战场。

美国海军陆战队的3个陆战师、3支空军部队、2支海军陆战队（总兵力约26万人）中，2个陆战师、全部的空军、1个海军陆战队被派往越南北部，投入了岘港、溪山、顺化、广治等地的战斗。即使是美国海岸警备队，从1965年5月开始，也派遣了24艘巡逻船，在海军的指挥下持续战斗。***1968年，一度退役的"密苏里号"战舰改造升级之后重新投入使用，是因为轰炸北越的空军飞行员损失过大。

1969年年末，南越驻扎着47.5万名美国军人（2004年伊拉克美军驻军为14万人）。与美军合作的南越政府军部队，仅陆军就有11个师，空降部队1个师，步兵124个营，装甲、骑兵124个营，特种作战

---

* 松冈完：《越南战争——误判与误解的战场》，中央公论新社，2001年。

** 村松刚：《攘夷运动的壮士们——暴走的三派全学联》，《影像》（『フォト』）1968年5月1日号，第4-13页。

*** 三野正洋、深川孝行、仁川正贵：《越南战争兵器手册》（文库版新战史丛书第87册），朝日有声杂志社（朝日ソノラマ），1996年。

兵55个营，是号称拥有海陆空三军及海军陆战队等正规部队38万人、地方部队48万人、民兵20万人、总兵力达120万人的庞大军队（2004年日本陆上自卫队人数为16万）。而且，这并非全部。还要再加上同盟军——韩国军5万人，泰国军1.16万人，澳大利亚军6000人，菲律宾军2000人，新西兰军500人。

1965年至1973年间，美军在越南战争中使用的炸弹，包括B52战略轰炸机投下的200万吨等美国空军使用的700万吨炸弹在内，总量高达1426.5万吨（一说为1600万吨）。其中的三分之一以上，是在1968、1969这两年间消耗掉的。"二战"中，美军在欧洲、非洲、亚太地区等全部战线上消耗的炸弹量是230万吨。[*]就是说，六倍以上的炸弹量被全部扔在了亚洲的这一小块土地上。

1968年5月13日，美国宣布强化"枯叶作战"，决定将前一年抛洒的"化学药品"量增加25%，即增加到1万吨。就像人们熟知的，这种被称作"化学药品"的毒药含有二噁英等剧毒物质，是一种残酷的"恶魔武器"——美军直接杀死越南人仍不满足，还用这种武器在下一代中制造畸形儿。

1969年美军的阵亡者达到14594人。本年是整个越战期间阵亡者最多的一年。死者中包括乘坐直升机被击落身亡的第一步兵师师长凯斯·L.韦尔少将（9月12日）。[**]

第一步兵师1970年4月撤出越南，参战期间阵亡者为3416人，负伤者为18019人。即便如此，这种伤亡比例在美国派遣的各师中也不是

---

[*] 查尔斯·芬恩《胡志明传》，陆井三郎译，岩波书店，1974年，第186页。Fenn, Charles, *Ho Chi Minh: A Biographical Introduction*, Studio Vista, London, 1973。

[**] 美利坚合众国陆军第一步兵师拥有"The big red one"（大红一师）的美称，是1917年美国陆军创立的第一个永久师，该师的历史也就是美国陆军的历史本身。第二次世界大战中，在地中海和欧洲战线上，登陆作战总是打头阵，诺曼底登陆作战中的率先抢滩登陆更是广为人知。战后驻扎德国，与以苏联为首的社会主义国家的华约军队正面对峙。该师被派往越南是在1965年10月，那是美国将正面战场转移到越南的关键时刻。2004年12月第一步兵师被派往伊拉克。

最高的。第一师伤亡率排在第二十五步兵师和第九步兵师之后，是第三位。伤亡率最高的第二十五步兵师，在1965年3月至1970年12月间，付出了4547人死亡、31161人负伤的代价。所谓师，是由一万数千名士兵构成、独立行动、军队组织体系中最大的群体。就是说，第一步兵师覆灭过一次以上，第二十五步兵师覆灭过两次以上。而且，美军的损失不限于此。

上述陆军步兵师之外，美国还将第一骑兵师和第101空降师派往越南战场，进行了广为人知的直升机作战。但是，这些部队的损耗情况至今没有公开。不公开的原因是其损失太大。

1969年美军的阵亡人数为9040人，整个越战期间美军的阵亡人数多达46166人。美军死亡、负伤总数为211005人，超过了朝鲜战争的157530人。[*]

美军士兵恐惧于战斗的残酷，因此逃亡是理所当然的。1967年至1971年间的逃兵（私自离队一个月以上者）甚至超过了35万人，一个月之内未请假不出勤者每年超过20万人，违反纪律被开除者56万人。[**] 无故缺勤或者无故离队，无论是一个月以内还是一个月以上，对于军队而言都是反常规的无纪律状态。美军从内部开始崩溃了。

即使拥有规模如此庞大的军队、使用了最新武器和空前数量的炸弹，美军依然看不到胜利的希望。可以说，这一年，美国政府领导人和被派往越南战场的军队，面对日益逼近的毁灭感到了恐惧。

越南战争的实际形态，是美利坚合众国与同盟军以越南国民为对象全力以赴的战争。正因为如此，在1968年这个越战进入白热化的年头，才必须排除一切反对与抵制，将日本变为后方基地（运送武器弹药、扩

---

[*] 三野正洋、深川孝行、仁川正贵：《越南战争兵器手册》（文库版新战史丛书第87册），朝日有声杂志社（朝日ソノラマ），1996年。

[**] 松冈完：《越南战争——误判与误解的战场》，中央公论新社，2001年。

建野战医院），将冲绳作为B52战略轰炸机的起降地。然而，越南国民最终赢得了这场战争的胜利。*此时，日本青年们有限但付出流血代价的反战斗争，并非一点作用都没有发挥。

美国国防部长麦克纳马拉辞职，是在1968年2月这个越战面临最为严峻局面的时候。他在其著作中为美国在越战中的失败找原因，但他至少没有把轰炸北越受限制作为原因。据他分析，美国在越南犯下的重大错误有11项，其中的第三项如下：

> 对于鼓舞人们为了自己的信念与价值观甚至去战死这种民族主义的力量，我们严重低估了。时至今日，我们好像依然在世界的许多地方继续犯这种错误。

第九项如下：

> 除了反击针对美国本身安全的威胁，大多情况下，美国的军事行动没有遵守与国际社会完全支持（并非仅仅在形式上）的多国军队联合行动的原则。**

这些原因，也预示着美国在其发动的阿富汗战争和随后的伊拉克战

---

* 与此同时，必须清楚地了解这样一个事实：针对法国的再殖民地化进行战斗、被称作"越盟"（越南独立同盟会）的越南人，打败的并非仅仅相当于法军小手指尖的小股派遣部队。第二次世界大战中日军投降之后，法军将在1946年9月协定中得到认可的2万人的军队，在1949年扩充到了15万人的规模。这相当于法国军队陆军全部人数的三分之一。而且，法国军事预算的一半都投入印度支那了（见上引芬恩书）。军需物资方面还能得到美军的补给，这些法国军队是武装完备的强大军队。但是，展开正面战争，法军彻底地败于越南军队。"在持续3个世纪的殖民主义历史中，亚洲军队第一次展开正面战争，打败了西欧征服者。"（见上引芬恩书）

** R.S. 麦克纳马拉：《麦克纳马拉回忆录》，仲晃译，共同通信社，1997年，第534页。（译者说明：这两段引文见同书中文译本《回顾——越战的悲剧与教训》，陈丕西等译，作家出版社，1996年，第331-333页。文字略有不同。）

争中的前景。

美军必败

1975年3月29日,美军岘港基地被攻陷;4月26日,北越部队和越南南方民族解放阵线开始了对西贡的总攻。4月30日,美军的殿后部队向韩国代理大使率领的数十名韩国人发射大量催泪弹,将他们扔下,从美国大使馆乘坐81架直升机,进行了最后的撤退作战。* 次日西贡政府宣布投降。对于那些参加了1968年1月的佐世保斗争、切身感受了"春节攻势"的日本青年来说,西贡政府的这种戏剧性垮台与美军在美国大使馆的最后溃逃局面,都是近在眼前的世界史。

就这样,以牺牲南越平民约43万人、解放阵线官兵与北越军队941000人、南越官兵254257人、美军58002人、美国同盟军5221人(多半为韩国军人)为代价,越南战争结束了。不过,置身1969年来看,战争的终结还在看不到尽头的未来。

拥有世界上最强大军队的美利坚合众国,尽管调动了位列当时世界第三的军事国家南越的政府,并且拥有与美军付出了同样伤亡率、阵亡5000人以上的5万韩国军队(一年间)等同盟军,还是在越南战争中失败了!何以如此?其原因,今天已经一目了然。

只要祖祖辈辈生活在那里的人为了独立与自由即使牺牲生命也要抵抗美军的驻扎,美军就无法取胜。压倒性的军事力量大概可以暂时使那

---

* 近藤绒一在其所著《西贡最长的一天》中,详细记述了美国在从越南大规模撤退的时候是如何对待其同盟国韩国的。"最后一架直升机(30日)早晨7点过后即将从(美国大使馆)楼顶上起飞,这是在最后撤离海军陆战队士兵。(韩国)代理大使紧追不舍,直升机中的海军士兵却向他发射催泪弹,(代理大使等人)最终未能逃出。此事后来才为人所知。"(近藤绒一:《西贡最长的一天》,文艺春秋,1985年。)

些本地居民屈服，但是，美军并非在那里生活的人。总有一天会离去。祖祖辈辈一直生活在那里的人，建设了那个国家。即使美军作为征服者留在那里，总有一天也会被历史的飓风吹散。就像在越南发生的，即使花费 20 年，即使占领长达半个世纪甚至跨世纪地占领，无法扎根于当地居民的军队终将失败。在长达 20 万年的人类历史面前，"完全等同于风中的尘埃"。

美国军队内部的人种问题，是越战中的大问题之一。该问题即使是到了伊拉克战争中也没有解决，甚至随着征兵制向志愿兵制的转换而显在化了。现在，伊拉克战争正在进行，其中人种问题的实态无法知晓，但海湾战争的情形一目了然。

> 1965—1966 年，仅占全部人口 11% 的黑人，却占入伍者的 13%，战斗部队成员的 20%，战死者的 23%。［中略］在海湾战争中，黑人士兵的比例为 27%（在陆军中是 30%，海军中 21%，海军陆战队中 17%，空军中 14%），若仅限于女性而言，黑人占比 48%。派往波斯湾沿岸的部队中黑人占 30%，在一线战斗部队中黑人超过 60%。[*]

数字是冷酷的。美利坚合众国任何事情都用战争处理。

而且，在 2004 年年末的伊拉克，泰国与荷兰都将派遣军撤回，仅仅是徒有其名的傀儡政权被建立起来。数千名英军和前来"淡水补给"的数百名日军以及用金钱从世界各地收买来的雇佣兵数万人，成为唯一的依靠，也没有伊拉克政府军的支援，暴露无遗的十多万美军每一天都直接面对伊拉克人发动的袭击。

---

[*] 松冈完：《越南症候群》，中央公论新社，2003 年。

试问,美国在伊拉克战争中获胜的条件是什么?

胡志明伯伯如果还在

历史好像是带着某种转折点行动的动物。1969年,确实有许多事件交织重叠。1月,越南南方民族解放阵线代表越南国民参加了巴黎会谈,6月8日南越共和国临时政府成立。恰巧是在那一年的9月3日,越南民主共和国主席胡志明逝世。

第二次世界大战中负责与胡志明联系的美国人查尔斯·芬恩,对胡志明的人格做了如下充满热诚的描述:

"胡志明的性格中存在着另外某种品质,即使是在其他任何最优秀的政治家中,(这里只举被认为最具人性的两位为例)例如在甘地与尼赫鲁那里,甚至都难以看到。那就是被孔子称为'恕'的品质。"*英语中并没有能够与'恕'准确对译的词语。如果退而求其次找个近义词,那就是自觉地意识到了'人类皆兄弟'的、二人之间的那种反应意义上的'相互关系'。"**

这种源于胡志明的人的心性,被芬恩称作"胡志明性"。"马克思主义"等都成了被称作"主义"的用语,而芬恩提出的"胡志明性"并未作为词语被语言体系接受。人的心性的实际状态获得相称的词语,人获得正当的社会位置,在这一点上"胡志明性"尚未获得其位置。这一事实,也呈现了现代人类社会的某种性质。

胡志明有一篇题为《某次学习会》(1967年1月8日)的演讲。

---

* 子贡问曰:"有一言可以终身行之者乎?"子曰:"其恕乎。己所不欲,勿施于人也"。据金谷治译注本《论语·卫灵公》。芬恩,前引书。

** 查尔斯·芬恩:《胡志明传》,陆井三郎译,岩波书店,1974年。

抗法战争的高潮中，我时常会遇到在木棉树下休息的几名同志。这些同志，说是学习会刚刚结束，正往回走。

"学的什么？"我问。"卡尔·马克思。"回答说。"有意思吗？"我问。"非常有意思。"回答说。"大家全都弄懂了吧。"这样一问，那些同志犹豫起来，最后回答说："胡伯伯，有些问题，非常难，我们不懂。"这种学习没有联系实际。*

脱离实际的集体学习与含义不明的生涩词语，是当时的日本青年们之间议论的特征，那种议论的结果就是在相互之间制造差异并因此互相敌视。那时候，如果棒喝"这种学习脱离现实"的"胡伯伯"能够取代散发檄文《打败全共斗》的日共总书记而出现，日本的历史会向何种方向发展呢？1968年那个时代的日本的成年人当中没有"胡伯伯"，这是一件多么不幸的事。

关于对东大斗争的评价

我想听听"胡伯伯"对1968、1969年日本青年斗争的看法，在2005年1月去了越南。

1968年"春节攻势"最大的激战地顺化，有"胡伯伯"在5岁至11岁的少年时代生活过的旧居。从河边的马路走进两侧是篱笆墙的小路，小小的草房子即刻出现在眼前。房子背后是几棵耸立在晴空中的椰子树。穿过篱笆墙间的小路，走到那所房子前面的时候，一位老人出现在眼前，双手在胸前合掌，向我打招呼。在那一瞬间，我的每一位先人

---

* 查尔斯·芬恩：《胡志明传》，陆井三郎译，岩波书店，1974年。

的影像都叠印在老人身上。那是一种近于爆炸式的怀念之情。

眼珠看上去已经发黄的70多岁的阮爷爷，说是从1975年以来一直守护着这所房子。

"胡伯伯"15岁的时候曾经一度回到这座古城，升入高中之后，立刻参加反对殖民侵略的运动，退学了。从那以后，作为一名爱国者踏上新的人生旅途，把一生都献给了祖国的独立运动。他再次踏上越南的土地，已经是在30年之后。

在"胡伯伯"去世36年之后，我作为曾经在日本战斗过的青年人中的一员，有问题要询问暮年的他："那样做是正确的吗？"

"胡伯伯"会怎样回答？我不知道。对于当时青年们以这场越南战争为背景的斗争，当时的父辈那一代人是非常冷漠的。例如，说在越战中"美国使用核武器被禁止"的村松刚，在同一篇文章中说："即使是在佐世保，警察队伍不在，如果'三派'闯入美军基地，流血就不会在那种程度上结束。在此意义上，警察队伍发挥了保护学生们的作用。"*

是那样吗？用学生们来做美军毒瓦斯的杀伤力试验，是那样坦然的事情吗？

当时失去理智的，就是授予李梅勋章、将对学生的镇压歪曲成"保护学生"的这帮家伙。在他们的视野中，同胞是不存在的。

佐佐记录了1969年担任警视厅总监的秦野章的话：

"说起来啊，天皇陛下和我们这些人还是有点不同啊。安田讲堂的事情上奏之后，陛下问'双方有人死亡吗？'，听到回答说'幸好双方都没有人死亡'，非常高兴，大声说'啊，那太好了！'陛下看警察与学生的争执，完全是像看自己孩子之间的吵架。真的是……"

天皇陛下所言不可对外泄露，这是日本人的常识。所以，此语是真

---

* 村松刚：《攘夷运动的壮士们——暴走的三派全学联》，《影像》1968年5月1日号，第4-13页。

是假无法确认。但是，我由这段话，想起了"同胞"一词。

是同胞。虽说是学生与机动队，那也是同胞。同一列岛上、同一天空下生活，相同文化传统培育的同胞。确实，居住在日本列岛上的所有人，并非完全相同的民族。但是，生活在这列岛上的人们，最终毕竟是同胞。那里，有阶级与阶层之分，有异民族之分，但是，在这日本列岛上是同胞。切断这种同胞关系的思想是无法站得住脚的。

批判东大斗争的声音有许多种。

"安田讲堂事件，今天已经被证明，从目的到手段都是错误的。那是以'直接行动'为手段在全世界同时推行激进暴力革命的路线和'托洛茨基主义'遭遇挫折的开始。"* 警察官员的这种指责，大概是批判声音中最有代表性的。

历史像奔流不息的大河，将无数的人卷入，流向未知的远方。"今天已经被证明"这种论证方法，是马后炮式的小聪明，是对历史的歪曲。其结论中突然出现了"托洛茨基主义"，总是给人以奇怪之感。

在日本大学和东京大学的斗争中，青年们即使曾经探寻"革命"，也未曾有过颠覆政治权力的革命意愿。这即使看看其"武器"之一即可明白。那就是，他们不过是将"直接抗议"尝试到了极限。

当时的青年们，是呼吸着动荡世界的历史空气而生存着。生活在历史中的青年们，除了通过切身感受来把握外在世界，没有其他任何办法。今天的历史发展将会产生怎样的结果，只有等到数十年后的未来才能知道。所以，现在作为世界历史发生的各种事件相互之间存在着怎样的关联，现在并不知道。对此，略微知道一点的，是老年人。实际上，人并不会从历史中学到什么，而是对现实做出同样反应、重复同样错误，所以，像青年时代犯过大错的老人，或许能够清醒地认识到某些历史的经

---

* 佐佐淳行：《东大陷落——安田讲堂攻防战 72 小时》，文艺春秋，1993 年。

验与规则。不过，青年人正因为缺乏经验积累，方成为青年，甚至连通过他人的经验来理解现实都做不到，所以，除了用自己的肌体感受当下的历史过程并做出反应，别无他途。

从这一点来说，当时的青年们做出最敏锐反应的是越南战争。几乎能够听到轰炸越南的炸弹爆炸声，几乎能够闻到硝烟的味道，那种切身感受无情地震撼着青年人的心灵。应当看作"二战"中抵抗"法西斯主义"的"自由与民主主义"之旗手的美国，对东南亚小国实施的暴行，打碎了当时青年们的世界观，迫使青年们彻底思考"何谓人性？""何谓人之历史？"自己如何与那种历史发生关联才是正确的？这些问题利刃一般扎在青年胸口。

对于当时的青年们来说，从皮肤到心灵痛彻地感受到的，只有实际生活环境的恶化，只有空洞的、充斥着权威主义理念的教学课程。前者即被称作取得空前经济发展的战后社会出现的环境破坏与事关生死的公害问题，后者中包括推动"应试战争"的战后教育的残酷压力。

青年们只要还稍有良知，就会立刻撞上"医疗问题"，撞上"教育问题""公害问题"。将这种日本社会内部的问题揭示出来、置于光天化日之下的，是越南战争。1968年，全部问题的汇集点出现了。

如果借助长部日出雄的历史评价来表述，那就是：当时的青年们以性命相搏的斗争，应当在亚洲历史上留下了遗产。在1960年、1969年迎来两大高潮的日本青年的反战、反安保斗争，阻止了日本的再次军事化，阻止了日本向越南战场派遣部队，促使日本在越战之后的亚洲和平中做出了贡献。20世纪70年代之后，日本青年的反叛总是被镇压在萌芽状态，所以，35年之后，日本终于又向海外派兵，在阿拉伯民众心底播下仇恨的种子。这与20世纪60年代的情形正相反。

胡志明没有留下"主义"这种思想。不留下硬壳式的思想——他就是那种类型的革命家。芬恩提出的"胡志明性"这种"人性的沉静的理想状态"式的心性，最终没有作为概念存活下来。

所谓"思想"，是经历了漫长人生之后得出的结晶，或者说是类似于酒糟的沉淀物。所以，向青年要思想，是勉为其难。因为有过30岁死于狱中的吉田松阴*那种革命家，所以人们总是以吉田为标尺幻想青年思想家的出现，但吉田毕竟是特殊情形。青年人是借用眼前的、现有的他人思想的"借用型思想家"。在那种情况下，他们会有这样一种倾向，即热爱同一性最强、对世界的说明最简约、最有感召力的思想。在那方面，他们似乎是喜爱"主义"这种具有坚实的结构乃至强固外形的思想。

当时的青年们直接面对的是这样的问题。钻入各种"主义"的硬壳相互冲撞导致流血。基于"主义"、用"阶级斗争"来进行说明，敌人即存在于自己的国家，存在于不同的阵营，甚至存在于同志之中。这类问题，导致了用半民的社会意识来看，谁都无法理解的"内讧"。右翼体育会前往日本大学艺术学部拆除街垒的时候高唱《青年日本之歌》，安田讲堂即将陷落的时候全共斗的青年们高唱《华沙劳动歌》《国际歌》，但是，他们最喜欢的歌曲都是《唐狮子牡丹》。** 而且，据说，三岛由纪夫的"楯之会"也是唱着《唐狮子牡丹》出发的。

只要这种民众档次的黑社会式歌曲是相互之间的共通点，那么同胞意识的存在大概就是合理的。*** 如果是这样的话，那么对于有人所说的"所谓日本精神，就是守然诺、重礼节、不撒谎、不为金钱所动这种心性"的通俗易懂的表达即能出现。这样的话，就能够理解"大河

---

* 吉田松阴（1830—1859），日本幕府末年志士，思想家，因参加倒幕运动被处死。——译者注

** 《唐狮子牡丹》，表达斗志与自豪感的歌。青年人爱唱。狮子为兽中王，牡丹为花中王。日本黑社会成员往往在背上文狮子与牡丹的纹样。——译者注

*** 那首歌的歌词中有这样一句："黎明即将到来。眼前的暗夜中，意志撑起一个梦。"（水城一狼、矢野亮作词）。同一代人大概都记得这句歌词，都曾有过"一个梦"。从高中起与我同级的M，也留在安田讲堂钟楼里进行战斗。他说曾在早大校内碰到过森田必胜（后来追随三岛由纪夫切腹自杀者）。那个黄昏，M与森田的对话仅仅是"月色不错呀。""啊，是的。"，就此作别。

内校长不是在撒谎吗？""古田会长不懂礼节"这种批判的含义。如果并不勉强地滥用"阶级斗争""革命的各位同学"之类的"脱离现实"的观念，那么当时作为同胞应当能够达成互相理解。

［附注］1969年1月石牟礼道子出版了《苦海净土》*，但同书后记的写作日期是前一年的12月21日，像这样真实地描写水俣病地狱景象的书，舍此无他。在安田讲堂攻防战的最后时光，一方面是石牟礼道子，另一方面是三岛由纪夫，各自从不同的方向参与了历史。这一事实真实地呈现了这个时代、这一年的性质。

1968年夏天，从御茶之水前往东大校园走在本乡大街上的时候，我有一种朦朦胧胧的感觉，仿佛看到远处空气在沉淀的影子。那是大气污染的起点，但在那时仅仅是有一种隐约的预感，"本应是透明的空气真的会变成那样吗？"，我独自感受着"雾霾"又自行抹消了那种感受。大气污染还是很轻微的程度。那时候，最初的"污染诅咒"与我擦肩而过。现在，即使汽车排放大量尾气、喉咙疼痛，也没有谁会注意了。

提出一个"假设"

在此做个假设。如果，在东大斗争的最后阶段，即1968年12月那个时期，日本共产党与全共斗联合起来了，那么，事态会向怎样的方向发展呢？或者说，在日本大学，如果右翼体育会与日大全共斗联合起来了，那么……（附注1）

听到这种假设，当时是青年、现在已经进入老境的诸位，脸上大概都会现出"荒诞无稽"的表情。排斥反应就会强到那种程度。但是，其

---

* 该书中文版已经由生活·读书·新知三联书店于2019年出版。——译者注

他年龄段的人，脸上会现出感兴趣的表情——"那会怎样？"不同表情之中存在着特定年龄段者的不同反应。

姑且将那种假设作为事实。那样一来，在东大，除了法学部，每个学部都持续进行无限期罢课。学生全部留级，入学考试停止。自民党暗示解散东京大学。社会党自然会出来充当事件仲裁者的角色。是即使关闭明治维新以来培养高级官僚的大学也要粉碎大学斗争？还是拿出妥协方案？抑或是参照法国的大学改革实践承认学生对于大学运作的参与？

从那里，真正意义上的斗争应当会开始。无论那样做会出现怎样的情形，日本都将会探索新的道路。走那条道路肯定是必要的。

为何说无论好坏那都是必须选择的道路？——如果这样问，那可以回答说：因为当初没有进行那种选择，所以日本走到了今天这一步。

人并非仅仅想着利与害而生活着。面对如今的医疗状况，会发出慨叹：青医联究竟到哪里去了？这个联合会，难道不是为这个腐败透顶的世界动手术的医师们的联合体？他们从医生的世界消失之后，医疗领域出现了多大程度的腐败？

唯有教育问题，与医疗问题并列，才是东大斗争深层最大的问题。迫使当时的青年学生绝望到了甚至想抛弃这个国家的，是这个国家特殊的教育体制。

教育体制的第一个问题，是大学通识课程的贫乏。用一个词来概括这种贫乏，那就是"垃圾"。我知道通识课程的授课者中不乏有良知的教师，但我依然断然地说那些课程是"垃圾"。有人怀有同样的感觉。那个人就是蓝色发光二极管的发明者中村修二。

但是，升入大学之后，教养学部有两年的通识课程。在那里，必须再次去上十分讨厌的文化系列的课。

我对于此前的数年间究竟学了什么，开始怀有很大的疑问。被告知说"如果考入大学,能够尽情地做自己喜欢的事",拼命学习,结果却是这样。我觉得自己"上当了!"终于一声长叹、内部"断裂",变成了一种"怪人"。[中略]想起浪费掉的那许多时间,我心中再次产生了对于日本大学升学考试制度的愤怒!*

而且,还有第二个问题,即学术研究的空间封闭。青年人想作为研究者自立的时候,就会撞上最为根本性的问题。

  日本的学术刊物,即使数次投稿,请求审阅论文,也总是被退稿。审查通不过,直接完蛋。[中略]但是,如果不将特定老师的名字和成果列入参考文献目录,审稿就通不过,这种乱七八糟的事情应当存在于学术界吗?[中略]
  急忙将论文改投美国的杂志《应用物理通讯》。除了英语表达方面的问题被要求修改之外,一次就审核通过,得以发表。**

日本的教育界和学术界,已经从根本上腐败。时至今日,这已经成为无处下手处理的大问题。最初发现这种腐败征兆的人,就是1968年的大学生们。

日本的教育中没有人格陶冶,日本的高等教育中没有冥思。明治维新之后,在教育官员开始编写教科书之前,日本的教育还是使用古代经典进行的。背诵经典,就是那种教育方法的典型形式。那是从内容到形式皆蕴含丰富的心灵食粮,所以,不能简单地囫囵吞枣式地全部接受。但是,就像咀嚼坚硬的食物下颚才开始得到锻炼,通过背诵经典,孩子

---

* 中村修二:《愤怒的突破》,集英社,2004年。月台社,2001年初版。

** 同上书。

们的心灵才开始得到锻炼,孩子们的人格基础才开始建立。

经典是无法原封不动地、囫囵吞枣式地接受的东西,所以,给予其掌握手段的"老师"是必要的,为了使孩子们能够在身心之中对那些内容进行反刍的时间与冥思,也是必要的。

儿童到了4岁,即开始拥有窥视自己心灵内部的目光,那种冥思的悠长视线之中,存在着孩子人格形成的基础。

但是,现在日本的教育之中,没有陶冶人格的方法,日本的高等教育之中,也没有设置用于冥思的场所。

强制性的应试学习,从根本上摧毁了日本教育。不过,那并非教师工会"日教组"之罪。在美国军队统治下被教育出来的那些人,只是更加看重儿童教育之上的教育职位的权利。日本政府的官员与自民党的议员们,都未曾考虑有关人格形成之基础的问题,所以,日本的教育体系根本不可能对青少年进行真正的教育。就像1968年担任理学部教授、后来升任东大校长的有马朗人当时所说:"教授会的功能就是恢复秩序。"在那里,存在着保持地位的私欲,却不存在人格的陶冶。

2004年,东大等国立大学在组织形式上全部变更为"独立行政法人",这样一来,基础学问形成的可能性即彻底归零(附注2)。这一年,全校年度总支出金额日本大学为2406亿日元,东京大学为2269亿日元,日大的预算规模超过东大,成长为日本的超级大学。

[附注1]并非没有例证。据说,在东洋大学,甚至体育会也对学校当局把学生关在校门外的行为感到吃惊,所以与学生自治会的一方会面。那时候,"是在巢鸭的一家叫作'白鸟'的茶馆"。一向以记性好自夸的竹林正纯,关于体育会与自治会联合的那个瞬间,有这样的叙述:

"自治会一方说体育会不是学校当局的爪牙吗?体育会则说自治会只有嘴上功夫,没有信誉。所以,我对体育会说:'你们这帮家伙是什么用心?'于是对方回答：'推动。推动之后忍耐。忍。就是说，利刃下面是心。'所以我又说：'说什么呢？我把心顶在你们的刀刃上！'从那之后，体育会就说如果是那小子，可以相信……"

与日本人相处，如果没有能力进行这种不明就里的交涉好像不行。据说，在体育会与自治会联合的东洋大学校园里，蜂拥而入的机动队陷入学生的人潮中，看似一叶扁舟。

[附注2]根据2004年11月4日的《时报》，在世界200所顶级大学中东京大学排名第12，在自然科学、工学、信息工程学等专业领域东大排名第7（《东大校友会新闻》2005年1月号）。不过，为此而高兴者乃蠢货。根据瑞士"国际经营开发研究所"（IMD）承担的科研项目"大学教育与经济需要是否契合"公布的国际竞争力排名（2004年度），日本的大学在60个国家的排名中是第58位。（《读卖新闻》2005年7月21日日报）因2002年的排名是倒数第一，所以说是"变好了"。就是这种位居巴西、希腊之下的"卓越"的大学群！

看到晴空的那个瞬间

由日大斗争与东大斗争引导，发生在日本全国多所大学、高中的青年运动，难道是忽然出现又忽然消失的泡沫式的行动吗？并非如此。那是被日本文化施加的咒语瞬间失灵、看到了晴空的瞬间。青年们觉察到了施加在自己身上的咒语。

日本的儿童们，当年是从上小学的那一刻开始，现在则是从接受高级私立幼儿园的"考试"开始，在成长过程的每个阶段都被迫参加"考试战争"。1968年的意义在于，东京大学的学生虽然是"考试战争"的胜利者，日本大学的学生作为"考试战争"的落败者，双方情况不同，但同样觉醒于这种"考试战争"的含义。1968年就是他们觉醒的瞬间。日本青年们在这一瞬间发现,"考试战争"这种损伤人的感性的竞争,完全没有意义,完全是残酷的洗脑过程。

在日本社会,格式化的行为规范优先于个人的感觉与业绩。在此之上,美国的帝国文化作为由武力支撑的一切价值的来源充斥全社会。"考试战争"用最为残酷的方式残害每个人的心灵,是日本社会制造的最为有力的洗脑系统。在这种洗脑过程中产生的怪胎,就是大河内校长,就是加藤代理校长。

但是,青年们的这种觉醒,由于其自身不太成熟,由于斗争对象是日本社会并且事关文化整体,所以在夹生的状态半途而废了。政府从学校当局背后来到前台,调动其暴力机构警察部队对学生进行毁灭性的镇压,在这种情况下,仅有血肉之躯的青年学生们应战乏术。压倒性的暴力优势在对方,理应成为斗争对象的还有已经被自己内在化的日本文化自身,在此之上,统领世界的文化价值之源即美国文化已经君临日本……

这次大镇压之后,青年们再一次被固有的日本社会、日本文化的咒语所束缚。而且,从那以后,政府、教育机构、医疗机构的全部力量,都集中于再次用日本文化覆盖这种咒语,在抹杀和掩盖1968年、1969年那个觉醒的瞬间方面取得了成功。

即便如此,某些鲜活的历史景象并未消失,而是存留至今。那就是盘旋在安田讲堂上的警察直升机抛洒的催泪液,那就是用催泪枪瞄准站在讲堂上、手持燃烧瓶的青年学生射击的警察队伍。

结　语

东大斗争期间，大量"传单"被制作出来。不同的党派、团体、个人，几乎每天都在印制传单。——走笔至此，我忽然觉得，比之今日，那些传单就是类似于电子邮件、网络留言板之类的东西。但是在当时，制作那些传单并非易事。

写草稿。若干人一起阅读、讨论。把蜡纸铺在钢板上，用铁笔刻字。把蜡纸誊写板放在纸上，推动油墨滚轴印刷。不过，那尚非工作的结束。还要站到人群中去，要参加集会，即使是自己不喜欢的人，也要向其散发传单。而且，散发完传单，工作依然没有结束。要停留在那里，如果对方有人站在那里不走，要进行交谈，展开激烈辩论。或者说，唯有传单，才是建立直接的同志关系的人际交往手段。

或者是使用标语广告牌。无数的标语牌竖立在银杏大道上，密密麻麻。但是，从制作到守护，尚有若干让人感到惊奇的工作与斗争。那时候，信息交流不是通过现在这种可以随意书写、随意发送的便利的电子邮件或网络，斗争行动本身就是信息交流方式。

斗争并非仅仅是游行或者与警察机动队的冲突，毋宁说，唯有这种交流方式，才是斗争的本体，才是斗争自身。东大斗争，即为信息的大量积累。如果当时的传单能够原封不动地全部保存下来，将会拥有多高的历史价值啊！

在当时，持此种想法的人就有很多。在当时，就不乏剪切这些传单的断片向媒体高价出售的商业高手。但是，传单太多、传播范围太广，仅仅依靠商业高手而将斗争传单全部收集起来，实在是不可能的事。

但是，东大斗争结束之后经过了漫长的岁月，有人完成了那种十分困难的工作。

高崎通浩告诉我：东大全共斗议长山本义隆，整理了东大斗争过程中的数千种资料，存放在国立国会图书馆。高崎是在安田讲堂里斗争、坚守到最后时刻的学生中的一员。

高崎说："那项工作花费的时间超过七年。我只是在最后一年半的时间里，为山本先生提供了帮助。"资料集正式出版发行，已经到了1992年。即使是从1970年算起，也花费了22年。

听了高崎的介绍之后，去国立国会图书馆成了我最大的心愿。但是，一直犹豫不决。首先整理我拥有的资料，是更为重要的。当时，被称作"积极分子"的青年们，随着斗争日趋激烈，或者潜入地下，或者积劳成疾。整理、保管多位那种青年人留下的资料，最后成了我的工作。那些资料，整理出来之后装了7个纸箱。37年间，那些资料被转移到不同地点、隐藏、保存至今。如果就东大斗争动笔写作，打开那些箱子、整理相关资料，是首先要做的工作。这是因为，那是当时的伙伴们共有的资料，而这种工作被给予了我。因此，必须首先唤回当时的记忆。

但是，记忆却怎么都无法唤醒。M是在钟楼坚守到最后者之一、我高中以来的同年级学生，我试图求助于他、与他交谈，但是，他回答我的问题的时候，脸上的表情好像很痛苦。

他说："记住的全都是对自己有利的。弄不清楚那是真的曾经发生过,还是自己希望相信是那样。那是因为当时的资料全都遗失了。"

在那方面,我也曾经是如此。东大斗争开始之际,终止了长期的记日记习惯。不想在被捕的时候留下证据,而且,觉得自己的言行会全部保留在传单和新闻报道中。而且,太忙了。没记日记,因此,某一瞬间自己在思考什么,并没有个人性的即时记录。

不过,整理7纸箱资料,记忆被激活。开始阅读《朝日新闻》的缩印版之后,唤起记忆的新线索随即产生。盯着缩印版上细小的文字,从1968年1月1日开始,一天一天往下读,边读边做笔记。这是十分繁重的工作。每天的例行工作,笔记在增加。而且,读到1969年1月31日的时候,记忆苏醒了。

稻川慧的那捆资料中,从当时的法院传票到周刊,原封不动地保存着。看到这些资料的时候,我清楚地感觉到有风吹过来——时间之壁裂开一道缝隙,35年前,那个岁月、那个时代的风吹过来。

不仅如此。冲击性的事件接踵而至。

石井重信曾在2004年12月与我联系。"我在医院。请用这个号码给我打电话。"这是平日那种礼貌的语调。但是,他在2005年1月去世。并非仅仅是"觉得想见个面",而是已经约定见面。但是,我的电话打得太晚了。

在完成这部书稿之前,我之所以决定将自己与外界隔离开来,原因即在于此。

通读稻川的资料与《赤旗》的时候,那个时代的鲜明轮廓呈现在我眼前。在完成第一稿之后,我奔向国立国会图书馆。

《东大斗争资料集》被汇聚在一起,印制成23卷A4尺寸的红色封面精装本。这些资料几乎全部是蜡纸钢板油印的手写体。即使到了现在,也能清晰地看出是谁"刻了钢板"。而且,甚至会直接与当时自己的手工成果面对面。全神贯注地读下去,即陷入难以自拔的记忆沼泽地。

关东地区进入梅雨季节，小雨不停地飘落的日子。那个午后，我充分而又尽情地与那些无边无际的资料进行了对话。

尽管如此，山本义隆，以及和他一起试图将这些材料传诸后世的人们，已经做了认真、细致的工作。

据说，山本义隆有言："此后百年间，如果有研究者，使用这套资料集，哪怕仅仅是撰写一篇硕士学位论文，那么，我做这些工作大概也就不是无意义的了。"——他曾留下这样的话。不过，他的言辞毕竟太谦虚了。这些材料作为历史资料，是第一流的。

曾经，人们用手抄写书籍。书乃"根本"、源泉。被印刷之物并非书。被整理得整整齐齐、能够被清晰地阅读，还能让人从中能够接触到在其他地方无法触及的事实或思想的文稿、史料，才是"书"，才是"根本"。那是日本人共有的财产。

还有其他被使用过的资料。去年去世的那位上原重男（京都大学灵长类研究所教授），也把当时的资料托付于我。甚至连大学当局的资料，他都完整地收集了。如果没有他的存在，这大概是无法想象的。

收集当时的出版物、周刊、照片资料，以及我的越南访问，都是借助"中公新书"系列丛书编辑部酒井孝博先生的大力帮助而变为现实的。得以在越南的土地上循着胡志明的足迹探访，是托酒井先生的福。对于音像编辑专家土方裕雄先生我也想表达谢意，是他帮助我搜集了越南战争等特殊时期的影像资料。那些影像作为对于历史现象的活生生的感觉唤起了我的记忆。

眼看着与我共有那段战斗岁月的伙伴们一个又一个离开人世，我感到痛苦。他们原封不动地留下青年时代的风貌离去了，正因为如此，我也怀着担忧——这本书确实传达了他们未能表达的事实吗？

这本书，充其量不过是执着地对于记忆彼岸的事实进行确认的焦虑、挣扎的痕迹，不过是尽管当时在场但毕竟是单个人的证词。但是，度过了那段岁月的青年们，任何人都有权利留下自己的证词。与"化天"*相比，不过仅仅是瞬间光芒的"人生五十年"已经成为过去。从今以后，应当是谁都能够自由地生存的社会。

给予了我完成本书的力量的，是青年们。他们或许不记得当时的情景，或许当时刚刚出生、尚未出生，但真诚地对我说希望知道当时的真相。与心灵的某个角落里隐藏着某种隐痛的我们这一代人相比，某种程度上他们是用远比我们纯粹的好奇心来看待这不为人知的事件的。撰写这本书的过程中，将那些年轻人作为预设读者的想法，时常存在。

完全是私人性的事情，但这里也说一两件。

安田讲堂攻守战终结多年之后，某一天，母亲曾经用郑重的语调询问我。

"那件事——在安田讲堂被捕，你后悔了吗？"

母亲用这种语调说话是少见的，我想大概是有什么事情，但当即回答说"完全没有后悔"。这是发自内心的回答。

"喔。是嘛。如果没有后悔的话，那倒也……"

母亲2004年7月以95岁高龄去世，她的长子是否对其人生的出发点感到后悔，好像唯有此事是她无论如何也想在生前最后确认的。

完全谈不上后悔。即使当时死去也不后悔。不过，幸存至今，能够把应当传达给后世的事情说清楚，又是幸福的事情。即使是到了年近花甲的人生的暮年，我也不后悔。在历史的一个层面上，能够承担理应实现的道义的一部分，那是我人生的欣喜。

本来，"义"不过是所谓的大和魂，不过是"不违反约定"这种日常的心理状态。在东京大学，我们吃了苦头，但是，拥有大和魂的日本人并没有绝种。

---

* 化天，佛教用语。即化自在天、乐变化天。六欲天的第五层。——译者注

我的内兄平野明，当时身处航空自卫队第四技术学校教师的位置，但是，却给被捕、入狱的我当了保人。因为此事，他断送了自己作为军人的高升之路。他一生都是我的后盾，而且，恰恰是因为从幼年时代起他就是我的玩伴，所以，他一直使我的心境变得明朗。借此机会，我想再次向他致以谢意。

拙荆节子尽管惊讶于事件的过程与结局，但一直给予我守护。我这个丈夫一改以往写作猿学论文的风格，无论是在阅读资料的时候还是在撰写文稿的时候都神情严峻。她说："只是把事实写下来。所以是可以的。"而且，我没有经济收入。这里，感到的唯有欣慰！

对于日本人，在什么地方能够持续保持信任，是由于有这种同胞。而且，留在安田讲堂中的青年们也同样是那种人。但是，不可否认的事实是，即使是在那些人当中，最为纯粹的人们即使到了晚年，也一直痛苦着。不过，无须安慰。当我们在黑暗中战栗的时候对我们发出"唱歌吧"的呼吁、给予了我们勇敢地站出来之契机的T先生，现在又发出"请不要采取非自然的死亡方式"的呼吁，如其所言，不能不对包括我本人在内的任何一位同胞发出保全生命的祈求。

通往"义"的路不止一条。无论选择其中的哪条路，如果面对祖先、子孙、同胞的时候不感到羞耻，那就行了。而且，更为重要的是，那也并非值得骄傲自满的事情。

人生道路上有必须贯彻"义"的时刻。不过，并非每个人都会遇到产生那种时刻的事情。毋宁说，能够与那样的时刻相遇是幸运的。

现在，我将胡志明伯伯在中国南部城市南宁的监狱中创作的汉诗[*]

---

* 胡志明（1890.5.19—1969.9.3），越共创始人之一，共产国际重要成员，长期担任越南国家领导人。1942年8月中旬从越南到中国从事国际反法西斯斗争，因为身份特殊在广西被国民政府羁押，辗转广西13个县的18座监狱，直至1943年9月中旬被中国共产党方面营救出狱。胡志明自幼接受汉学教育，精通汉语，在狱中创作了许多诗歌，总题曰《狱中日记》。参阅《胡志明主席传略》，越南外文出版社（河内），1970年；《胡志明狱中诗注释》，广西教育出版社，1992年；李家忠：《胡志明传奇的一生》，世界知识出版社，2010年。——译者注

抄录于此，献给祖先，赠予后人：

公里碑

不高亦不远，非帝亦非王。小小一片石，屹立大道旁。人赖你指示，不走错向方。你给人指示，途路之短长。你功也不小，人人不你忘。*

2005 年 11 月 22 日，时值日大全共斗出现于安田讲堂之纪念日。

---

* 诗中的"向方"即"方向"，"不你忘"即"不忘你"，胡志明原汉语诗稿如此。胡是为了押韵而颠倒字序。——译者注

引用资料说明

其一《东大斗争资料集》

简称《斗争资料》。"1968·1969记录会"编，1992年。

由东大全共斗议长山本义隆等人收集东大斗争期间（1968年至1969年）在校园内散发的传单，按时间顺序排列，缩小印制而成。A4开本，共23卷。送给了国立国会图书馆。

第1卷至第10卷为传单（第1卷为1967年医学部斗争，第2卷所收传单的时间为1968年1—5月，第3卷为6月，第4卷为7—8月，第5卷为9月，第6卷为10月，第7卷为11月，第8卷为12月，第9卷为1969年1月，第10卷为1969年2月）。第11—13卷所收为小册子，第14卷为议案，第15—16卷为争论资料，第17—20卷为大会议案，第21卷为学校当局的文件，第22—23卷为报纸报道的总目录。

各卷开头用目录的形式，将时间（年月日）、学部名称、发行者名称、标题、党派、文件类别等排列出来，按照时间顺序对资料进行整理，数量巨大。仅传单就收集了约 4000 份。

这些传单,是学生们每天都制作、散发的,几乎全部是单张油印(当然也有印成小册子的)。传单是为了报道、宣传而制作的,所以,可以成为了解当时学生们的主张与行动的线索。不过,关于事实,由于各派别强调自己正当性的煽动性传单占了大半,所以阅读的时候必须打些折扣。而且,如果对于当时的状况没有直接的了解,那么,传单上的大半主张大概都读不懂。不过,对于通读全部史料者而言,这个量是必要的。

对于东大斗争资料的搜集整理早就在进行。最早推出资料集的是东京大学新闻研究所的"东大纷争文书研究会",该会编纂的传单等资料集《东大纷争之记录》的发行日期为 1969 年 1 月 15 日,当时安田讲堂的攻防战尚未开始。是斗争浪潮中的出版。

继而出版的资料集是"东大斗争讨论资料刊行会"所编《日本的大学革命 4 东大解体之逻辑》(1969 年 8 月 15 日发行)。该书作为附录收录在《东大斗争资料目录》中,有以"希望向'东大斗争全学共斗会议救对部调查委员会'提供资料"为主旨的呼吁,由此可知全共斗自身曾经公开征集资料。而且,在东京大学教养学部,折原浩教授作为社会学者兢兢业业地搜集了全部相关史料,这是广为人知的。

不过,这套《斗争资料》囊括了在以上的斗争中搜集的全部资料,如果想了解东大斗争的内容,那么这是第一手的原始资料。

其二《东大问题资料 2 东京大学弘报委员会〈资料〉1968.10—1969.3》

简称《弘报》。东京大学弘报委员会编,东京大学出版会,1969 年。正文共 450 页,索引 3 页,前言、目录、凡例等共 9 页。

该资料集是东大当局对当时各学部提交的报告书的汇编（当时各学部每周向校方提交记录事态进展情况的报告书），包括1968年10月4日的《资料第1号》至1969年3月31日的《资料第24号》、1968年11月17日的《速报No.1》至1969年3月17日的《速报No.19》（我手头有1969年10月31日《速报No.37》之前的若干期，不全）。另外，作为附录，收录了不少1968年3月11日《关于医学部处分报告的学部长告示》之后学校当局公开发表的有关东大斗争的文件。不过，有的文件没有收录——例如医学部在1968年6月发布的《关于医学部的异常事态》。大概是因为其中包含留下记录就会出问题的内容。不用说，我手里有这份文件。另外，1968年8月10日公布的重要布告，附有大河内一男署名的文件《写在〈布告〉发布之际》，这份文件也没有被《弘报》收录。读者从本书中，能够看到这些被封存的官方文件的部分内容。

据说，东大弘报委员会在编这份资料的过程中，制定了若干注意事项，"（a）注重记述客观事实，避免评价性的表述；（b）并非只存在过与教授会、学生交涉的事实，须用并记的形式明确呈现双方就议题或在主要论争中提出的不同观点"等等，事项中甚至有十分琐碎的内容——例如要将"威风凛凛地走出来了"写成"走出来了"。是否"客观"另当别论，那就是他们的编辑方针。但是，像医学部那样明显偏袒一方的情形也是存在的。

根据该资料集，1968年10月以后东京大学每个学部、几乎每天的情况都可以确认。此外，甚至各学部学生自治会的《学生大会决议案》通过表决或被否决的票数，都有记录，十分详细。不过，在未被该资料集记录的事实之中，也有更为重要的。所以，当事人的说明是必要的。

另，弘报委员会的资料1是下面的内容。

加藤一郎：《东大问题资料1 〈给七学部代表团的确认书〉解说》，东京大学出版会，1969年。正文132页，索引、目录各3页。

补充资料1 1968—1969年年表

说明：黑体字部分为东京大学斗争、日本大学斗争、反越战斗争以及世界局势。未标明大学名称的事项皆发生在东京大学。

1968年	
1月10日	**日本育英会宣布停发在羽田斗争中被捕的60名学生的奖学金。**
1月13日	中央大学昼间部自治会举行3000人的誓师大会，反对学费上涨，开始街垒封锁、罢课斗争。夜间部自治会（属于民青系统）决定从16日开始罢课。
1月15日	**"饭田桥事件"，131人被捕。**
1月16日	**"博多车站事件"，4人被捕。**
1月17—27日	关西学院大学的商学部、文学部、法学部召开学生大会，决定停止罢课。
1月19日	**美国核动力航母"企业号"进入佐世保港。公明党初次参加国会两院外的街头群众运动。**
1月19日	东京医科齿科大学反对医师登记制度，全校开始无限期罢课。
1月20日	中央大学理工学部开始罢课。
1月21日	**美军B52轰炸机在格陵兰岛海域坠落，4颗氢弹入海，去向不明。**

1月22日	关西学院大学社会学部召开教授会,发布解散自治会的命令。
1月23日	美军情报搜集船"普韦布洛号"被朝鲜俘获。"企业号"航母出港。
1月26日	日本大学理工学部教授小野竹之助走后门收取入学酬金的事件暴露。
1月27日	医学部召开全学部大会,决定1月29日开始无限期罢课。医学部全校斗争委员会成立。
1月27日	关西学院大学社会学部的学生召开大会,做出继续罢课的决议。
1月29日	东京女子大学学生反对学费上涨,与校方进行团体交涉,谈判破裂。
1月30日	医学部发布停止毕业考试的公告。
1月30日	越南南方民族解放阵线、北越正规军开始春节攻势,占领美国大使馆,发布全国戒严令。
2月1日	南越国家警察局局长阮玉鸾在大街上枪杀北越俘虏。
2月1日	东京女子大学学生反对学费上涨,开始罢课(5日停止罢课)。
2月5日	41青医联开始罢工。
2月5日	越南南方民族解放阵线进攻美军溪山基地。
2月8日	东北学院大学的学生在学校总部静坐示威(12日用街垒封锁校园,19日终止封锁)。广岛大学抗议育英会停发奖学金,4名学生绝食。
2月9日	芝浦工业大学学生反对学费上涨,开始罢课(19日与校方进行团体交涉,停止罢课)。
2月16日	中央大学学生与校理事会进行团体交涉,学生取得全面胜利,撤除街垒封锁。
2月17日	神奈川大学学生与校方进行团体交涉,校方撤回相关规定,同意学生、教授的代表成立审议会。
2月19—20日	春见事件。

2月26日	关西学院大学社会学部的学生召开大会,终止罢课。
2月29日	美国国防部长罗伯特·麦克纳马拉辞职。
3月1日	政府在内阁会议上决定向政府提交《教育三法修订案》。
3月11日	医学部发布处分17人的布告。
3月11日	华沙学生游行,冲突激化。
3月12日	学生占据医学部图书馆。
3月14日	东北学院大学处分参加学费斗争的7人。
3月15日	驻日美军宣布将位于埼玉县朝霞的野战医院迁往东京都王子地区。
3月16日	美莱村屠杀事件。
3月16日	广岛大学当局因团体交涉处分9人。
3月22日	美军驻南越最高司令官威斯特摩兰被解职。
3月23日	关西学院大学校方处分参与学费斗争的25人。
3月26日	日本大学经济学部会计科科长富泽广失踪。
3月28日	开展阻止毕业典礼的斗争。
3月28日	日本大学理工学部会计科主任渡边春子自杀身亡。
3月31日	美国总统约翰逊宣布不再参加总统选举,发表停止轰炸北越的宣言。
4月2日	白川一男(17岁)为反战而自焚身亡。
4月4日	美国黑人运动领袖马丁·路德·金被暗杀。
4月7日	京都府警方强行搜查京都大学医学部,逮捕5人。
4月9日	捷克共产党发表自由化的行动纲领。
4月9日	兵库县警方强行搜查关西学院大学,逮捕9人。
4月10—12日	京都大学医学部斗争委员会与校长进行团体交涉。
4月11日	联邦德国学生运动领袖鲁迪·杜契克遭枪击身负重伤。

4月12日	东大当局强行举行开学典礼。
4月15日	东京国税局宣布日本大学5年间有20亿日元资金去向不明。
4月15日	医学部新M1开始罢课。
4月20日	日高六郎先生在日本大学经济学部校友会主办的"新生入学欢迎会"上的讲演会遭日本大学体育会破坏。
4月24日	全冲绳军务劳动工会（全军劳）为阻止向越南运送物资举行全面罢工。
4月25日	驹泽大学校方以擅自张贴传单为由给予11名学生退学处分。全共斗用街垒封锁部分教室。
5月3日	巴黎大学楠泰尔分校动员警察部队进校园。发生"五月风暴"。
5月7日	越南南方民族解放阵线在西贡市展开巷战。
5月8日	民间反战组织"越南和平市民联合会"（越平联）发布5名美军士兵逃亡苏联的消息。
5月10日	日本国会表决通过"医师登记制度"。
5月13日	巴黎的学生、工会举行总罢课、总罢工（在拉丁区）。
5月13日	美国与北越开始巴黎和平谈判。
5月19日	总罢课、总罢工扩大至法国全国。
5月23日	日本大学经济学部（神田三崎町）举行第一次游行示威（200米游行）。
5月23日	早稻田大学，学生要求改革校长选举制度，与学校当局团体交涉，谈判破裂。驹泽大学召开学生大会（5000人参会），做出撤除街垒封锁的决议。
5月25日	反对警察在东大五月节期间巡逻，举行示威游行，两人被捕。
5月27日	日本大学举行全校誓师大会，日本大学全校共斗会议（全共斗）成立。
5月30日	法国总统戴高乐拒绝辞职，解散国会。
5月30日	东京医科齿科大学，用街垒阻拦外来就诊者。

5月31日	巴黎周围出现装甲车部队。
6月2日	美军板付基地所属鬼怪Ⅱ型喷气式侦察机坠落在九州大学工学部计算机中心，爆炸起火。学生抗议示威。
6月5日	罗伯特·肯尼迪遭暗杀（次日死亡）。
6月5日	驹泽大学全共斗解除街垒封锁。
6月6日	东京医科齿科大学，全校开始罢课。
6月8日	早稻田大学第一文学部，反对校长选举计票，停课。
6月11日	日本大学全共斗在经济学部楼前的路上举行集会，要求与校方举行团体交涉，1万人参加集会。日大开始街垒封锁。
6月15日	医学部全校斗争委员会占据安田讲堂。
6月15日	日本大学文理学部开始罢课。
6月17日	东大300人集会，抗议警察厅机动队驱赶占据安田讲堂者。
6月20日	东大的九个学部罢课一天，召开全校总誓师大会（7000人大会）。
6月21日	秋田大学学生抗议校方镇压自治会，对全校实施街垒封锁。
6月23日	法国举行全国大选（第一次），戴高乐派取得决定性胜利。
6月24日	佐贺大学处分学生寮委员会的5名委员。
6月26日	东大文学部开始无限期罢课。
6月27日	经济学部研究生院与新闻研究所研修生自治会开始无限期罢课。
6月27日	美国海军陆战队从溪山基地撤离。
6月27日	静冈大学法学部与短期班召开学生大会，用实际行动阻止学部搬迁，开始街垒封锁。东洋大学学生在理事长办公室前静坐示威，要求进行团体交涉。校方申请警方出动警察机动队，逮捕170人。
6月28日	校长与学生见面，全校助教集会。封锁学校总部执行委员会成立。

6月29日	**工学部、法学部、教育学部罢课一日。**
6月29日	京都大学反对自卫队军官入学，全校罢课并与校方进行团体交涉。东洋大学全校斗争委员会设置街垒封锁全校。
6月30日	佐贺大学全校开始罢课，要求撤销对5位寮委员的处分。东京教育大学文学部学生封锁校总部，要求举行团体交涉，撤销调查费计算方法的规定。
7月1日	关东学院大学学生封锁校总部，要求建新宿舍。广岛大学医学部开始罢课。
7月2日	**东大学生占据安田讲堂。**
7月2日	东京教育大学文学部开始无限期罢课（4日农学部、5日理学部分别跟进）。上智大学全共斗抗议警察进入校园，设置街垒封锁了1号楼。
7月3日	**工学部学生大会做出支持"封锁安田讲堂"的决议，法学部开始48小时罢课。**
7月3日	警察厅发布日本全国各大学的实况报告，称54所大学处于学潮中。
7月4日	庆应大学日吉校区自治会召开学生大会（5000人参加），反对使用美军资金，罢课一天。
7月5日	**东京大学斗争全校共斗会议（东大全共斗）成立，教养学部开始无限期罢课。**
7月5日	新潟大学因院校合并、搬迁问题要求与校方进行团体交涉，占领校总部门前，静坐示威。
7月6日	长崎大学学生因学生会馆问题与校方进行团体交涉，1500人参加。
7月7日	新潟大学学生设置街垒封锁校总部。
7月8日	佐贺大学教育学部学生要求撤销处分，学生代表与校方见面，谈判破裂。
7月11日	文部省发布《小学学习指导要领》。
7月15日	东大全共斗在安田讲堂的报告厅召开代表大会，商定了七项要求。
7月16日	冲绳全军劳开始为期两天的争取带薪年假的斗争。
7月20日	日本大学举行全校总誓师大会（87人被捕）。

7月22日	庆应大学100名学生到校评议会静坐,要求举行团体交涉。
7月23日	社会党中央执行委员会决定与"反日共系统全校联合会"断绝关系。
7月24日	东大"助教共斗会议"成立。
8月2日	"九州大学反战会议"与医学部、教养学部、教育学部、文学部各单位自治会抗议拆卸、交换美军军机残骸,建造街垒。
8月6日	东大全共斗封锁山上会馆。
8月10日	东大校方发布《八一〇布告》。
8月12日	东大学生与日本大学文理学部教授会进行大众团体交涉。
8月13日	粉碎《八一〇布告》东大全校总誓师大会。120人参加。
8月20日	苏联、东欧五国军队入侵捷克。
8月24日	东京都内部分无业游民前来参加在安田讲堂前的集会。
8月24日	"反对成田机场建设地方同盟"1000人,为阻止施工勘探手持竹矛游行示威。
8月24日	上智大学当局给予13名学生退学、停课处分。
8月26日	美国学生在芝加哥举行反越战游行示威。
8月28日	东大学生封锁医学部本部,与医学部长小林进行团体交涉。
9月1日	警方向医学部的三吉签发逮捕令。
9月2日	秋田大学终止罢课。在大阪府立市冈高中,"社高同""反帝学评"等组织反对校务工作各职位的任命,占据校长办公室,开学典礼终止(9月11日进行团体交涉)。
9月3日	东大全共斗在驹场举行全校誓师大会(1000人参加)。
9月4日	警视厅机动队拆除日本大学本部与经济学部、法学部的街垒(逮捕132人,后1名警察死亡)。日大全共斗重新占据街垒。
9月5日	警视厅机动队再次拆除日大街垒。日大全共斗再度占据街垒,举行集会抗议校方调动警察机动队,5000人参会。生产工学部开始罢课。

9月6日	日大全共斗在抗议集会之后5000人前往白山大道举行法国式游行示威（不列队，自由行走），警察机动队使用催泪枪驱散，逮捕35人。
9月7日	教养学部代议员大会召开，全部议案都被否决。继续罢课。
9月7日	日大全共斗举行全校总誓师大会，3000人参加。在神田一带进行游击战，129人被捕。
9月7日	东洋大学学生组织"反帝学评"要求校方建设图书馆、立刻撤销修改校规的决定，设置街垒封锁校园（10日街垒被拆除）。
9月10日	庆应义塾大学全学斗设置街垒封锁塾监局（12日文学部斗争委员会封锁教务室）。立正大学学生自治会，要求校方撤销处分众多未交学费者和自治会干事的决定，与学校当局举行团体交涉（14日设置街垒封锁了部分校舍）。
9月11日	教养学部基础科学学科开始无限期罢课。
9月11日	苏联军队从捷克主要城市撤退。
9月12日	日本大学举行全校誓师集会，1.2万人参加。提出五项要求。在白山大道的游行示威中，154人被捕。
9月13日	东京大学全共斗要求与校方举行团体交涉，举行总誓师集会，800人参与。
9月13日	阿尔巴尼亚退出华沙条约组织。
9月14日	在关东学院大学，围绕封锁问题，全共斗的120人与体育会派系的1000人展开对决，封锁被解除。
9月16日	东京大学驹场全共斗封锁教养学部事务室。
9月16日	相模女子大学因反对校长任命而停课。
9月17日	日本共产党民主青年同盟一度解除对教养学部事务室的封锁，全共斗再次封锁。
9月18日	教养学部召开代议员大会，全部议案都被否决。
9月18日	中国《人民日报》发表社论（批判日本共产党）。
9月18日	福岛大学经济学部、教育学部要求校长辞职，开始无限期罢课。
9月19日	工学部开始无限期罢课。

9月19日	日本大学全校总誓师大会。医学部决定罢课（全校11个学部罢课）。
9月19日	日共反驳《人民日报》社论，称之为不能容忍的大国主义干涉。
9月20日	东京教育大学理学部召开学生大会，决定罢课5天，设置街垒封锁校舍。
9月21日	都市工学专业研究生院开始无限期罢课。
9月21日	东京教育大学理学部开始街垒封锁与罢课。（农学部25日开始，教育学部28日开始。全校罢课）。
9月22日	全共斗封锁医学部对外医局研究大楼。
9月25日	全共斗封锁文学部办公室。
9月26日	厚生省查明水俣病的病因为新日本氮肥工厂排放的废水。
9月27日	基础学科·医院联合执委会封锁医学部临床医局研究大楼，经济学部开始无限期罢课，全校总誓师大会（2000人参会）。
9月28日	教育学部开始无限期罢课。
9月29日	庆应义塾大学的十数名函授生要求正式承认其自治会，占据学校事务局。
9月30日	日本大学在两国讲堂举行团体交涉，2万人参加。
10月1日	佐藤荣作首相发表言论，声称"不认可日本大学的团体交涉"。
10月2日	理学部决定开始无限期罢课。驹场的自主讲座开讲。
10月2日	"基础医学·社会医学青年研究者之会"（56人）开始罢工。
10月3日	药学部、农学部决定举行无限期罢课。
10月3日	日本大学当局废除9月30日确认的协议事项。日大全共斗举行万人规模的抗议集会。
10月3—6日	佐贺大学开展阻止考试斗争，校方14次调动警察机动队进校园。
10月4日	全共斗封锁医学部1号楼、3号楼。
10月4日	警方签发逮捕日本大学全共斗秋田议长等8人的逮捕令。

10月4日	庆应义塾大学主动解除封锁（18日，在三田召开5000人参加的学生大会，半途而废）。东京医科齿科大学医学部召开学生大会，终止罢课的议案表决通过。
10月5日	全校教官第一次集会（50人参加）。
10月7日	全共斗组织的全校誓师大会在驹场召开。3000人参加。
10月8日	在习志野市的日本大学生产工学部，全共斗与右翼分子混战。
10月8日	精神神经科医局做出解散医局的决定。
10月8日	阻止美军燃料运输车、纪念羽田斗争一周年反战集会游行。全共斗组织，1000人参加。
10月8日	东北大学学生因与宿舍扩建相伴随的管理费增加问题与校方进行团体交涉。
10月9日	记者会见时古田会长没有露面，东理事（80岁）装作耳聋听不见，拒绝辞职要求。
10月11日	东京外国语大学，因宿舍管理问题进行的团体交涉破裂，开始无限期罢课。
10月12日	法学部决定进行无限期罢课。全校形成无限期罢课的态势。
10月12日	福岛大学教育学部召开学生大会，因校长辞职宣布结束罢课。
10月14日	医学部学生三吉被捕，500名学生到本富士警署前静坐，法学部教授会发表关闭学部宣言。
10月14日	在日本大学工学部（郡山市），全共斗60人与体育会150人混战，造成火灾。在工学部，9月4日封锁校园，27日解除封锁，10月4日互扔石块大战，此日再次封锁。
10月15日	全共斗封锁内科研究大楼。
10月16日	经济学部教授会制定解决方案。三吉被起诉。
10月16日	明治大学拆除街垒。
10月17日	东京都教育委员会委员长发布禁止高中生参与政治活动的通告。在富山大学，学生要求撤销学生宿舍管理新规，占据学部长办公室。（24日举行团体交涉，25日达成妥协。）

10月18日	神经内科的无薪医生拒绝出诊。
10月21日	因国际反战日活动被定性为"骚乱罪",全国30万人参加游行示威,1012人被捕。全共斗3000人参加。
10月21日	东北大学,法学部学生建造街垒,开始罢课。教养学部、文学部、经济学部、理学部停课。
10月23日	东洋大学,学生要求校方就调动机动队进校园做自我批评,举行团体交涉(28日团体交涉破裂,29日机动队解除封锁,31日学生再次封锁)。在福井大学,学生要求分配独立的活动室,举行静坐。
10月26日	在各学部长会议上,大河内校长提出试行方案。
10月28日	日本大学父兄会开会。
10月30日	日本大学成立教职员工会、教员联络会、全校协议会,要求理事辞职。
10月31日	美国总统约翰逊发表全面停止轰炸北越的声明。
11月1日	大河内校长辞职,评议员集体辞职。全共斗封锁工学部1号楼与陈列馆。
11月2日	理学部紧急露天集会,候补学部长久保理不发言。
11月2日	日本大学"全学协"(教职员与研究生的组织)总誓师大会。
11月2日	庆应义塾大学日吉校区学生大会,4000人参加,大会通过了结束罢课、拆除街垒、拒绝接受美军资金的宣言。
11月3日	经济学部研究生封锁学部长办公室和教研室。
11月4日	法学部长加藤一郎就任代理校长。文学部罢课执行委员会开始与文学部长林健太郎进行无期限团体交涉。教养学部举行团体交涉。
11月4日	东京教育大学教育学部开始为期一个月的罢课(理学部8日开始无限期罢课,14日占领主楼)。
11月6日	美国举行总统大选,尼克松当选总统。
11月6日	静冈大学法学部与短期大学的学生开大会,决定继续进行无限期罢课(全校斗争委员会11日封锁主楼)。

11月7日	上智大学全共斗设置街垒封锁1号楼、3号楼。
11月8日	驹场的团体交涉破裂。学生封锁教职员会馆。
11月8日	日本大学艺术学部展开街垒攻防战。
11月8日	相模女子大学召开学生大会,决定停止罢课。
11月9日	全共斗机关报《进击》创刊。
11月9日	日本共产党发表大学斗争纲领。
11月10日	全共斗封锁工学部7号楼。
11月10日	日本大学全校父兄在两国讲堂集会,7000人参会。
11月11日	驹场共斗会议封锁第1教研室和2号主楼。全校教官在农学部运动场集会。
11月11日	山形大学全学斗占领教学楼(20日召开的理学部学生大会同意占领)。
11月12日	文学部团体交涉结束。东大全共斗在誓师大会上制订封锁全校的方针,并封锁工学部1号楼。综合图书馆门前,东大全共斗与民主青年同盟发生冲突。理学部学生开大会,做出反对封锁全校的决议(13日)。
11月12日	日本大学艺术学部"艺斗委"的46人全部被捕。当天下午4点,学生重建街垒。
11月12日	富山大学"全斗联"设置街垒封锁学校本部等建筑(16日经济学部停止罢课,22日"全斗联"与教授会进行团体交涉,伪造成绩一事暴露。28日经济学部开始罢课)。
11月14日	法学部学生大会做出阻止封锁全校的决议。
11月15日	加藤代理校长开始与全共斗、统一代表团进行交涉。"大学革新会议"设立。
11月15日	日本大学的全国父兄会在神田锦町的新东京酒店与古田会长会面。
11月16日	文部省向东京大学、东京教育大学、东京外国语大学、日本大学发出复课的通知。
11月16日	东北大学全共斗设置街垒封锁学校总部。
11月17日	全共斗1000人(含支援部队成员)住进学校。
11月17日	日本大学全共斗副议长酒井被捕。

11月18日	在安田讲堂的"公开预备交涉"中,全共斗与加藤代理校长决裂。
11月19日	加藤代理校长与统一代表团举行"公开预备交涉"。工学部学生大会举行代表选举,做出反对封锁全校的决议。
11月19日	在冲绳的嘉手纳美军基地,B52轰炸机起飞时发生爆炸。
11月20日	法学部继续罢课。理学部、药学部同样罢课。
11月20日	捷克查理大学举行抗议罢课。
11月22日	日本大学·东京大学斗争胜利全国总誓师大会。
11月22—24日	驹场节。
11月24日	日本大学经济学部当局在盐原、九十九里两地开始对四年级学生授课。日大6名学生被捕。9人被以共同杀人罪签发逮捕令。
11月25日	新潟大学教养学部与工学部,反对校舍迁移与强化管理,提出团体交涉的要求,开始罢课。
11月26日	经济学部召开学生大会,选出代表,做出反对封锁的决议。
11月26日	袭击日本大学艺术学部的4人因非法大量持有凶器罪被逮捕。
11月26日	青山学院大学全学斗要求集会的自由,设置街垒封锁学校总部。
11月27日	加藤代理校长发表《给议案集会的呼吁》。农学部召开学生大会,选出代表,做出罢免"罢课执行委员会"的决议。理学部召开学生大会,选出代表,做出解除图书馆封锁的决议。
11月29日	全共斗在综合图书馆门前阻止"议案集会"。
11月30日	法学部学生大会选出代表。
11月30日	佐藤新内阁上任,文部大臣为坂田道太。
12月1日	全共斗封锁教养学部第八本馆。
12月4日	大阪大学全共斗要求撤销处分、团体交涉,设置街垒封锁学生处。
12月5日	神户大学教养学部的200名学生要求与校方进行团体交涉,设置街垒封锁学校总部事务局。

12月6日	驹场校区,"反帝学评"与"革马派"内讧。
12月9日	长崎大学斗争委员会占领学生会馆,要求对会馆进行自主管理。
12月12日	文学部学生大会召开,全共斗获胜。
12月14日	人文科研究生院哲学专业的研究生开始罢课。
12月14日	中央大学要求校方立即撤销冻结学生会馆管理经费的决定,开始无限期罢课。上智大学当局调动警察机动队进校园,拆除街垒,逮捕52人,关闭校园,发布停课半年的公告(26日全共斗展开夺回校园的斗争,23人被捕)。
12月15日	"日本大学斗争报告大集会"举行,封锁法文1号楼25号教室等处。
12月16日	全共斗举行"粉碎公开预备交涉"总誓师大会,3000人到会。工学系研究生院应用化学科开始无限期罢课。
12月17日	文部省发布中学学习指导要领方案。新潟大学教育学部罢课,反对校舍统一迁移。
12月18日	全共斗总誓师大会。民青全学联进行全国总动员。
12月19日	关西学院大学,法学部、文学部、社会学部断然罢课(23日"文斗委"封锁校舍)。
12月20日	室兰工业大学,学生要求尽早建宿舍,开始罢课。与校长进行团体交涉,1000人参加。
12月21日	石牟礼道子撰写《苦海净土》一书的"后记"。
12月21日	电通大学斗争委员会,要求校方负担宿舍食堂从业人员的工资,建造街垒封锁学校主楼。
12月23日	全共斗封锁法学部研究室。
12月23日	日本大学全共斗总誓师大会。日本大学·中央大学统一总誓师大会之后,彻夜放映电影。
12月23日	琉球立法院做出决议,要求美军核潜艇停止进入港口。
12月24日	全共斗召开医学部医学科学生大会,展开粉碎谎言的斗争。
12月25日	全共斗封锁法文1号楼。

12月25日	文部大臣坂田表示要将东京大学改组为研究生院大学。
12月27日	教养学部的教养学科，做出终止罢课的决议。
12月27日	中国在新疆进行氢弹试验。
12月29日	加藤代理校长与文部大臣坂田会谈。
1969年	
1月2日	静冈大学，法学部、经济学部、短期大学自治会、全校斗争委员会设置街垒封锁学校本部。
1月5日	九州大学，突然开始强行拆解美军飞机。团体交涉三日。
1月6日	全共斗冲散农学部学生大会。
1月7日	关西学院大学全共斗封锁5号馆分馆（17日封锁校总部，18日法学部开始无限期罢课）。
1月8日	同志社大学"全寮协"（全校学生宿舍协会）要求校方承担宿舍的水电费，封锁致远馆（14日与评议会进行团体交涉，提案获得通过，解除封锁）。
1月9日	东大、日大斗争胜利全东京都总誓师大会，警视厅出动机动队，逮捕51人。
1月10日	七个学部在秩父宫橄榄球场集会。全共斗开展粉碎教养学部代议员大会的斗争。民主青年同盟打破对法文1号楼、2号楼的封锁，包围安田讲堂。
1月11日	教养学部、理学部、农学部、教育学部为了终止罢课召开学生大会。
1月12日	全共斗再次封锁法学部研究室、陈列馆、法文1号楼和2号楼，以及工学部1、7、8号楼。
1月12日	自民党强烈谴责《东大确认书》。
1月13日	药学部召开终止罢课的学生大会。医学部主楼封锁解除。
1月13日	东京教育大学教育学部召开学生大会，为了恢复入学考试，做出终止罢课的决议（15日，理学部学生大会做出终止罢课的决议）。立命馆大学"寮联合斗争委员会"要求停收住宿费，与校方进行团体交涉（16日设置街垒封锁中川会馆）。

1月14日	工学部学生通过投票决定结束罢课。加藤代理校长声称即使调动警察机动队进校园，也要举行入学考试。
1月14日	警视厅调动机动队队员2500人，增派便衣警察1000人，对全国8.5万名警员进行全副武装，保持随时出击的态势。
1月14日	美军"企业号"核动力航母发生爆炸引发火灾事故。
1月14日	长崎大学全共斗要求对学生会馆进行自主管理，占据校长办公室（16日校方调动机动队进校园，拆除街垒）。
1月15日	庆祝东大斗争胜利、全国校园斗争胜利工人、学生总誓师大会（3500人参加，警方公布的人数为3900人加上1200名普通学生、民主青年同盟2500人）。日共系统人员攻击教养学部第八本馆，欲解除学生的封锁。
1月15日	京都大学"寮斗争委"（学生宿舍斗争委员会）要求无条件地建造学生宿舍，与校长进行团体交涉（16日交涉破裂，学生处被街垒封锁）。
1月16日	加藤代理校长前往警视厅，请求出动机动队。
1月16日	日本大学生产工学部学生集会，做出终止罢课的决议。
1月16日	捷克查理大学学生因抗议苏联进军而自焚。
1月17日	东京大学当局发出要求学生离开（安田讲堂）的指令。警视总监做出向东大出动警力的决定。
1月18日	
早晨6时50分	机动队到达东大正门前。
7时05分	机动队开始解除医学部图书馆（中央馆）的封锁。
7时30分	机动队解除医学部的封锁（逮捕22人）。
8时15分	全共斗派的学生冲开正门，在银杏大道上游行（300人参加）。本富士警察署署长向占据安田讲堂的学生发出"离开"的命令。

1月18日

8时30分	直升机开始向安田讲堂投掷催泪弹。8500名机动队队员将整个本乡校区包围。本乡大街的交通完全中断。
8时50分	开始进攻工学部陈列馆。
9时	机动队开始进攻法学部研究室。
10时	机动队开始进攻法文2号楼。
11时	机动队拆除文学部（位于法文2号楼）的街垒封锁。
11时30分	在神田地区骏河台下，御茶之水派出所遭到袭击。
11时36分	陈列馆火灾，消防车到达。
12时15分	在神田的中央大学学生会馆前，全东京都学生誓师大会召开（2000人参加）。
午后1时05分	陈列馆有人负重伤，封锁被解除。
1时15分	在御茶之水车站附近，学生与机动队冲突。
1时16分	装甲车开始从正面进攻安田讲堂。
3时35分	法学部研究室的封锁被解除（东大校园内被捕者共285人）。机动队开始拆除安田讲堂正门的街垒。
4时	在神田的御茶之水、骏河台下等地，学生与机动队对峙（1万人），共57人被捕。
5时10分	机动队暂停解除封锁的行动。
1月18日	横滨国立大学全共斗召开预备会议，封锁校总部。

1月19日

早晨6时30分	警视厅机动队解除安田讲堂封锁的行动再次开始。
8时	机动队进入讲堂一层。
8时15分	直升机向安田讲堂喷洒催泪液。
10时25分	直升机发射催泪瓦斯弹。
11时	在神田的中央大学主楼门前广场，总誓师大会（3000人到会）。
11时30分	从安田讲堂正面进行的封锁解除行动重新开始。
12时15分	东大全共斗等组织朝着东大校园出发，开始游行。
12时15分	机动队在安田讲堂二楼逮捕学生。

12时40分	在本乡二丁目，学生与机动队冲突。
午后1时	学生在神田的圣桥等地设置街垒。
2时	机动队重新开始从正面进攻安田讲堂。
2时30分	全共斗安田讲堂守备队与警视厅机动队在讲堂内搏斗，警方停止水龙攻击。
3时50分	安田讲堂内的学生全部被捕。
3时55分	安田讲堂楼顶平台上，学生列队，齐声高唱《国际歌》。
4时14分	加藤代理校长呼吁讲堂内的学生投降。
4时50分	机动队与学生在讲堂五层的钟楼展开攻防战。
5时30分	机动队从正面左侧攀上安田讲堂五层楼顶。
5时37分	机动队逮捕五层楼顶的学生。
5时40分	学生、市民在本乡三丁目与机动队冲突。
5时45分	机动队在安田讲堂五层的钟楼逮捕学生。
5时59分	机动队取下了安田讲堂顶层的红旗。
晚上9时	学生在御茶之水车站前举行总结集会。
1月20日	自民党政府宣布不举行东京大学的入学考试。
1月20日	大阪外国语大学全共斗，设置街垒封锁新建校舍（21日主动解除封锁）。冈山大学举行全校学生大会，提出解散辅导委员会等要求，行使罢课权，成立"全共斗"（25日，因学校当局拒绝团体交涉，除工学部之外全校开始罢课）。
1月21日	驹场共斗会议从教养学部第八本馆撤离。
1月21日	"夺回东大·支援全国校园总罢课东京都誓师大会"在中央大学大广场举行，5000人参加（一说3000人）。"夺回东大·支援全国校园总罢课关西誓师大会"在京都大学正门前举行。
1月21日	京都大学当局设置阻止集会者的街垒。在关西大学，社会学部的"校友会重建协会"提出学生参与学部管理的要求，占据办公室（25日解除封锁、结束罢课）。在关西学院大学，因团体交涉破裂，2000名学生在校园内游行示威（26日设置街垒封锁社会学部，神学部开始罢课。28日设置街垒封锁文学部，29日设置街垒封锁经济学部）。

1月22日	东大全共斗展开冲入本乡校区的斗争。
1月23日	东大全共斗展开冲入安田讲堂的斗争。
1月23日	和歌山大学经济学部，要求完全撤回对校舍的统合管理，进行团体交涉（24日团体交涉破裂，学生设置街垒封锁学校总部，全校斗争委员会成立）。
1月24日	西班牙政府针对学生运动高涨发表紧急状态宣言。
1月25日	推进越南和平巴黎会谈开始实质性的协商。
1月25日	横滨国立大学教育学部开始罢课（31日，除了工学部，全校开始街垒封锁）。京都大学全共斗召开预备会，与校长的团体交涉破裂（27日医学部四年级学生开始罢课，31日，教养学部开始无限期罢课并进行街垒封锁）。
1月26日	警视厅强行搜查中央大学、明治大学学生会馆、日本大学理工学部。在中央大学逮捕29人。
1月27日	日本大学调动机动队，拆除生产工学部的街垒。
1月28日	大阪教育大学天王寺分校的学生开大会，提出实行主任公选制等要求，做出罢课决议（31日开始街垒封锁）。
1月29日	东京工业大学开大会，要求撤销某项管理规定，做出无限期罢课的决议（30日开始罢课）。芝浦工业大学学生与学校当局交换确认书，斗争结束。大分大学经济学部，学生要求对学生会馆进行自主管理，占据会馆。
1月31日	东大当局以"损坏器物"的罪名起诉全共斗学生。
1月31日	东京都立大学，反对拆除学生会堂，学生在会堂前建造街垒。
2月2日	日本大学法学部、经济学部、工学部的街垒被拆除。
2月4日	警视厅机动队结束了在本乡校区的夜间巡逻。
2月8日	自卫队的F104战斗机坠落在金泽市的住宅区，造成4人死亡。
2月10日	东京地方检察院发布公告，宣布已经起诉参与1月18—19日斗争的509人［1月18日的东大179人、神田10人，1月19日东大295人（377人中的）、神田25人］。

2月10日	教养学部代议员大会召开，做出强化罢课行动、再次封锁驹场的决议。
2月23日	越南南方民族解放阵线在春节第一天发起总攻。
3月12日	日本大学全共斗议长秋田被捕。
3月13日	日本大学当局向批判古田的七人小组的七名教员发出辞职劝告。
3月14日	加藤领导班子发表辞职声明。
3月17日	文学部学生大会做出强化罢课行动的决议。
3月19日	官方公布在安田讲堂之外被捕学生的羁押理由，开始公开审判。
3月23日	东京大学校长选举，加藤当选。
3月24日	农学部林业学科的教授、副教授共13人全部撰写自我批判书。
3月30日	粉碎成田军事机场全国总誓师大会召开，工人、农民、学生共1万人参加。
7月8日	南越美军第一批人员撤离，814人从西贡出发。
9月3日	胡志明去世。

补充资料2 1968年度东大本科生、研究生、教官人数表

各学部学生人数及毕业人数

各学部定额数、在校人数以及毕业人数

	教养学部	法学部	医学部	工学部	文学部	理学部	农学部	经济学部	教育学部	药学部	合计
在校人数	7119	1434	560	1679	707	439	411	700	120	130	13299
	教养学科	法学部	医学科	工学部	文学部	理学部	农学部	经济学科	教育学科	药学部	合计
定额人数	120	550	140	908	330	250	290	320	85	70	3063
1968年毕业人数	106	5	60	33	14	5	0	8	1	58	290
毕业率	88.3%	0.9%	42.9%	3.6%	4.2%	2.0%	0.0%	2.5%	1.2%	82.9%	9.5%

注：1. 各学部人数是三年级和四年级的学生人数（医学部医学科包含五年级和六年级），教养学部包括一年级、二年级的全体学生以及教养学科专业的三年级、四年级学生。医学部由医学科和保健学科（定额30）组成。另外，统计中不包括正在研修的医生。
2. 毕业率是用1968年毕业人数除以定额人数得到的百分比。

硕士课程、博士课程在读人数及修完课程人数

在校人数

	人文科学	教育学	法学政治学	社会学	经济学	理学	工学	农学	医学	药学	合计
硕士	289	93	31	68	73	431	773	189	27	77	2051
博士	181	81	58	54	67	389	445	173	146	73	1667
合计	470	174	89	122	140	820	1218	362	173	150	3718

1968 年修完课程人数

	人文科学	教育学	法学政治学	社会学	经济学	理学	工学	农学	医学	药学	合计
硕士	87	0	16	13	2	189	344	68	7	37	763
博士	1	5	5	3	0	65	83	36	49	23	270

修完率

	人文科学	教育学	法学政治学	社会学	经济学	理学	工学	农学	医学	药学	合计
硕士	60.2%	0.0%	100.0%	38.2%	5.5%	87.7%	89.0%	72.0%	51.9%	95.1%	74.4%
博士	1.6%	18.5%	25.9%	16.7%	0.0%	50.1%	56.0%	62.4%	100.0%	84.7%	48.6%

教官人数

教授	副教授	讲师	助教	合计
841	882	188	1839	3750

附 录

1969：安田讲堂的陷落

董炳月

如果是深秋，从东京大学本乡校区的正门往里看，一幅空灵而又壮观的图景便映入眼帘。嫩黄色的银杏叶铺天盖地，银杏叶深处、路的尽头，就是咖啡色的安田讲堂。安田讲堂的咖啡色与天空的湛蓝、银杏的嫩黄形成的对比十分鲜明，赏心悦目。不过，在对安田讲堂的历史有所了解之后，我发现那种庄严的咖啡色已经并非仅仅具有美学效果，同时也在呈现安田讲堂所凝聚的历史与文化的沉重。

安田讲堂是安田财阀（现代日本四大财阀之一）创始人安田善次郎（1838—1921）捐建的，因此叫作安田讲堂。1922年3月1日奠基，第二年9月1日即遭遇东京大地震。1925年7月6日竣工，至今已有80多年的历史。作为日本最高学府的仪式性公共场所，它与现代日本的历史、政治、教育和文化保持着密切关系。它被定为日本的国家级文物，即意味着它不仅是东京大学举行公共活动的场所，同时也是现代日本历史与文化的符号。安田讲堂的历史上最为鲜明的一页，无疑是1969年1月18日至19日发生在警视厅机动队与占据讲堂的青年学生之间的攻守大战。1月18日凌晨，机动队的8500名队员对本乡校区的不足700名学生进行镇压，下午1点16分开始进攻安田讲堂，动用了直升机、装甲车、水枪、催泪弹。经过两天的搏斗，1月19日下午5点45分许，安田讲堂中的青年学生全部被捕，14分钟之后，钟楼上的红旗倒下。从前一年11月22日以东京大学、日本大学为主的反战学生在安田讲堂前"胜利会师"算起，青年学生控制安田讲堂近3个月。而1月19日黄昏，随着安田讲堂的陷落，以全球性的左翼运动为背景、在1968年走向高潮的日本学生运动迎来了转折。

安田讲堂事件中包含着现代日本的诸多复杂性。从中国视角、结合中国的1968年来看，中日两国的大学校园便构成具有同一性的风景。近日阅读两本与安田讲堂事件有关的书，发现"历史"确实尚未终结。这两本书，就是佐佐淳行的《东大陷落——安田讲堂攻防战72小时》（文艺春秋，1993年）和岛泰三的《安田讲堂1968—1969》（中央公论新社，2005年。中译本书名为《以命相搏的青春》）。

《东大陷落》1992年分六次连载于《文艺春秋》5月号至10月号，第二年1月25日出版作者扩写的单行本，到3月5日，一个半月即发行到第五版。关于作者佐佐淳行，书后介绍道："1930年生于东京。从东京大学法学部毕业后入国家地方警察本部（现警察厅）任职。'东大安田讲堂事件''联合赤军浅间山庄事件'中作为警备幕僚长参与危机管理。1986年起担任第一任内阁安全保障室主任，1989年在昭和天皇丧礼上担任警备礼官之后退职。"1968年6月，佐佐淳行奉命从日本驻香港总领事馆回国，11月1日被任命为"警视厅警备部·警备第一科科长"，随后参与指挥镇压东大学生运动的行动。1969年1月18日机动队进攻安田讲堂的时候，他就坐在无线电指挥车中。佐佐淳行的这种身份，决定了《东大陷落》一书的两个基本特征："体验性"与"体制性"。

佐佐在该书结尾处说:"在本书中,我试图作为警察一方的叙述者,编织、组合以切身体验为基础的事实和从第一线获得的信息,填补历史上空白的一页。"在"后记"中又说:"相信战后体制内改革的必要性与可能性,选择了保卫法律秩序和市民安全的危机管理这种人生道路、投身警察界,在处理东大安田讲堂事件的现场参与指挥——这就是我。从我的视角出发,基于当时的现场记忆和笔记,以及公共事件记录等参加了攻守战的'体制一方'从第一线获得的情报,我试图尽力对自己目睹、了解的事实进行客观的历史性重现。"尽管佐佐淳行自称追求"客观",但在明确地将自己定位于警察和体制一方的前提下,无论怎样追求客观,也只能是单方面的客观。一本《东大陷落》,主要是在阐释国家暴力的合理性。

这种阐释集中体现在对承担镇压任务的警察机动队的叙述。佐佐在《东大陷落》"前言"中说:"近年人们时常谈到'3K'(辛苦、脏、危险)工作,但我想说,如果不把当时警备、公安、机动队的工作称作'3K',那什么还是'3K'呢?在难以想象的艰苦的工作条件下,在第二次反安保斗争爆发的1967年至1970年的大约三年间,他们承担的是每天伴随着死亡与负伤的'战时值勤'工作。他们也都是有父母,有兄弟姐妹,有妻子或恋人的活生生的人。很多机动队队员多次负伤。"("辛苦""脏""危险""警备""公安""机动队"等词语日语读音的第一个字母均为K。)这种叙述在道德层面上树立了机动队的正面形象。第七章的"'军队'与'市民警察'之间"一节,则概括了机动队的功能和历史贡献:"如果问机动队在战后日本发挥了怎样的功能,那就是它是介于'军队'与'市民警察'之间的存在,处理无论是'军队'还是'市民警察'都无法进行适当应对的骚乱事件或者民众暴动,一直维护着社会治安与社会秩序";(战后)新生民主日本创建了世界上没有先例的'机动队'这种特种警察部队,施以特殊的军事训练,配备了市民警察和军队都没有的喷水车、路障拆除车等特种设备,赋予其全权处理战后多发的反体制团体不法行为的权力。"基于对作为国家暴力机器的机动队的肯定,佐佐淳行把 1968 年 9 月 4 日在日本大学经济学部执行镇压任务时被石块击中头部、29 日死亡的机动队分队长西条秀雄作为英雄来叙述。

在《东大陷落》中,佐佐淳行为了阐明国家暴力的合理性,大肆渲染青年学生的非法暴力。第二章"出动"中即有如下叙述:

> 最关心的是大学当局提供的有关"武器、凶器种类"的情报。[中略]据情报:"不慌不忙地往里搬了 5 纸箱装在试管里、塞着 3 到 20 厘米木塞的硝铵。""1 月 15 日凌晨 3 点在安田讲堂进行投掷实验,听到了爆炸声。""爆炸声来自安田讲堂内和讲堂楼顶平台,以及法文 1 号楼、2 号楼。"此外,据说有 30 支铆钉枪、4000 根木料和铁管、汽油桶不少于 3 个、600 个燃烧瓶、从本乡校区周围的人行道上挖来的水泥板和石块,还有装有硫酸、盐酸、硝酸的瓶子等,被搬进以安田讲堂为主的各堡垒,堡垒中的学生宣称:"在日大只杀了 1 个机动队队员,在安田讲堂要杀 10 个。"

尽管只是似是而非的"据情报",符合事实与否尚未确认,但"暴力学生"的形象已经被塑造出来,机动队的"出动"有了合理性与必要性。

《东大陷落》作为一本阐释国家暴力合理性的书,也具有鲜明的商业资本主义色彩。佐佐淳行在写作过程中就自觉地在追求煽情效果。全书主体部分共七章,每章的标题都只有两个字,分别是:任命、出动、包围、突入、激战、陷落、终结。简洁且富于冲击力。书的封面设计使用的是昭和日本历史上的经典照片之一——从空中俯拍的"安田讲堂攻守战":盘旋的直升机,高压水龙,密密麻麻的机动队队员,一排排的警车。红色腰封上印着广告词:"高压水龙喷水的雾气中隐现的钟楼,催泪瓦斯弹的爆炸。1969年1月18日,校园风潮、大决战闭幕。全共斗与机动队三天的生死搏斗。警备幕僚长详细再现的冲击性记录。荣获文艺春秋读者奖。"内容与包装的这种组合,完成了日本国家权力与资本主义商业炒作的统一。广告词中的"全共斗"为"全校共斗会议"的简称,是新左翼各党派或无党派团体在1968年至1969年的日本学潮中建立的斗争组织。

安田讲堂事件发生后的20多年间,讲堂一直处于封闭状态。20世纪80年代后期日本政府投入8亿日元巨资进行修复,1991年3月28日,东京大学的毕业生们在整修一新的讲堂里举行了盛大的毕业典礼。从1968年的学潮算起,那是相隔24年的毕业典礼,所以媒体进行了报道。这也成为佐佐淳行撰写《东大陷落》的契机。

《东大陷落》大概是第一本将安田讲堂事件作为"历史"来叙述的书。佐佐淳行提起笔来的时候实际是在抢夺话语权,从"体制一方"对安田讲堂事件进行历史定位。就像24年前他握有镇压学生运动的权力。于是叙述行为本身成为他第二次对青年学生施行暴力的形式,不同在于第一次是使用机动队,而这一次是用笔。因此,从"体制"代言人佐佐淳行的话语中,不可能听到从安田讲堂内部进行抵抗的"反体制"一方的声音,《东大陷落》展示的只能是片面的历史。克服这种片面性的,是岛泰三的《安田讲堂 1968—1969》。该书的出版比《东大陷落》晚了12年。

《安田讲堂 1968—1969》的著者岛泰三生于1946年,高中毕业后考入东京大学理学部,读书期间参加了学潮。安田讲堂事件发生时他23岁,在讲堂内固守并担任"本乡学生队长"。讲堂陷落他被捕,后来被判处两年徒刑。现在的职务是房总自然博物馆馆长,《日本猿》杂志主编,日本野生生物研究中心主任研究员。岛泰三在《安田讲堂 1968—1969》"序言"中首先指出佐佐淳行《东大陷落》描绘的"卑怯者"东大全共斗形象不真实（佐佐说在安田讲堂中被捕的377名学生中东大学生仅20人），说："当时，坚守在东京大学校园内的东大本科生、研究生、青年医生有很多，仅仅在安田讲堂里面，就超过了70人。他们全部被逮捕，受到审判并被判有罪。那些人当中，有的人（包括我）在监狱里服刑数年。这本书，就是从安田讲堂内部审视那次事件的人提供的历史证言。"显然，在"体制"与"反体制"、"讲堂之外"与"讲堂之内"两个层面上，《安田讲堂 1968—1969》与《东大陷落》均构成了对应。

岛泰三在"序言"中揭穿了佐佐淳行的不实之词之后，指出："安田讲堂攻防战本身，不过是此前一年开始的东大斗争的最终结果。如果没有导致那种结果的一系列事件的发生，不足700名的青年人不会以8500人的警视厅人员为对手，投身于必然失败、没有逃路的绝望的斗争。"一本《安田讲堂 1968—1969》，就是以翔实的资料和编年史的写法，讲述从1968年1月的反战和平运动开始的日本学生运动到安田讲堂事件发生的过程，涉及越南战争、教育制度改革、保护医学部进修生权益等重要问题。从同时代的中国引进的"造反有理"一语，在日本社会获得了新的内容。书的最后，岛泰三借用作家长部日出雄的口评价说："当时的青年们以命相搏的斗争，应当在亚洲历史上留下了遗产。以1960年和1969年为两大高潮的日本青年的反战、反安保斗争，阻止了日本的再次军事化，阻止了日本向越南战场派遣军队，促使日本在越战之后的亚洲和平中做出了贡献。20世纪70年代之后，日本青年的反叛总是被镇压在萌芽状态，所以，35年之后，日本终于又向海外派兵，在阿拉伯民众心底播下仇恨的种子。这与20世纪60年代的情形正相反。"岛泰三本人甚至将那段岁月称作"看到晴空的那个瞬间"，说："由日大斗争与东大斗争引导，发生在日本全国多所大学、高中的青年运动，难道是忽然出现又忽然消失的泡沫式的行动吗？并非如此。那是被日本文化施加的咒语瞬间失灵、看到了晴空的瞬间。青年们觉察到了施加在自己身上的咒语。"

我读《安田讲堂 1968—1969》，更注意其中涉及的暴力问题。1968年，日本的国家暴力对从事反战和平运动、要求改革教育体制、保卫自身正当权益的学生进行了无情的镇压。1月18日，"三派全学联"（两年前以革命共产主义者同盟中核派、社会主义学生同盟、社会主义青年同盟解放派三个学生团体为主体形成的学生团体）领导日本各地的学生前往九州的军港佐世保，抗议美国航母入港，反对越战，但在市内平濑桥上遭到机动队的拦截。机动队动用水龙和催泪弹进行攻击，学生们失去反抗能力之后，再殴打并实施抓捕。1968年6月15日是安保斗争纪念日，东京大学医学部全校斗争委员会在这一天第一次占领了安田讲堂。两天后的17日凌晨，机动队进入了校园。岛泰三记述道：

> 1200人的警察机动队在安田讲堂前面银杏树下的路上行进，那阵容给了东京大学的青年学生们以鲜明而又强烈的刺激。机动队的恐怖程度，大概只有直接与其对峙的人才能感受到。机动队与在街头警务室门前悠闲踱步的"警察叔叔"完全不同。藏青色的警察制服，藏青色的头盔，泛着暗光的铝制大盾牌，橡木警棍，加了钢板、用于踢踹的马靴——所有这些装备都展示着令弱者窒息的暴力。人们即使是只被那种暴力威胁、攻击过一次，在很长一段时间里也会做噩梦，梦见那种恐怖的暴力。

就是这种全副武装的机动队队员，1969年1月19日攻入安田讲堂之后，把饥肠辘辘、睡眠不足的青年学生铐起来，拳打脚踢。佐佐淳行笔下代表道德与正义的机动队，在岛泰三笔下完全是另外一种面目。

正是这种国家的暴力（还有民间的右翼暴力团），赋予了青年学生们的非法暴力以某种程度的合理性。这种合理性不仅在于它是与具体的政治诉求结合在一起,而且在于它是作为国家暴力的结果而出现。更何况,学生的"暴力"与强大的国家暴力相比微不足道。"体制"代言人对学生暴力的渲染,其实是为国家暴力的施行提供依据。针对当时所谓为了撤除全共斗搬入安田讲堂的硝化甘油而不得不动用机动队这种说法(佐佐淳行在《东大陷落》中也这样说),岛泰三指出:当时根本没有人把硝化甘油那种化学性质不稳定的爆炸品搬入安田讲堂,那种说法与21世纪初叶美国为了发起战争硬说伊拉克拥有大规模杀伤性武器很相似。佐佐淳行对西条秀雄的死进行夸张性的叙述,却回避青年学生的伤亡情况。从岛泰三的笔下才能看到:仅在安田讲堂中被捕的397人中,就有269人负伤。

与《东大陷落》相比,在《安田讲堂 1968—1969》中暴力与被暴力的关系发生了颠覆性的变化。

1969年1月18日至19日,从安田讲堂外面进攻一方的佐佐淳行与在讲堂内防守一方的岛泰三形成了对抗。30多年之后双方的对抗依然在继续,只是由事件中的对抗转变为对事件叙述的对抗——话语的对抗。这意味着安田讲堂事件中包含的问题在当代日本社会中并未得到解决。在阅读了《东大陷落》和《安田讲堂 1968—1969》之后,安田讲堂在我眼中获得了新的生命。暴力的退场意味着理性的进步,但是,在全球化造成了日益深刻的社会问题、美国已经称霸世界、日美同盟进一步强化的今天,安田讲堂似乎有些过于沉寂。

安田讲堂建在一个斜坡上,从正面进去第一层是报告厅,而从背面进去第一层是学校一些机构的办公室、事务室,第二层才是报告厅。1994年至1998年我在东大本乡校区留学近五年,因为体检、办证件等事,进过安田讲堂背面的一层以及一层下面的地下室,但阴差阳错,却从未进过报告厅。直到去年(2007年)在东大做客座研究期间去听建校130周年纪念讲演会,才在5月18日下午第一次进去。讲演会开始之前环视古色古香的会场,不由得想起38年前讲堂内高压水龙喷出的水柱、燃烧瓶、电锯切割铁门的火花,和学生们高亢的《国际歌》声……那天的讲演者是大江健三郎先生。2007年是东大建校130周年,也是大江先生登上文坛50周年。大江先生结合自己的人生道路谈"知识人"问题,并且批评了某些日本人对中国的肤浅理解。现在想来,"何谓知识人"的问题正是现代日本社会的根本问题之一,对这一问题的理解一直与教育制度、与对待国家权力的态度有关。1960年夏天,在"粉碎安保、打倒岸信介内阁"("安保"指《日美安全保障条约》,岸信介为甲级战犯,但1957年担任日本首相)斗争的高潮中,大江作为日本文学代表团的一员访问中国。在北京,他得到了东大的同学桦美智子6月15日在国会大厦死于机动队暴力的噩耗。当时,是周恩来总理给了他安慰和鼓励,周总理的话对他的影响持续到现在。1968年,东大医学部的学生第一次占据安田讲堂是在6月15日的安保斗争八周年纪念日,这意味深长。

2008年5月28—30日写于寒蝉书房

(缩写稿发表于2008年6月16日《北京青年报》C2版"历史纵横")

译后记

一段日本史，一种日本人

购得这本《以命相搏的青春：东京大学安田讲堂，1968—1969》（原著『安田講堂 1968-1969』），是 2006 年 10 月 24 日在东京大学驹场校区的书店。当时我正在驹场做客座研究。在那 8 年之前的将近 5 年间，即 1994 年至 1998 年，我曾在东京大学本乡校区留学。本乡校区是东大总部，安田讲堂就在那里，因此留学时我对安田讲堂的历史已经略有所闻。2002 年，我在东京工作的时候，又读到了安田讲堂事件发生时警方主要负责人佐佐淳行撰写的《东大陷落》。所以，2006 年 10 月 24 日，我在与本乡校区半城之隔的驹场校区书店看到这本《以命相搏的青春》，不仅很感兴趣，而且忽然感受到了时间与空间的双重距离，于是立刻买下。

阅读《以命相搏的青春》，颇受冲击，总是想起毛泽东的诗句"四海翻腾云水怒，五洲震荡风雷激"。这本书呈现的是战后日本的一段特殊历史——与帝国主义扩张史、经济腾飞史完全不同的社会运动史，书中那些信念坚定、纯洁善良、朝气蓬勃、勇敢顽强的青年学生，也是一种全新的日本人。那段历史，那种日本人，都是中国人应当了解的。这种了解是对战后日本的了解，也有助于我们认识同时代的中国与世界。购书不久我就起了翻译的念头，但当时没有时间。2007 年 7 月结束客座研究回国时，自然是带回了这本书。2008年初夏，《北京青年报》的编辑尚晓岚女士来约日本方面的稿子，我便将《东大陷落》与《以命相搏的青春》两本书结合起来，写了一篇《1969：安田讲堂的陷落》给她。那篇文章有些长，她删节之后发表在2008年6月16日《北京青年报》的"历史纵横"版。文章配着两本书的书影和安田讲堂的大照片，占了整整四分之三版，颇有冲击力。文章发表时，尚晓岚写了几句简洁精当的按语："'安保斗争'是日本战后历史的一个关键词。昨天，6月15日，是安保斗争纪念日。而1969年发生在东京大学的'安田讲堂事件'是日本学生运动的一个缩影。回顾风云激荡的20世纪60年代，不同的人，立场迥异。"现在，我将此文作为附录收入本书，给读者提供一点背景知识，也作为对尚晓岚女士的纪念。尚晓岚2019年3月病逝，至今已经5年多。

  与生活·读书·新知三联书店签订这本书的出版合同，是在2016年1月。约定的交稿时间是当年的7月15日之前。当时怎么也没有想到，翻译工作会拖延近7年。拖延的原因之一是忙——忙于本职科研工作和相关的琐事，这个无须多说。另一原因则是翻译难度大。难度主要来自两个方面。一是安田讲堂事件的社会背景复杂，过程曲折，但该书著者岛泰三并非作为旁观者对事件做全面、客观的叙述，而是作为当事人从个人的角度叙述，其叙述还时常伴随着难以抑制的情绪。如他在第三章第三节中所言，在事件发生37年之后，撰写本书时重读东大校长敷衍塞责的《八一〇布告》，他依然忍不住想骂人。因此，为了弄清事情的来龙去脉、进行准确的翻译，必须反复阅读原文，还要查阅背景资料。二是原著中的许多富于时代特色的、个性化的表达方式，以及专用词语——比如与越战有关的美国人名，用日语片假名书写的越南语发音的越南地名、人名，某些化学制品的名称，等等，解决此类问题很花时间与精力。7年间翻译工作几度中断、几度重开，时断时续之间我长期坚持的"完全翻译"（即读懂原著中的每个词、每句话之后再进行对应性的翻译）观念发生了改变。全部解决一本外文著作中的所有问题，几乎是不可能的。这本《以命相搏的青春》也一样。询问著者本是解决问题的捷径，但是，受商业规划限制，我与著者的联系只能通过原著出版社间接进行，十分不便。所幸，著者认真回答了我书面提出的60多个问题。原著中极个别无法解决的问题，我在译本中做了技术性的处理。

阅读这本书、理解20世纪60年代末以安田讲堂事件为中心的日本学生运动，有若干关键词：罢课、集会、游行、机动队、全共斗、团体交涉、街垒等等。从这些关键词，可以基本把握青年学生们的思想观念与行动美学，进而理解战后日本左翼思想的复杂性与多元性。"罢课"等词好理解，无须多说，但"全共斗""团体交涉""街垒"三个词，需要做一点解释。"全共斗"是在20世纪60年代末日本的学生运动中产生的新词，后来被收入日本的权威辞书《广辞苑》（岩波书店出版）。《广辞苑》对该词的解释是："全学共斗会议的略称。1968—1969年间大学纷争发生之际，在各大学成立的学生组织。"日语汉字词"全学"翻译为中文即为"全校"。在当时的大学斗争中，全共斗作为最大、最有影响力的基层学生组织，与日本政府，与学校当局，与日本共产党，均有对立或斗争。"团体交涉"一词也是现代日本社会的伴生物，并且在后来的学生运动中获得了新的意义。《广辞苑》"团体"一词项下，衍生词之一就是"团体交涉"，释义为："指工会与雇佣者就工作条件进行交涉。此项权力获得日本国宪法第二十八条的保障，雇佣者在无正当理由的情况下拒绝交涉，即为不正当劳动行为。简称'团交'。"日本青年学生与学校当局的"团交"，内容虽然与工会的"团交"有别，但行动方式是相同的。"街垒"在原著中被写作"バリケード"，是英语"barricade"的音译词，意思是街垒、路障、挡墙、鹿砦等。在当时日本的学潮中，青年学生为了与当局、警察机动队对抗，根据场所的不同，从不同的条件出发，建造了多种不同类型的街垒。该书第三章第一节，即有对日

译后记　一段日本史，一种日本人 | 293

本大学多种不同类型街垒的生动描述。

在岛泰三撰写《以命相搏的青春》的 2005 年，安田讲堂事件已经过去了 37 年。岛泰三回望历史，高度评价学生运动的意义，为学生运动被镇压感到惋惜，并在第十章提出了一个"假设"：如果当时东大、日大的青年学生能够与日共、右翼体育会等联合起来，那么就能够从根本上改造日本社会。这是意味深长的。当年日本的那些青年学生尚处于青春期，对社会的认识、改造社会的理念都欠成熟，但是，他们在最敏感的年龄段切身感受着自己身处的日本社会，他们决绝的、自杀式的抗议行动本身是社会问题导致的，是多种社会病的"病状"。可以肯定，如果当年安田讲堂事件不是以那种方式结束，那么今天的日本一定是另外一个样子。现在，《以命相搏的青春》已经出版 19 年，我们距离安田讲堂事件已经 56 年，日本也加快了走向"正常国家"的步伐。这种情况下阅读这本《以命相搏的青春》，对于东北亚的历史问题与现实问题，应当都会有新的思索。

最后，要感谢三联书店的叶彤兄与张亚囡女士为该书中文版的出版付出的劳动。

当初我把该书推荐给三联书店，主观上是要做一件好事，但是，拖延 6 年多才交稿，牵连到原著版权的使用期限，实际上反而添了麻烦。感谢叶彤兄一如既往的耐心与宽容。

本书的责任编辑张亚囡女士工作认真、细致，而且，帮我制作了书中的几个统计表，解决了若干越南地名的翻译问题。这都是我十分感谢的。

清样校读完毕，心中略有感慨。毕竟，七八年来的努力是有价值的。

董炳月
2024 年 6 月 9 日改定于寒蝉书房